共享与智能——信息技术视角下未来媒体发展趋势

许志强　刘　彤　著

科 学 出 版 社
北　京

内 容 简 介

本书以信息技术发展变迁为视角，全面审视中国媒体融合的改革进程、技术更新、理念创新、发展战略、未来进化，以及数字生态体系等，探讨中国传统媒体在数字化转型发展进程中的行动者要素及其内在联系，以及其可能对媒介领域的现状乃至未来的影响，建立了一个循序渐进式的知识体系。本书内容全面、深入浅出、条理清晰。在内容选取上，遵循媒介技术不断演变的原则，以互联网为基础的数字平台为主线，全面、系统地介绍未来媒体发展趋势。

本书既可作为高等院校数字媒体、网络与新媒体、新闻学、传播学等相关专业的教材，又可作为广大读者认识和学习数字媒体、未来媒体及新闻传播知识的参考书籍。

图书在版编目(CIP)数据

共享与智能：信息技术视角下未来媒体发展趋势/许志强，刘彤著. —北京：科学出版社，2020.9

ISBN 978-7-03-065619-3

Ⅰ. ①共… Ⅱ. ①许… ②刘… Ⅲ. ①新技术应用-传播媒介-发展-研究-中国 Ⅳ. ①G219.2

中国版本图书馆 CIP 数据核字(2020)第 114499 号

责任编辑：胡云志 滕 云 / 责任校对：贾娜娜

责任印制：张 伟 / 封面设计：华路天然工作室

科学出版社 出版

北京东黄城根北街16号

邮政编码：100717

http://www.sciencep.com

北京捷迅佳彩印刷有限公司 印刷

科学出版社发行 各地新华书店经销

*

2020 年 9 月第 一 版 开本：787×1092 1/16

2021 年 5 月第五次印刷 印张：12 1/2

字数：303 000

定价：69.00元

序　言

习近平总书记在党的十九大报告中指出："推动互联网、大数据、人工智能和实体经济深度融合""支持传统产业优化升级，加快发展现代服务业"。李克强总理在《2018年国务院政府工作报告》中强调："统筹推进'五位一体'总体布局，协调推进'四个全面'战略布局""坚持以供给侧结构性改革为主线"。2018年8月，习近平总书记在全国宣传思想工作会议上指出："要扎实抓好县级融媒体中心建设，更好引导群众、服务群众。"[①]这意味着，我国当前推进媒体融合的工作重点，已经从省级以上媒体延伸到基层媒体、从主干媒体拓展到支系媒体，而支系媒体的改革将促进国家传播体系的全盘激活。2018年9月，国家广播电视总局更是设立了媒体融合发展司，旨在协调推进三网融合，推进广播电视与新媒体新技术新业态创新融合发展。

站在当下的视角，《关于推动传统媒体和新兴媒体融合发展的指导意见》发布以来，媒体融合发展已经进入深水区，创新的媒体和媒体的创新"反哺"传统媒体并推动其改革创新。中央广播电视总台及省、市、县各级广播电视机构积极落实党中央和国家广播电视总局的要求和部署，在稳步推进媒体融合的同时，还建设了以互联网为基础、融合内容生产和多渠道发布等业务的智能融合媒体平台，努力探索媒介深度融合全路径，稳步推进传媒产业朝着高质量发展方向迈进。

在"互联网连接一切"的时代，三重空间（网络空间、物理空间和社会空间）中的数据将能够实现全面融合处理，而人工智能也将贯穿智慧广电从节目制作（AI主播、机器人撰稿、内容和演员选择等）、集成（智能媒体云、智能复用与集成、数据挖掘与分析等）、传输（软硬件设施、智能路由、智能资源调度设备等）、分发（智能边缘、智能推荐、智能分发云等）到接收（智能接收、智能操作系统、智能终端）的产业全链条，并使互联网从一个静态的名词世界走向一个流动的动词世界。

以互联网为基础的智能媒体平台，通过大规模复制的偏好，使得互联网媒介已从最初的社会边缘进入现代全球社会的舞台中心，并成为天然的信息媒介，万物互联、万物皆媒触手可及，进而引导着媒体机构在覆盖范围、媒体功能、媒体平台、媒介逻辑、媒体价值、人类视觉逻辑等领域进一步产生诸多变化，为世界各地的客户提供形态丰富的综合服务，而其背后的原动力则是数字比特的内在特性。譬如今天，以谷歌、百度等为代表的互联网搜索引擎，便是利用人类的大规模搜索来提升其人工智能性能，而不是用人工智能强化它的搜索能力。在人类用户每一次点击按钮之时，算法的运作机理都好似

① 扎实抓好县级融媒体中心建设. 人民日报，2018-11-08(7).

是在调用一个机器人帮助人类用户达成寻找相关信息的愿望，而本质上则是通过对人类用户行为的处理而提升系统的智能性。而每一种地图工具中的路况信息，在某种意义上也是来自大量用户对于自身地理位置和运动速度的分享，经信息汇聚处理后形成了系统对交通状况的智能感知。由此可见，在智媒时代，自然智能与人工智能始终是无缝融合于智能化的媒介生态中的，不论彼此，无问西东。

在未来，网络将会越来越像一种泛在化的介质，无处不在，永远开启，暗藏不现。网络也正在并更多地成为满足融合媒体业务开展的需求、满足平台资源调度一体化的需求、满足融合媒体业务创新变化与业务增长的需求、满足融合媒体平台开放性的需求的关键工具。未来媒体究竟是何样态？或感官延伸，媒介全时连接；或人机融合，随时随地获取信息；或边界消解，媒介接触划分人群，语言隔阂消失，数字鸿沟湮灭。未来的新媒体，是建立在大数据、人工智能、移动互联、云计算、物联网、虚拟技术，以及更多持续迭代更新的新一代信息技术之上的，它将集智能决策、智能交互、知识图谱、深度学习、自然语言理解、逻辑推理、语音合成、智能感知、智能传播等于一体；或者，终极地，能够洞察用户身心需求与核心价值观、通过意识核心进行交流的“心”媒体，才是新媒体必将到达的远方。

个人认为，此书正是在学理性思维和实践性思维的贯通互补中，从不断更新迭代的数字科技视角入手，将信息传播置于数字化生存和媒介融合的双向互动中进行审视，不仅强调信息传播在技术上与新媒体融合，还主张在组织架构和业务流程上重构再造。首先辨析“媒体融合从相‘加’到相‘融’”的政策与行业背景；其次辨析“数字时代信息技术的创新与演进趋向”，并站在哲学高度将互联网视为工具，探讨以“云大物移智”为代表的新一代信息技术在传统媒体数字化转型发展进程中的行动者要素、内在联系及对媒体进化的思考；再次辨析“数字经济时代的媒体融合发展”，通过解构目前信息传播效果有限的因素，梳理媒介融合对社会结构变革、社会关系重构带来的冲击，探讨数字时代的数字媒体、传统媒体生态环境的变化与演进、媒体融合发展的内涵与发展路线图；接着辨析“新智能时代与新内容革命”，探讨技术升级、场景变迁、产品迭代、社交迁徙背景下，新一代信息载体平台以及大量用于新媒体革命的智能化工具；同时辨析“智能技术与媒体进化”，探讨信息和知识的爆炸性增长背景下，全球媒体行业要走过三个“数字化”阶段、三维重构媒体空间，以及大数据背景下的智能媒体生态系统；最后辨析“数字浪潮下的‘智能’与‘生态’思维演变”，探析“用户思维”及“5C”①内容生命周期视角下的数字媒体平台的构建路径选择，探讨其在沟通协调、舆论引导、全媒体汇聚、多通道发布与多终端接收等多方面的传播功能，以及创新突围新思维，旨在为建设综合性、智慧化、融合型“泛媒体”平台提供借鉴。

站在本人的角度，该书的创新或可言及以下四点。一是研究视角的转向：从单向度的内容研究转向“内容+关系+平台+服务”的多维度研究；二是研究方法的转向：由基础理论研究转向“个案研究”、“参与式观察”、“对比分析”和“平台构建”的“理论+工具+应用”等多方法研究；三是研究主体的转向：由媒体融合转向信息技术创新下

① “5C”是指创建（create）、协同（collaborate）、控制（control）、配置（configure）与交流（communicate）。

的未来媒体演进与特性；四是研究领域的转向：由单一学科转向传播学、计算机科学、社会学、历史学等学科领域的研究，对信息传播进行多学科辨析。

综上，个人认为，该书通过信息技术视角审视媒体供给侧尤其是内容侧结构性改革，对传统主流媒体实现集群创新，实现从“功能型”向“智能型”“智慧型”的转变，从而为媒介深度融合探索全路径、以更高站位谋划引导传媒的新供给、重塑传统主流媒体应有的地位与价值、推进传媒产业高质量发展等方面，具有一定的理论价值和现实意义。

曹三省

2019 年 7 月 30 日

前　言

2019年，注定是不平凡的一年。她既是新中国成立70周年的重要历史节点，又是5G、人工智能、大数据、云计算等技术推动媒体深度变革的一年，每一次媒介技术的升级换代都推动了人类传播事业的颠覆性变化。从新中国成立到现在的传播事业70年，是传播媒介革新变化的70年，是传播观念与时俱进的70年，是见证我国在世界舞台从一个积贫积弱的国家一跃成为当今世界第二大经济体历史的70年。“一唱雄鸡天下白”，70年前，中华人民共和国成立，经历苦难斗争的中国人民，迎来中华民族浴火重生的曙光。70年披荆斩棘，70年砥砺奋进，中华民族迎来了从站起来、富起来到强起来的伟大飞跃，迎来了实现伟大复兴的光明前景。正如习近平总书记所指出的：“70年在人类历史长河中只是弹指一挥间，但对中国人民和中华民族来讲，这是沧桑巨变、换了人间的70年。”“对此，每个中华儿女都感到无比自豪！”

从百废待兴到联通世界、从信息封闭到兼容开放，新中国成立初期，国内百废待兴，这一时期的传播事业完全集中于中央，国际时事评论与报道经中央统一审查发表，其他媒介只能转载。集中管理、统一口径的做法有效应对了国内外两极对峙的局面，为国内局面的稳定发挥了有效作用。改革开放以来，我国经济建设逐渐步入正轨，传播事业有了迅速发展。变革不只发生在媒介形态当中，技术之变带来的是传播场域的重新洗牌、传播政策的调整转换，也是传播理念与范式的更迭，当然也包括日新月异的以互联网为基础的数字平台的发展。回顾70年的嬗变历程，信息技术经历了从窄带到宽带再到光纤（速率）、从客户机/服务器到对等（peer-to-peer，P2P）网络体系再到云服务（结构）、从数据到移动数据到移动流媒体（格式）、从台式机到移动智能终端到可穿戴设备（终端）、从固定互联到移动互联到智能互联（连接）、从低速到高速到云计算（性能）、从浏览到交互到智能服务（体验）、从人与人到人与服务再到人与物（对象）、从电信服务到媒体服务再到泛在服务（服务）等诸多变迁。与此同时，以信息技术为导向的技术社会的演进也经历了四大形态：信息技术（information technology，IT）时代、互联网时代、移动互联网时代，以及人工智能（artificial intelligence，AI）时代。同样，每个社会不同的信息观念、信息价值与信息管控同样是一种文化生产力，其与催化媒介形态演变的技术生产力形成对标，并令不断演变的媒介本身出现聚焦、遮蔽、再现、逆转的变化，使其不断出现“适应—不适应—再适应”的交替，并在催生和推动社会变革、经济发展、文化教育，以及促进民主化进程等方面，发挥着不可或缺的作用。

新中国成立后的70年，同时也包括了中国传媒发展、新闻变革，以及媒体深度融合转型的历史性跨越。回顾 70 年的嬗变历程，媒体从“文化大革命”导致的萧条中复苏，在多轮信息技术的驱动下不断更新迭代（从起初的以报刊为代表的平面媒体、以广播为代表的音频媒体和以电视为代表的视频媒体等被动接收的传统媒体，发展到基于新一代信息技术的与互联网、手机、移动智能终端等传播通道智能化深度融合并能智能匹配的新型媒体），正处于创新发展的关键阶段。回顾 70 年的嬗变历程，各级媒体以开拓创新的精神革故鼎新、奋发进取，在技术平台建设方面“大干快上”，正在为传媒产业应对市场需求、促成自身持续健康发展探索可行性路径。但媒体发展究竟经历了什么样的历史沿革？如何从“互联网+”到“传媒+”？影响媒介的技术创新有哪些？信息技术经历了怎样的演进又具备什么样的特性？传统媒体生态环境发生了怎样的变化又将朝什么样的方向演进？媒体融合的内涵是什么又具有哪些发展路径？科学的媒体融合应该如何做？新智能时代与新内容革命具体为何？数字媒体具有哪些创新发展路径？智能媒体具有哪些创新发展模式？传统媒体如何创新突围新媒体？如何理解和构建数字生态共同体？这都是学界和业界应该认真研究的课题，决不能掉以轻心。

实际上，以互联网为基础的数字平台是天然的信息媒介。互联网技术新平台驱动下的媒体变革，已经使得媒体覆盖范围不仅包括通讯社、广播、电视、报刊、新闻网站，以及网络媒体等新闻媒体，也包括应急广播、内容聚合、舆情分析、版权保护等；使得媒体内容不仅包括文本、图片、声音、视频等，也包括网页、超文本标记语言（hypertext markup language，HTML）、动画、直播、网游、小程序等；使得媒体功能从单一的宣传转向集宣传、教育、服务、娱乐等于一体的多元化；使得媒体平台从简单、暂时的交集转向持久、深入的共享与智能服务；使得媒介逻辑将从以时间面向为主导、以传播效果为目标的单向技术逻辑转化为基于日常生活的以空间面向为主导的多元实践逻辑；使得媒体价值从人与人的连接转向人与物、人与设备、人与服务、人与场景、人与未来的价值匹配和功能整合的高度智能化；使得人类视觉逻辑从“蒙太奇”“可视化”转向“虚拟现实”。这一切将不仅促进高效的连接，而且将更加丰富地凸显人际传播的意义，这必将带来全新的传播模式、传播格局、传播观念和传媒环境。现代技术增加了人们彼此连接的机会和可能性，但并不必然增加稳固的社会关系。因此，从哲学高度看，应把互联网先看作工具，然后去思考。传播是社会共同体构建和运营的重要纽带，未来的媒介研究应聚焦如何稳定连接网络空间中的互动关系，探索打通时间和空间问题的路径。

以互联网为基础的数字平台迅猛发展，可为用户带来独具中国特色的数字文化体验，从而使得全球境遇与本土关怀互动共生，媒体的边界正在逐渐模糊或消失，传统媒体与新兴媒体彼此借鉴、取长补短与互生互促。以群体智能为理念先导、以知识体系构建为核心的智能化技术进入媒体内容行业并带来全面升级——以智能化驱动的内容生产 2.0、以算法为核心的内容分发 2.0、个性化与社交化交织的内容消费 2.0，媒体的供给侧改革尤其是内容侧结构性改革正在潜移默化地进行，并直接关系到媒介品牌和产品的竞争力。如何推进传统媒体和新兴媒体的融合发展，强化互联网思维和用户思维，提升内容的传播力和影响力，建立“以内容为中心”的普惠全民引导机制，实现“加快构建舆论引导新格局”，加快国家治理体系和治理能力的现代化，学界和业界一直在积极思考、探索和实践。新一代信息技术会将传媒产业带向何方？一切推测为时尚早。但确定无疑的是，信息技术终归是要回归于人，为人所用、为人服务，必将重塑以社交和人际传播为核心的传媒生态。

党的十九大报告明确提出“高度重视传播手段建设和创新，提高新闻舆论传播力、引导力、影响力、公信力”。由此可见，在互联网发展的下半场，如何讲好“中国故事”，既是时代命题，又是时代使命。工欲善其事，必先利其器。在媒介技术不断演进的今天，在学理性思维和实践性思维的贯通互补中，以信息技术发展变迁为视角审视中国媒体融合的改革进程、技术更新、理念创新、发展战略、未来进化，以及数字生态体系等，探讨中国传统媒体在数字化转型发展进程中的行动者要素及其内在联系，以及其可能对新闻业的现状乃至未来的影响，提炼国内外不同新闻机构数字化转型可借鉴、可复制的模式，为促进中国传统媒体数字化转型提出一系列科学的且操作性强的政策建议，目的是清晰、全面地认识媒体所应担负的信息传播与舆论引导责任，把握媒介发展的方向，着力建设新媒体舆论阵地，提升主流媒体的传播力、引导力、影响力、公信力。这既关乎过去，更关乎现在和未来。

本书的出版过程，也是本人对数字媒体及文化传播的研究过程。衷心希望本书的出版，能给中国数字媒体及文化传播的教育和研究、给希望从事数字媒体和文化传播研究和应用的人员带来一定的帮助，只要能为读者的思想带来一丝灵感和火花，也就实现了本书的创作初衷。

许志强　刘　彤

2019年6月6日

目　录

第1章　媒体融合从相“加”到相“融”

今日的传统媒体，历史上曾经是新兴媒体；今日的新兴媒体，辩证来看也会是传统媒体。改革开放之初，报刊是传统媒体，广播是新兴媒体；进入20世纪90年代，电视因即时性、双重信息传播及媒介兼容传播等优势，取代广播成为更新的新兴媒体；20世纪末21世纪初，互联网、移动智能终端因交互性、快捷性、海量性、便携性等优势，取代电视成为当前最新的新兴媒体。新中国高速发展的70年，中国传媒业快速发展，取得了巨大的进步与令人瞩目的成绩，正在经历一场全产业链变革。可以说，传媒业的改革是对传媒属性的再认识，是对生产关系的调整。如今，融合和分化的过程，双向都在加速，媒体融合也逐步从“你中有我，我中有你”的初步融合阶段迈向“你就是我，我就是你”的深度融合阶段，如新媒体与传统媒体融合、媒体平台与自媒体创作者融合、多媒体内容与场景融合、媒体内容与社交和服务融合。整个变革最动人的部分正在开启——媒体变得无所不在，一切皆“媒”。

但无论未来媒体如何融合，构建媒体融合发展理论均须坚持以马克思主义为指导，以习近平新时代中国特色社会主义思想引领媒体融合发展的政治方向、舆论导向、价值取向，防止用互联网的技术逻辑和经济逻辑冲淡媒体融合发展应有的政治逻辑。①

1.1　媒体融合

1.1.1　媒体融合的诞生

当今世界由两个重要的关键词构成：技术革命与全球化。基于互联网的技术革命正在开启第四次工业革命，同时正以令世人瞩目的迅猛之势改写着人类历史，改变着信息交流的结构和模式，改变着人类的生活状态、思维方式和连接形式。尤其近来互动电视、电子杂志、微博、全息影像等新兴媒体通过交互新闻、计算机辅助报道、数字设计等方式以黑马的姿态迅速充斥媒体界，这对传统媒体的既有传播理念、新闻信息采制与传播方式、赢利模式带来的冲击将是颠覆性的。与此同时，用户的主动性、参与性、互动性及个人偏好越来越强。在互联网的冲击下，传统的自上而下式的权威媒体市场空间受到严重挤压，其影响力、话语权和议程设置权受到来自新媒体日益严峻的挑战，执政党的

① 荣翌. 为媒体融合发展提供学理支撑. 人民日报，2018-05-28(016).

声音、决策权、话语权、议程设置权和舆论阵地正受到空前的威胁与挑战。

2014 年 8 月，习近平主持召开中央全面深化改革领导小组第四次会议，他强调“强化互联网思维，坚持传统媒体和新兴媒体优势互补、一体发展，坚持先进技术为支撑、内容建设为根本，推动传统媒体和新兴媒体在内容、渠道、平台、经营、管理等方面的深度融合，着力打造一批形态多样、手段先进、具有竞争力的新型主流媒体，建成几家拥有强大实力和传播力、公信力、影响力的新型媒体集团，形成立体多样、融合发展的现代传播体系”。至此，媒体融合成为国家战略的重要部署，是传播社会主义核心价值观、扩大宣传文化阵地的重要途径，将对中国现有传媒产业格局产生深远的影响。

所谓媒体融合，最早由尼古拉斯·尼葛洛庞帝（Nicholas Negropontc）提出。其概念应该包括狭义和广义两种，狭义的概念是指将不同的媒体形态融合在一起，会随之产生“质变”，形成一种新的媒介形态，如电子杂志、博客新闻等；而广义的概念则范围广阔，包括一切媒介及其有关要素的结合、汇聚甚至融合，不仅包括媒介形态的融合，还包括媒介功能、传播手段、所有权、组织结构等要素的融合。也就是说，媒体融合是信息传输通道的多元化下的新作业模式，是把以报刊为代表的平面媒体、以广播为代表的音频媒体和以电视为代表的视频媒体等传统媒体，与互联网、手机、移动智能终端等新兴媒体传播通道有效结合起来，资源共享、集中处理，衍生出不同形式的信息产品，然后根据用户个性化的需求通过不同的平台进行传播。媒体融合是媒体增加新闻和信息平台的数量，使稀缺的媒体资源得到最优配置。媒体融合模式的典型特征是一个传媒集团拥有多个媒介平台，实现内容的多平台出口，实现媒体资源效益与传播能力的最大化。

实际上，中央所提倡的“媒体融合”与 2006 年左右中国报业所倡导并积极实践的“媒介融合”是有区别的：媒介是信息传播所需要的载体、介质或通道；媒体是媒介+内容体系的组合，拥有后端内容架构、生产流程、编读互动等系统支撑。因此，在掌握多种媒介的处理技术之外，必须要有一个内容体系来支撑处理工艺，最终实现内容和通道的良好结合。

1.1.2 媒体融合的特征

在美国，媒体融合的发展，主要体现在立体传播+讲好故事、中央厨房+数据分析、社交媒体+读者互动，以及人才培训+品牌影响四个领域。美国媒体力图把故事讲好，最大程度地吸引用户，推动传播理念、手段、技术、平台、运行机制不断创新，传播新闻内容的手段由单一、平面变为多维、立体，文字、图片、音频、视频等传播手段叠加运用，报纸、杂志、广播、电视、网站等各种媒体交叉融合传播。同时，美国积极利用社交媒体平台，尝试用新的方式，更有创造性地发布新闻内容。此外，美国还极为重视对编辑、记者视频拍摄和新媒体编辑能力的培训。①

在国际传媒业媒体融合的大背景下，最近几年，尤其是从 2013 年开始，中国也更加意识到媒体融合的重要性。当前，中国媒体融合呈现出新的特点和趋势。

① 朱晓刚，叶乐阳，苏航. 美国媒体融合发展的特点及启示. 青年记者，2017，(7)：33-35.

1. 技术化与全能化

媒体融合首先是技术的融合，媒体融合根本的和直接的诱因是数字技术的成熟，新一代信息技术及应用的广泛兴起与普及成为媒体融合的直接推动力。因此，媒体融合表现出鲜明的技术特征。互联网时代，技术成为媒体融合过程中不可回避的重要环节，技术的进步促使媒体格局由零散的需求“碎片”再度聚合（例如，智能匹配、定向推送、中央厨房、内容整合等），原有的新闻生产方式、媒体格局和舆论生态都发生全新变革，传统媒体解构与重构，新媒体倒逼传统媒体创新转型。依托于不同媒介的文化形态竞争与融合，表现出多元文化的技术性与全能性。它不仅体现着大众文化的精神，也兼容并包着精英文化、世俗文化、高雅文化与娱乐文化的精髓，从而呈现出一种全能文化的形态。

2. 内容融合与渠道融合

从物理形态上看，媒体内容可以分为文字、声音、图片、影像等；从媒介载体上看，内容可以分为报纸、广播、电视、互联网、手机等媒介上的内容。互联网时代，传统媒体很难再全面覆盖到各种目标人群，在受众“重聚”的过程中，新媒体又可将用户的终端、行为、习惯、偏好等各种个性化数据暴露于网络，使得用户需求可以通过互动的平台洞察并实现重聚。在内容使用环节，同一内容或大致相同的内容在多个不同的终端上使用，内容产品的多层次利用亦可提高内容产品的使用效率。报业集团和广电集团可以发展成为拥有各种传播介质的跨媒体、跨地域传媒集团。渠道融合是指传统媒体通过现代传播网络和新的终端构建新的渠道。渠道融合又贯穿于传媒内容生产的全过程，主要是网络和终端的融合。从人民网研究院发布的《2016 中国媒体融合传播指数报告》中也可以发现，传统媒体不仅重视传统终端的内容传播，而且着力于加强在 PC 互联网和移动互联网上的传播，在内容融合和渠道融合上取得了很大的进展，极大地提升了传统媒体的传播力。

3. 跨界合作与反向融合

融合代表着开放和包容，代表着优势资源的整合。因此，在媒体融合过程中，跨界合作成为一种必然选择。伴随着计算机技术的发展和互联网时代的到来，传统媒体受到不同程度的冲击，也在积极寻求跨界合作，以期能够实现共赢。传统媒体与影视、金融、科技等领域的各种跨界合作中，表现最为突出的是掌握渠道的通信技术商和拥有技术实力的网络公司的跨界合作。与此同时，2015 年后出现反向融合和倒融合现象，由电信、互联网企业发起了针对传统媒体的收购与兼并，电信、互联网企业在资金、技术、用户、市场数据等层面，掌握了融合的主动权，传统媒体逐渐成为互联网巨头战略布局的重要一环。据相关报道统计，阿里巴巴仅 2005—2006 年已经入股或者收购了 25 家媒体，包括《京华时报》《北京青年报》《博客天下》《财经天下》《商业评论》《南华早报》等。①

① 崔保国. 中国传媒产业发展报告（2016）. 北京：社会科学文献出版社，2016.

4. 集约生产与全民写作

媒体融合改变了内容的生产模式与传播模式。融合媒体意味着不同类型的媒体从各自独立经营转向多媒介联合经营，以最大限度地降低生产成本，一种新的新闻传播模式——“融合新闻（convergence journalism）”产生了。融合新闻与传统的单一媒介的新闻传播活动有着巨大差异，其主要特点是将多种媒介的新闻传播活动整合，采用多媒体、多渠道的方式传播新闻。媒体融合在内容的集约化生产方面，不仅表现在传媒组织的合作，还表现为内容生产的全民写作。在传统大众媒介垄断新闻传播与文化生产的时代，为新闻媒介提供信息的主要是政府机构、社会团体和企业组织，承担采集与发布新闻信息的主要是职业新闻工作者及作为“准新闻工作者”的新闻通讯员。

1.1.3　媒体融合的政策环境

2014年被称为媒体融合元年。几年间一系列新政策的出台，表明中央和管理部门对推动媒体融合发展的决心和力度是空前的。

2014年8月，习近平总书记在中央全面深化改革领导小组第四次会议上强调，“推动传统媒体与新兴媒体融合发展，要遵循新闻传播规律和新兴媒体发展规律，强化互联网思维，坚持传统媒体和新兴媒体优势互补、一体发展，坚持先进技术为支撑、内容建设为根本，推动传统媒体和新兴媒体在内容、渠道、平台、经营、管理等方面的深度融合，着力打造一批形态多样、手段先进、具有竞争力的新型主流媒体，建成几家拥有强大实力和传播力、公信力、影响力的新型媒体集团，形成立体多样、融合发展的现代传播体系”。这次会议审议通过了《关于推动传统媒体和新兴媒体融合发展的指导意见》。

2015年3月，国家新闻出版广电总局、财政部联合印发《关于推动传统出版和新兴出版融合发展的指导意见》（新广发〔2015〕32号），其中指出，“推动传统出版和新兴出版融合发展，把传统出版的影响力向网络空间延伸，是出版业巩固壮大宣传思想文化阵地的迫切需要，是履行文化职责的迫切需要，是自身生存发展的迫切需要”，其中还强调，“将传统出版的专业采编优势、内容资源优势延伸到新兴出版”“善加利用先进的传播技术和渠道，借力推动出版融合发展”“建立健全一个内容多种创意、一个创意多次开发、一次开发多种产品、一种产品多个形态、一次销售多条渠道、一次投入多次产出、一次产出多次增值的生产经营运行方式，激发出版融合发展的活力和创造力”，由此国家把媒体融合提升到了文化战略的高度。

2015年9月，中共中央办公厅、国务院办公厅印发的《关于推动国有文化企业把社会效益放在首位、实现社会效益和经济效益相统一的指导意见》（中办发〔2015〕50号），其中指出：“抢占文化科技融合发展制高点”“推动出版、发行、影视、演艺集团交叉持股或进行跨地区跨行业跨所有制并购重组，突出内容建设，强化技术支撑。推动传统媒体与新兴媒体融合发展，强化互联网思维，实现跨媒体、全媒体发展”。

2015年11月，《中共中央关于制定国民经济和社会发展第十三个五年规划的建议》发布，该建议指出，“繁荣发展文学艺术、新闻出版、广播影视事业……推动传统媒体和新兴媒体融合发展，加快媒体数字化建设，打造一批新型主流媒体”。

2016年2月，习近平总书记在党的新闻舆论工作座谈会上指出，“随着形势发展，党的新闻舆论工作必须创新理念、内容、体裁、形式、方法、手段、业态、体制、机制，增强针对性和实效性。要适应分众化、差异化传播趋势，加快构建舆论引导新格局。要推动融合发展，主动借助新媒体传播优势”①。

2016年3月，在第十二届全国人民代表大会第四次会议上，李克强总理在《政府工作报告》中明确指出，“发展文学艺术、新闻出版、广播影视、档案等事业……促进传统媒体与新兴媒体融合发展。培育健康网络文化。深化中外人文交流，加强国际传播能力建设”。媒体融合写入政府工作报告，至此升至国家战略高度。

2016年3月，中国报业协会向中央宣传部、国家新闻出版广电总局行文报送的《中国报业“十三五”信息化建设与媒体融合发展规划建议书》指出，“整合内部不同的网络平台，实现安全、高速的互联互通……避免产生‘信息孤岛’和重复建设……加快采编流程集约化、数字化改造、移动采编和媒体采编系统升级。融合运用大数据、可视化、虚拟现实、流程管理等多种技术，建立统一指挥调度、高效整合采编资源、适应多介质新闻生产的新型多功能一体化智能采编平台……加快研发建立媒体传播效果分析系统……利用分析结果指导内容生产、绩效考核等工作，从而改进传播策略，提升媒体传播力和影响力”。

2016年7月，国家新闻出版广电总局印发《关于进一步加快广播电视媒体与新兴媒体融合发展的意见》（新广电发〔2016〕124号），该意见指出，“通过持续创新加快推动传统广播电视媒体与新兴媒体深度融合……实现广播电视媒体与互联网从简单相‘加’迈向深度相‘融’的根本性转变”。该意见提出总体目标：“力争两年内，广播电视媒体与新兴媒体融合发展在局部区域取得突破性进展，形成几种基本模式。在‘十三五’后期，融合发展取得全局性进展，建成多个形态多样、手段先进、具有竞争力的新型主流媒体，打造出数家拥有较强实力的新型媒体集团，基本形成布局合理、竞争有序、特色鲜明、形态多样并具有可持续发展能力的中国广播电视媒体融合新格局。”

2017年12月，国家质量监督检验检疫总局、国家标准化管理委员会发布2017年第32号中华人民共和国国家标准公告，其中包括《报道策划及新闻事件置标语言》（2018年3月1日起实施）、《中文新闻图片内容描述元数据规范》（2018年4月1日起实施）、《统一内容标签格式规范》（2018年4月1日起实施）三项新闻信息技术国家标准。其作为媒体信息化建设顶层设计和统筹规划的重要抓手，将有效促进新闻业务流程管理、信息处理和媒体融合等的健康发展，发挥标准的引领作用。

2018年3月，中国共产党第十九届中央委员会第三次全体会议在京召开，审议并通过了《深化党和国家机构改革方案》，方案提到，“撤销中央电视台（中国国际电视台）、中央人民广播电台、中国国际广播电台建制。对内保留原呼号，对外统一呼号为‘中国之声’”。此次合并改革力求实现优势互补、达到“1+1+1＞3”的效果，旨在讲更好的“中国故事”。由此，从中央层面实现了广播与电视、国内与国外传播机构的融合，从而提供了广播电视在国家层面的改革示范案例，并为国际传播能力建设奠定了坚实的基础。中央三大台合并如图1-1所示。

① 丁晖. 构建媒体融合发展新格局. 人民日报，2016-04-28(07).

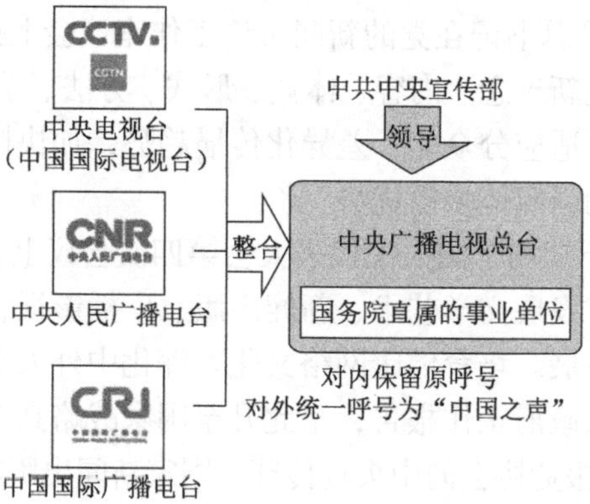

图 1-1　中央三大台合并

与此同时，国家对媒体融合方面的财政支持力度大大增强。据国务院新闻办公室发布的数据，近年来，各级财政对文化事业投入逐年加大，速度逐年提升，中央文化产业发展专项资金累计支持新闻出版项目近千个，资助金额超过 76 亿元。①仅 2014 年，新闻出版项目就获得 21 亿元的财政支持。②

1.1.4　媒体创新与产业融合

伴随着数字技术的迭代升级和媒介社会的演变重构，业界对媒体融合的探索和认知也在不断深入和丰富。传统媒体逐步拥抱互联网，使得媒体边界不断拓展并越来越呈现出阶段性特征。一方面，顺应互联网传播移动化、社交化、视频化趋势，传统媒体积极运用新一代信息技术，发展移动客户端、手机网站等新应用和新业态，以新技术引领媒体融合发展；另一方面，适应新兴媒体传播特点，创新采编流程，优化信息服务，以内容优势赢得发展优势。可以说，媒体融合既是媒介与其他产业的融合，也是媒体内部资源、生产、产品、技术、市场，以及服务等各个方面的重构与重组。

1. 从发展阶段视角观察媒体融合

从发展阶段视角来看，媒体创新与产业融合经历了从融合 1.0 到融合 3.0 的发展转换。从发展阶段视角观察媒体融合，如图 1-2 所示。

融合 1.0 阶段：传统媒体逐步向新媒体转型，逐渐完成新媒体建设与数字化转型，其更多地注重媒介终端的融合。此阶段以传统媒体向新媒体转型的基建工作为主。

融合 2.0 阶段：传统媒体与新媒体之间资源交互显著增强，逐渐形成新媒体交互与跨平台资源共享，其更多地注重基于用户标签的内容分发。此阶段传统媒体与新媒体以内容融合为主。

---

① 魏玉山. 2014—2016 中国媒体融合创新报告. 传媒，2016(17)：9-13.

② 中央财政安排逾 76 亿元专项资金支持新闻出版项目. http://www.gov.cn/xinwen/2015-03-03/content_2825116.htm [2020-03-30].

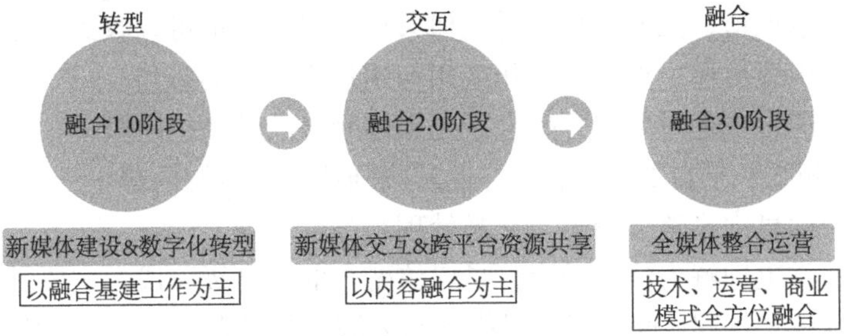

图 1-2　从发展阶段视角观察媒体融合

融合 3.0 阶段：传统媒体与新媒体之间的“主次”地位模糊化，并逐渐形成了以人为中心、全媒体整合运营的媒体生态圈，不同媒介形态演化为“你中有我，我中有你”的融合状态，其更多地注重通过全方位的智能化深度融合达到新的纳什均衡，如用户、终端、内容、服务等。此阶段传统媒体和新媒体将在核心能力、商业模式、地理位置、消费者行为和消费者预期等多方面均实现深度融合。[①]

从融合 1.0 到融合 2.0 再到融合 3.0，原本横亘在各行业和部门之间厚厚的隔离墙正在消除，加之无处不在的连通性、移动消费者、信息消费多元化、价值向平台流动，以及个性化等一系列驱动因素，融合 3.0 浪潮可能会持续更长时间，也将更具建设性。[②]

2. 从多维升级视角观察媒体融合

从多维升级视角来看，媒体创新与产业融合将经历从终端融合、渠道融合、平台融合到云融合的维度转换。从多维升级视角观察媒体融合，如图 1-3 所示。

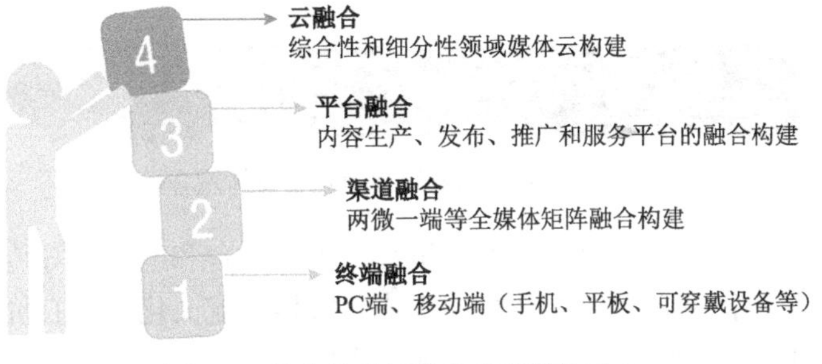

图 1-3　从多维升级视角观察媒体融合

终端融合，通常也理解为边界融合，是媒体融合的初级阶段，主要是 PC 端、移动端（手机、平板、可穿戴设备等）等各类信息接收终端的融合，此阶段强调用户通过任何终端都可以收到关注的信息。

渠道融合，通常也理解为关系融合，是媒体融合的中级阶段，主要是“两微一端”（微博、微信、新闻客户端）等全媒体矩阵融合构建，此阶段进一步丰富了媒体面向个人

① 清华大学沈阳教授团队. 未来媒体趋势报告. http://www.199it.com/archives/404640.html[2018-11-12].

② 普华永道. 2018—2022 全球娱乐和媒体展望报告：融合、连接、信任. https://dy.163.com/article/DLVTONJA0521AN71.html[2018-08-20].

的服务手段与沟通渠道，强调用户通过任何渠道（媒介）都可以收到关注的信息，从而实现搭建无界限内容传递、整体多样化应用与用户主体式的参与。

平台融合，通常也理解为内容融合，是媒体融合的较高级阶段，主要是媒体内容生产、发布、推广和服务平台的融合构建，此阶段强调媒体机构内部生产发布流程的再造，从而实现跨平台信息内容整合分类、交叉处理与综合呈现。

云融合，通常也理解为价值融合，是媒体融合的最高级阶段，主要是媒体综合性与细分性领域的媒体云构建，此阶段通过媒体与云服务相结合，从而满足用户个性化需求，获取多元化信息、实时化数据，可随时随地从“云端”存储、获取关注的信息，并针对细分的用户需求（媒体内容、个人偏好、个性服务、实时场景等）对信息进行全面扫描、自动加工、智能组合与定制服务。

3. 从生态系统视角观察媒体融合

舆论的表达方式是符号，包括文字、声音、图像等，而承载符号的是媒介，因此媒介的进步和变迁也使得舆论生态的形式有所变化。从生态系统视角来看，媒体创新与产业融合将经历从核心舆论场、移动舆论场到多态舆论场的生态转换。从生态系统视角观察媒体融合，如图 1-4 所示。

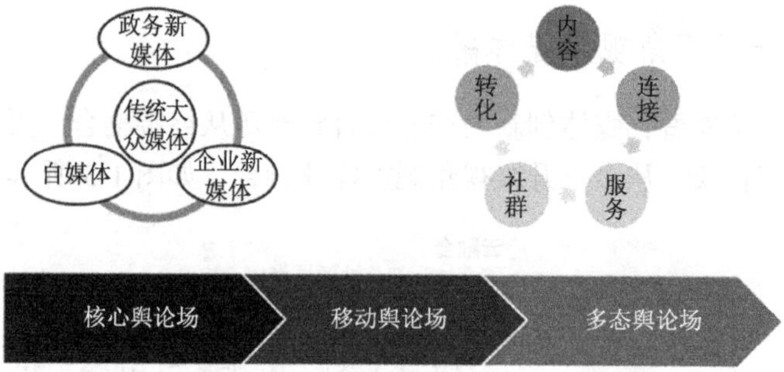

图 1-4　从生态系统视角观察媒体融合

核心舆论场，主要是由党报、国家通讯社、国家电台和电视台等传统大众媒体与政务新媒体、企业新媒体、自媒体等新媒体组成，宣传主流文化和核心价值观，维护社会和谐，是一种自上而下的方式，服务的是最广大的人民。

移动舆论场，从过去依靠口口相传发展到如今依靠互联网为代表的新媒体等，且随着论坛社区、微博、微信等社会化媒体的兴起，这些平台逐渐成为民众意见的汇聚地，是一种由分散到聚合的方式，传播者和受众互为主客体且拥有更强大的参与能力。①

多态舆论场，主要是新媒体和传统媒体融合重塑环境下，以新媒体为本位，形成两微一端、视频、第四代移动通信技术（fourth generation mobile communication technology，4G）入口等多态化产品发展模式，让一些不引人注目的细分领域聚合碎片，构建成一个完整动态的“内容—连接—服务—社群—转化”生态系统，促使新媒体的舆论场属性越

① 赵子忠. 媒体融合与两个舆论场. 光明日报，2014-11-08(10).

来越具有理性和建设性。

1.2　“互联网+”

交通、工业的发展，拓展了人类肌肉的能力；通信、互联网的发展，提升了人类大脑的学习、记忆与计算等能力。在新一代信息技术驱动下，各类变化扑面而来——飞机、集成电路、互联网……在互联网发展的最近 10 年，技术发生了许多重要变化，无论是工具、平台，还是人类对这些工具和平台的使用和理解，都显示出一种明确无误的演进：互联网终于由工具的层面、实践的层面抵达了社会安排或旧制度形式的层面。可以说，互联网其实已经不仅仅是一种技术，而是人类当代一种区别于工业文明的新型文明的象征。目前，人类还处于把互联网当成一种工具使用的阶段；未来，将从哲学的高度看互联网，应把互联网先看作工具然后去思考。互联网将全面深入社会，超过一切技术革命的总和，人类意识或将与某种网络（也可能是互联网）“有机”结合。

2015 年 3 月 5 日，李克强总理在政府工作报告中提出“互联网+”行动计划。2015 年 7 月印发的《国务院关于积极推进“互联网+”行动的指导意见》（国发〔2015〕40 号）中指出，“加快推进‘互联网+’发展，有利于重塑创新体系、激发创新活力、培育新兴业态和创新公共服务模式，对打造大众创业、万众创新和增加公共产品、公共服务‘双引擎’，主动适应和引领经济发展新常态，形成经济发展新动能，实现中国经济提质增效升级具有重要意义……基于互联网的新业态成为新的经济增长动力……推动各类创业创新扶持政策与互联网开放平台联动协作……大力发展智能制造……发展大规模个性化定制……提升网络化协同制造水平……加速制造业服务化转型”。这些内容与媒体融合产业也是非常契合的。

“互联网+”概念的核心在于“互联网”，“+”其实是代表了一种信息能源，或者是一种外在资源和环境，能够促使互联网与传统产业不断融合，形成更为广泛的经济发展新常态。“互联网+”与“+互联网”不同，前者是互联网技术占据主导地位，而传统产业是被改造的对象；后者倡导传统产业是主导，互联网仅是一种工具。

传统的互联网基础设施是以“基站、交换网、核心网”为主，而“互联网+”的基础设施将转变为：云计算（大数据）、物联网（万物互联）、移动智能终端（可穿戴、车载等）。这种基础设施的变化，将构建“绿色、智能、泛在、开放、虚拟”的新型基础设施。

“互联网+”时代是互联网更加开放、更加融合的时代。随着渠道个性化要求越来越突出，对应的精准营销的商业模式将更加明显。同时，随着新一代信息技术及应用的广泛兴起与普及，随着智能分析技术的发展，智能推送应该成为新媒体发展的一个亮点。

服务是互联网的一个重要手段，将互联网和传统媒体产业结合以后，必然会催生出更多新的媒体空间，“互联网+服务”将带来互联网消费的升级。

“互联网+”意味着连接一切、跨界融合、重塑结构、创新驱动、开放生态、尊重人性，而“互联网+媒体”则意味着其将影响数字媒体制作的根基、光影与声音的集合、艺术与科技的结合、现实与演绎的结合。从互联网与传媒的融合发展过程来看，有如下三个阶段：第一阶段，互联网的开放性、共享性使其作为快速传播信息的工具，对应的商业模式是门户网站广告；第二阶段，注重媒体与用户的交互性，满足个性化需求，商业模式以精准营销为代表；第三阶段，运用大数据、云计算技术和移动互联网，注重智能推荐与推送，成为新的宽泛服务的入口。

互联网构建的时代，是一个去权威化、去中心化、个性空前解放的时代，今天我们面临最大的挑战，其实是我们长期形成的经验与传统的思维。改变与颠覆自我，将是我们活在未来的唯一理由。

1.3　从“互联网+”到“传媒+”

数字化时代，互联网已经成为核心工具，扩大了信息交流的空间，提升了信息交流的速度，从而提升了传统产业的生产效率和消费效率，即所谓工业 3.0 时代的特征。互联网发展至今，其不仅是一种传媒媒介、传播渠道或平台，而且是一种可以与物质、能量相提并论的核心生产要素，是重新构造世界的结构性力量。①

对传媒产业而言，“互联网+”意味着互联网向传统传媒产业输出优势功能，使互联网思维在传媒产业中得到充分运用，融入、渗透到传媒的生产、营销、管理等各个环节。传统媒体可逐步对外开放并与互联网、电信、金融等企业开展合作，成为媒体转型的重要途径；与此同时，“互联网+”让更多“非媒体”具备了媒体的信息传播属性，在以网络空间为主的社会信息传播系统中作用凸显。互联网+媒体如图 1-5 所示。

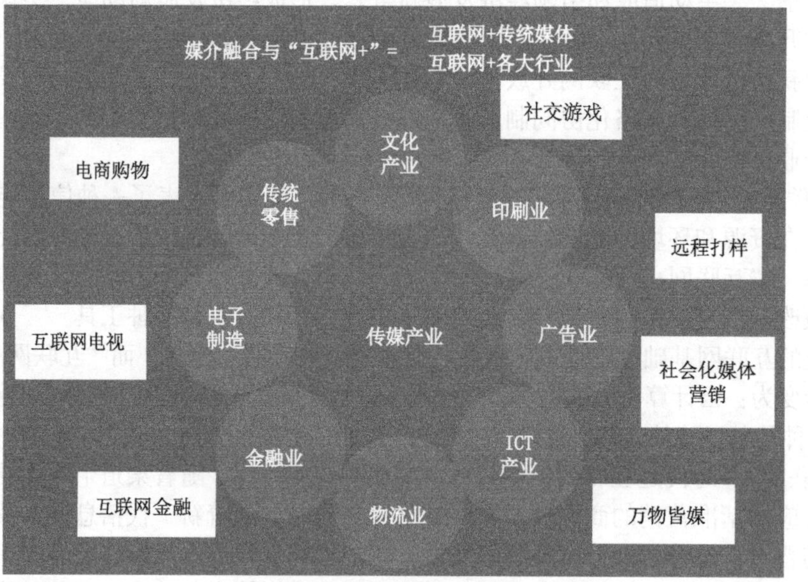

图 1-5　互联网+媒体

随着“互联网+”行动计划深入各个领域，中国媒体融合的理念与形态也变得更加丰富。媒体融合的四个层面——技术化与全能化、内容融合与渠道融合、跨界合作

① 喻国明，马慧. 关系赋权：社会资本配置的新范式——网络重构社会连接之下的社会治理逻辑变革. 编辑之友，2016，(9)：5-8.

与反向融合、集约生产与全民写作正在向更纵深方向发展，传媒正在实践中发展产业融合的理念。与此同时，社会上也出现了一批独特、多样且动态的社会化媒体。用户原创内容（user generated content，UGC）、平台功能及社会化商业的融合模式（用户原创内容+平台功能支撑+意见领袖影响）三类运营模式的社会化媒体又较大规模地渗入各个产业领域，初步实现了全员创新和平台化发展的转型升级，“传媒+”的形态已经初显。例如，《人民日报》移动客户端扩展到报纸、网站、微博、微信、二维码、电子阅报栏、手机报、手机网、移动客户端、网络电视等 10 种载体；2014 年 6 月 11 日，“新华社发布”总客户端正式上线，当日单条稿件最高点击量超过 1130 万人次，页面浏览量超过 5000 万人次；中央电视台初步实现内容、渠道、平台、经营、管理等方面的深度融合；中央人民广播电台提出“网台一体、以网带台”的发展思路；《光明日报》成立“融媒体中心”；等等。2018 年中国社会化媒体格局概览如图 1-6 所示。

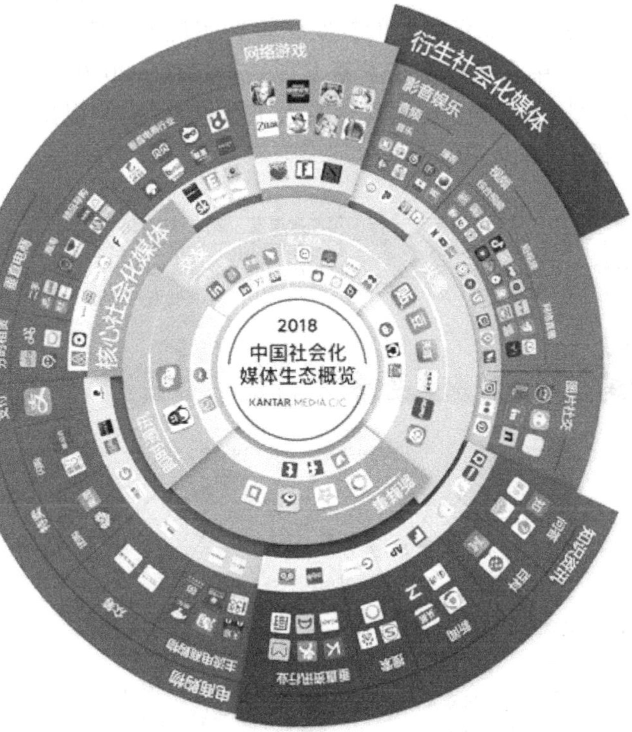

图 1-6　2018 年中国社会化媒体格局概览[①]

“传媒+”时代，是一个去中心、去垄断的时代，是一个参与、互动与分享的时代，无论是创新还是治理，都需要大家的协同参与，媒体融合正是在这种协同之中为传媒创造出新的价值。伴随着海量信息几乎无成本地全球流淌，“传媒+”社会应该是一个更加趋近于人性的社会，同时也应是一个需要更好地把握人和技术、人和社会、人和自然之

① Kantar Media CIC. 2018 年中国社会化媒体生态概览白皮书.https://www.digitaling.com/articles/63468.html [2019-08-08].

间关系的社会[①]，将在更高水平、更深层次上影响信息的传播模式及人与人的关系模式。

1.4　人 工 智 能

人工智能的概念形成于 20 世纪 50 年代，其发展阶段经历了三次大的浪潮。第一次是 20 世纪 50～60 年代，是注重逻辑推理的机器翻译时代；第二次是 20 世纪 70～80 年代，是依托知识积累构建模型的专家系统时代；第三次始于 2006 年，是重视数据、自主学习的认知智能时代。人工智能的发展历程如图 1-7 所示。

当前，人工智能已经成为国家服务业、工业和军事的核心竞争力，世界各国纷纷在战略层面布局人工智能。2016 年 5 月，美国白宫组织了四场研讨会讨论人工智能，与此同时还成立了人工智能委员会，用于协调全美各界在人工智能领域的行动。美国交通部宣布历时 10 年投资 40 亿美元的提案，旨在实现无人驾驶汽车上路。[②]日本在从 2016 年开始执行的《第五期科学技术基本计划（2016—2020）》中，列入总额约 26 万亿日元的研发经费，重点研发物联网及人工智能系统[③]，提出要实现领先于世界的“超智能社会”（即 Society 5.0）[④]。

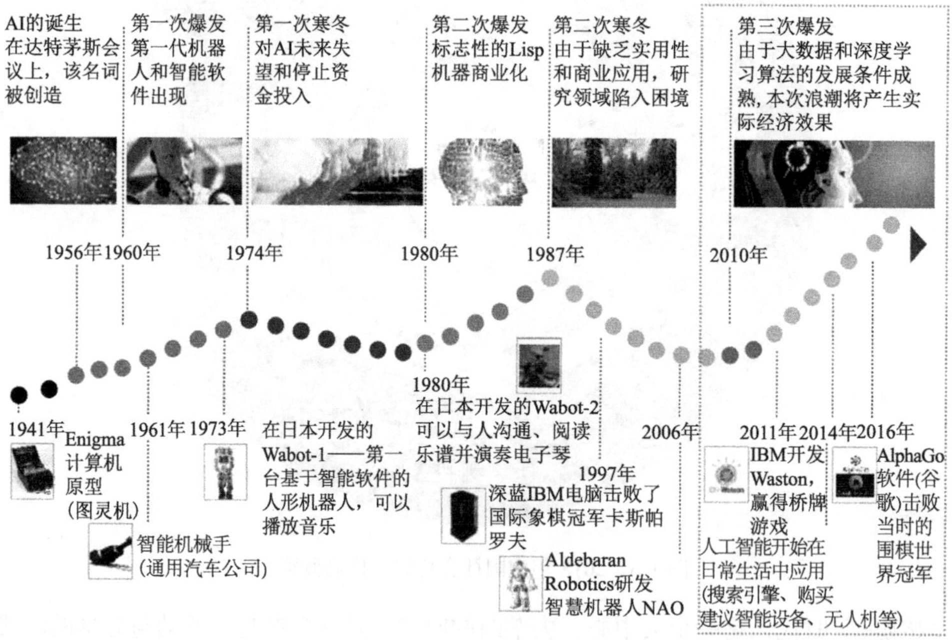

图 1-7　人工智能的发展历程

① 付玉辉. 后移动互联网时代：数字文明融合新阶段. 互联网天地，2011，(6)：48-49.

② 美国斥资 40 亿美元 推进无人驾驶车研发. http://auto.huanqiu.com/globalnews/2016-01/8389375.html[2018-12-03].

③ 人民日报：用好人工智能，关键还在人类自身. http://it.people.com.cn/n1/2016/0412/c1009-28268697.html[2018-12-03].

④ 日本第 5 期科学技术基本计划提出创建超智能社会. http://www.ecas.cas.cn/xxkw/kbcd/201115_121753/ml/xxhzlyzc/201602/t20160216_4519651.html[2018-12-03].

在中国，2015 年 7 月印发的《国务院关于积极推进“互联网+”行动的指导意见》（国发〔2015〕40 号）将“互联网+”人工智能列为其中 11 项重点行动之一；2016 年 3 月，“人工智能”一词被写入“十三五”规划纲要；2016 年 5 月，国家发展改革委员会、科技部、工业和信息化部、中央网信办 4 部委联合发布《“互联网+”人工智能三年行动实施方案》（发改高技〔2016〕1078 号），到 2018 年形成千亿级的人工智能市场应用规模；2016 年 7 月印发的《国务院关于“十三五”国家科技创新规划的通知》（国发〔2016〕43 号）多次讲到人工智能；2017 年 3 月的全国“两会”上，“人工智能”第一次正式出现在《政府工作报告》中；2017 年 7 月，国务院印发《国务院关于印发新一代人工智能发展规划的通知》（国发〔2017〕35 号），这是中国第一个人工智能规划，具有里程碑意义，标志着人工智能正式上升为国家战略；2017 年 10 月，人工智能作为科技领域最具代表性的技术，在中国取得了重大的进展，被写进党的十九大报告中；2017 年 11 月，科技部在北京召开新一代人工智能发展规划暨重大科技项目启动会，并宣布首批国家新一代人工智能开放创新平台名单：依托百度公司建设自动驾驶国家新一代人工智能开放创新平台，依托阿里云公司建设城市大脑国家新一代人工智能开放创新平台，依托腾讯公司建设医疗影像国家新一代人工智能开放创新平台，依托科大讯飞公司建设智能语音国家新一代人工智能开放创新平台，标志着新一代人工智能发展规划和重大科技项目进入全面启动实施阶段。同月，在国外，美国国防部高级研究计划局（Defense Advanced Research Projects Agency，DARPA）资助的、与“恢复活跃记忆”相关的大脑研究项目（restoring active memory，RAM）结出硕果——美国宾夕法尼亚大学的神经学家根据 300 名接受神经外科手术患者大脑中 30 000 个电极的数据，绘制出第一张脑电波连接全图。

从国家战略层面来看，在《国务院关于印发新一代人工智能发展规划的通知》中，中国确立了人工智能“三步走”的战略目标：“第一步，到 2020 年人工智能总体技术和应用与世界先进水平同步，人工智能产业成为新的重要经济增长点”；“第二步，到 2025 年人工智能基础理论实现重大突破，部分技术与应用达到世界领先水平”；“第三步，到 2030 年人工智能理论、技术与应用总体达到世界领先水平，成为世界主要人工智能创新中心”。过去三年，人工智能技术成为全球风险投资追逐的目标，从上游的显示芯片等硬件，到核心环节的机器学习等基础技术开发，再到下游的金融科技、医疗影像、自动驾驶等落地应用，一个全新的全球人工智能世界正在成型。中国人工智能发展“三步走”战略目标及总体部署如图 1-8 所示。

人工智能交易软件能通过吸取大量数据来了解这个世界，然后对股票、债券、商品和其他金融产品进行预测。人工智能机器可以获取书籍、推特消息、新闻报道、金融数据、企业财报、国际货币政策，甚至是综艺节目概况等一切有助于其软件理解全球趋势的信息。人工智能可以持续不间断地观察这些信息，从不知疲倦，一直学习，不断优化预测。

实际上，人工智能的发展之路并不平坦，从 1956 年人工智能概念出现迄今经历了几番起起落落。在中国，自 2015 年开始至今，人工智能一次次地在国家重大活动及重要纲领报告中被提及。人类已经真正地意识到“谁能引领人工智能，谁就能掌握人类的未来”这一趋势。全面智能化的未来已不再是一种虚构。人工智能人才也正在成为未来时

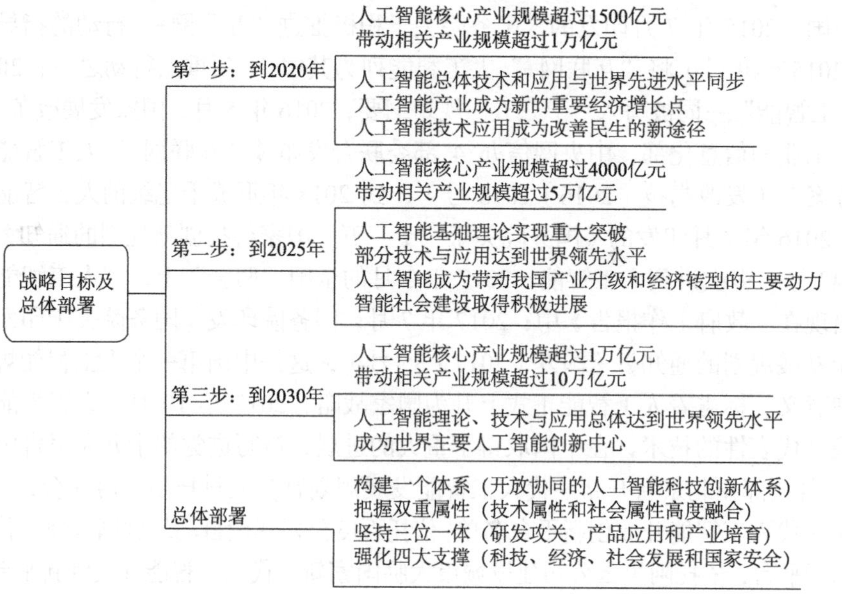

图 1-8　中国人工智能“三步走”的战略目标及总体部署

代人才的争夺焦点。对于中国而言，现在正是把握机遇、弯道超车的契机。《人工智能：国家人工智能战略行动抓手》一书中还提到，2030 年，中国很可能超过美国，从人工智能的跟跑者变为领跑者。英国广播公司（British Broadcasting Corporation，BBC）预测，到 2020 年，全球人工智能市场规模约 1190 亿元；艾瑞预测，到 2020 年，中国人工智能市场约 91 亿元①；Gartner（高德纳，权威的 IT 研究及顾问咨询公司）及其分析师预测，到 2025 年，人们的工作岗位将有 1/3 被软件或机器人所取代；到 2030 年，今天我们所熟知的 90%的工作都将被智能机器取代②。

从 2010 年到现在，随着数据的急剧增长、计算能力的进步、算法特别是深度学习的发展，人工智能进入爆发式增长期。2016 年是人工智能发展 60 年，中国人工智能学会联合近 30 家学会共同发起了人工智能 60 年系列活动；当年由谷歌深度学习（Google DeepMind）开发的人工智能机器人 AlphaGo，与世界著名围棋选手李世石进行对决，除了李世石以白 78 “神之一手”取胜外，其余各局均以 AlphaGo 战胜李世石告终，使得比赛最终以 4∶1 画上句号，人工智能正式崛起；2017 年则更成为人工智能的爆发年，Google DeepMind 发布了最终版围棋程序 AlphaGo Zero，其学习不使用人类数据，而是自我学习，完全从零开始，经过 3 天的训练，便以 100∶0 的战绩完胜 AlphaGo。③这场令人瞩目的对弈，也见证了人工智能发展的里程碑式变革——人工智能已经从深度汲取人类经验，发展到了“平地起高楼”的自我学习，人工智能将成为引领发展的第一动力。人工智能发展过程中具有社会意义的重要事件，如图 1-9 所示。

---

① 艾瑞咨询. 2015 年中国人工智能应用市场研究报告.http://report.iresearch.cn/report_pdf.aspx?id=2521[2018-07-09].

② 德勤资讯. 认知技术时代来临，我们的工作将会如何被重塑？. http://www.199it.com/archives/425961.html[2016-03-20].

③ 100∶0 完胜 AlphaGo，AlphaGo Zero 让人类连作对手的资格都没有?. https://baijiahao.baidu.com/s?id=1582372147932587147&wfr=spider&for=pc[2018-12-03].

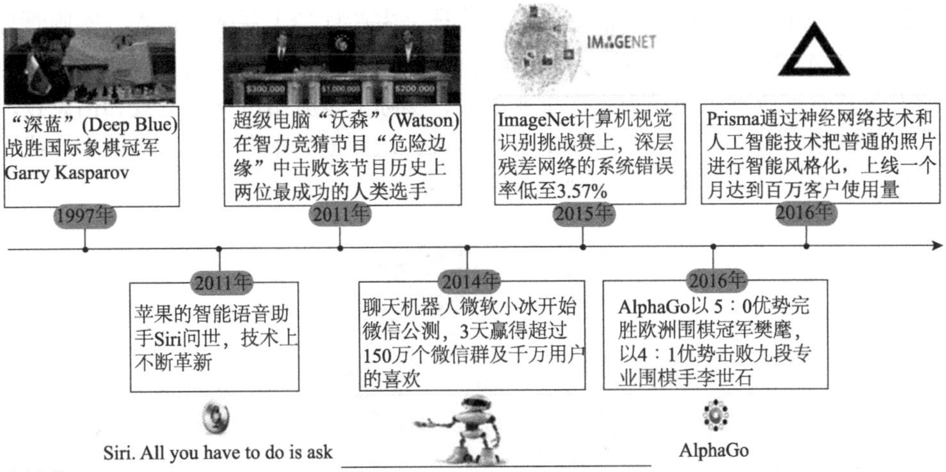

图 1-9　人工智能发展过程中具有社会意义的重要事件

但业界都知道，人工智能远不止会下棋这么简单。特别是在互联网创新科技成果遍地开花的时代，人工智能正在改变各个行业。在人工智能机器人领域，AlphaGo 见证了人工智能的每一个阶段性拔高，并正在开启智能家居时代；在无人驾驶领域，中国第一批无人驾驶客车即将实现量产，人类的出行方式即将发生巨大的变革；而在人工智能手机领域，互联网手机品牌也在人工智能的道路上跃跃欲试。

1.5　第四次工业革命

翻看世界工业的演进史便会发现，工业革命是经济史上的“奇点”，它推动了一系列的政治、军事、经济和社会变革。工业 1.0 是以蒸汽机与大机械结合为代表的蒸汽机时代，工业 2.0 是以内燃机与电气结合为代表的电气化时代，工业 3.0 是以自动化与网络化结合为代表的信息化时代。随着新工业革命的推进，技术尤其是数字技术、无处不在的连接、自动化程度越来越高的工业系统叠加起来就形成了一种变革，通过人、设备与产品的沟通，可打造一个高度灵活的智能制造模式，实现以信息与物理结合为代表的智能制造 4.0 时代。

工业 4.0 是由德国政府《德国 2020 高技术战略》报告中所提出的十大未来项目之一，旨在充分利用信息通信技术和网络空间虚拟系统——信息物理系统相结合的手段，提升制造业的智能化水平，建立具有适应性、资源效率，以及基因工程学的智慧工厂，在商业流程及价值流程中整合客户及商业伙伴，被称为以智能制造为主导的“第四次工业革命”。若用“互联网+”的观点来看工业 4.0，“互联网+制造”就是工业 4.0，这将推动中国制造向中国“智”造转型。

工业 4.0 反映了工业经济数字化、信息化、智能化、网络化的发展趋势，具备生产方式、服务、管理、装备、产品的智能化五个方面及互联、数据、集成、创新、转型五个特点，其终极目的是使制造业脱离劳动力禀赋的桎梏，将全流程成本降到较低，从而实现制造业竞争力的较大化。在工业 4.0 时代，不仅制造环节的人工将得到节省（机器人为主体的自动化生产连线），前端供应链管理、生产计划（互联网接入，实施管理订单）、后端仓储物流管理（warehouse management system）都将实现无人化，以及较低的渠道库存和管理成本。回顾前三次工业革命，实际上是应用机械、电气和信息技术等越来越先进的工具逐步将人力从生产中解放出来，从而提高生产效率、降低生产成本的过程。作为一个广义的概念，智能制造的五个方面如图 1-10 所示。

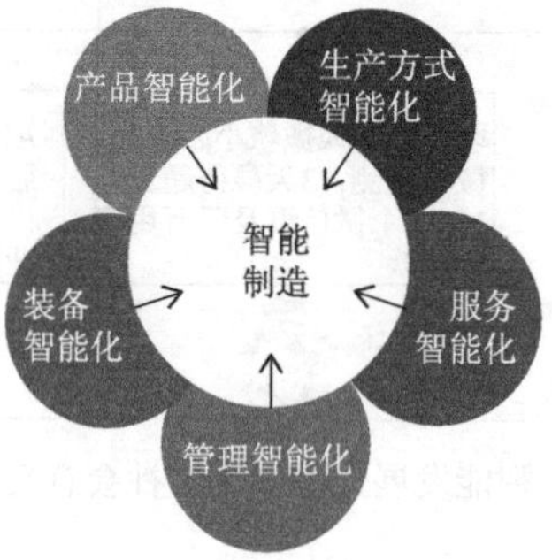

图 1-10　智能制造的五个方面

工业 4.0 有一个关键点，就是“原材料”（物质）=“信息”。具体来讲，就是工厂内采购来的原材料，被“贴上”一个标签：这是给 A 客户生产的××产品，××项工艺中的原材料。准确来说，是智能工厂使用了含有信息的“原材料”，实现了“原材料”（物质）=“信息”，制造业终将成为信息产业的一部分，所以工业 4.0 或将成为最后一次工业革命。

工业 4.0 包括智能工厂、智能生产和智能物流三大主题。其中，智能工厂是在数字化工厂的基础上，利用物联网技术和设备监控技术加强信息管理和服务；通过大数据与分析平台，将云计算中由大型工业机器产生的数据转化为实时信息（云端智能工厂），并融绿色智能的手段和智能系统等新兴技术于一体，构建一个高效节能的、绿色环保的、环境舒适的人性化工厂，重点研究智能化生产系统及过程，以及网络分布式生产设施的实现。智能生产是一种由智能机器和人类专家共同组成的人机一体化智能系统，它在制造过程中能进行智能活动，诸如分析、推理、判断、构思和决策等。通过人与智能机器的合作共事，去扩大、延伸和部分地取代人类的传统劳动，主要涉及整个企业的生产物流管理、人机互动，以及 3D 技术在工业生产过程中的应用等。智能物流主要通过互联网、物联网、物流网，整合物流资源，充分发挥现有物流资源供应方的效率，而需求方则能够快速获得服务匹配，得到物流支持。

国务院于 2015 年 5 月印发了《中国制造 2025》（国发〔2015〕28 号），旨在通过一系列措施和三个十年的努力，力图在降低资源消耗、提高劳动生产率、增强技术创新能力、优化产业结构、加快信息化融合等诸多领域，促进中国制造业转型升级。实际上，《中国制造 2025》与德国“工业 4.0”的主攻方向都是智能制造，二者发展方向、趋势及目标基本一致，都是在新一轮科技革命和产业变革背景下针对制造业发展提出的一个重要战略举措。中德两国政府还于 2015 年 10 月宣布，将推进《中国制造 2025》和德国“工业 4.0”战略对接，共同推动新工业革命和业态。

第 2 章　数字时代信息技术的创新与演进趋向

1969 年 10 月，美国加州大学洛杉矶分校（University of California，Los Angeles，UCLA）的一台电脑与一研究所的另一台电脑进行了“对话”，这是互联网发出的第一声。互联网经过四十多年的发展，已取得巨大成功并发展成为今天的信息基础设施。但互联网在设计之初只考虑了数据业务，而现在的互联网应用已无所不包：进入物联网应用，更多种类信息终端的网络连接，要求互联网具备广阔的地址空间；高清晰网络电视等多媒体、互联网电视（internet protocol television，IPTV）等流媒体的应用，要求互联网具备更高的带宽质量保证；分布式存储等 P2P 网络应用，要求互联网具备端到端的服务质量保证；生产环境监控等工业控制，要求互联网具备实时可靠的服务质量保证；电子购物等网络服务商业行为，要求互联网具备可信可管理的安全技术手段；等等。

对人类社会而言，科技和文化都是不可或缺的力量，其成长塑造了人类的历史，也决定了人类共同的未来。中国改革开放的 40 多年，以互联网为基础的数字平台迅猛发展，已成为全民级的“水”和“电”，可为用户带来独具中国特色的数字文化体验，必将带来全新交往体系、沟通系统和全新传媒环境。但技术终归是要回归于人、为人所用、为人服务，留给业界的不应该是技术恐慌，而应调整自身的定位，坦然接受并提高对技术的理解与驾驭能力。2017 年 7 月，全球知名研究机构 Gartner 发布了报告，即《2017 年新兴技术成熟度曲线》，并对新兴技术做出了三大趋势性预测：无处不在、无所不能的人工智能，身临其境的透明化体验，以及基于数字化的支撑服务平台。①在内容和消费升级背景下，以计算机视觉、生物特征识别、深度学习、区块链、智能机器人等新一代信息技术为代表的“技术簇”因符合新媒体传播规律，正从学术驱动转变为应用驱动并转化为推进媒体创新与变革的新动能、新战略、新思维，将引爆媒介生态。从数字化转型的各个维度对新闻传媒进行一个全景的描绘，对与之紧密相连的信息技术加以分析研究并搞清楚其中的联系与区别，将有利于新闻传媒的新理念的研究和新实践的探索得到更健康、更科学和更理性的发展。2017 年新兴技术成熟度曲线如图 2-1 所示。

---

① Gartner. Hype Cycle for Emerging Technologies. https://www.gartner.com/smarterwithgartner/top-trends-in-the-gartner-hype-cycle-for-emerging-technologies-2017/[2017-09-30].

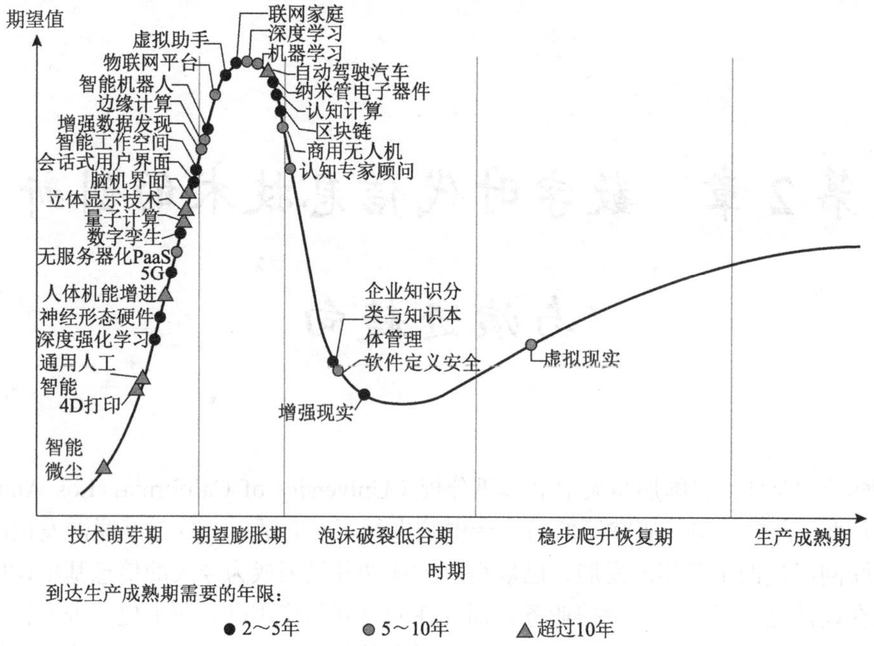

图 2-1　截至 2017 年 7 月新兴技术成熟度曲线

2.1　影响媒介的技术创新

2.1.1　新一代传送与计算技术

1. 云计算

云计算（cloud computing）是一种通过互联网以服务的方式提供动态可伸缩的虚拟化的资源（包括网络、服务器、存储、应用、服务等）的计算模式。简单来说，云计算是未来信息技术的一种主要架构，服务云+消费端。云端通过集中的资源提供各种服务，各种终端通过互联网接入使用，而不是原来各自维护自己的基础架构，从而使得大规模的并发计算问题得以解决。通常来讲，云计算具有按需自助服务、广泛的网络接入、快速弹性、资源池，以及按使用量计费的服务五个基本特征，具有混合云、私有云、社区云、公有云四种部署模式，同时包括设施即服务（infrastructure as a service，IaaS）、平台即服务（platform as a service，PaaS）和软件即服务（software as a service，SaaS）三种服务模式。云计算的基本概念如图 2-2 所示。

云计算作为新信息基础设施的核心，其主要思想是把计算基础设施转变为商品进行流通，使得用户能够按照需求获取信息服务、存储空间和计算力。云计算将使未来的互联网变成超级计算的乐土，技术发展有望加速从传统的“计算机+软件范式”向“云计算+数据模式”转型升级。云服务模式下，可以统一资源，既能避免重复投资和

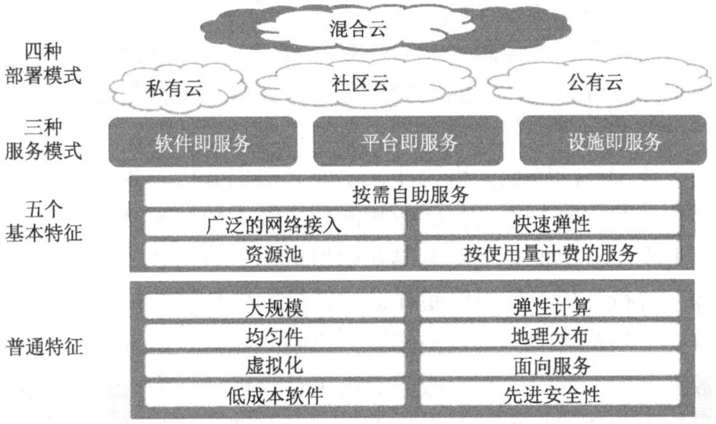

图 2-2　云计算的基本概念

资源浪费，又能打破原有的信息孤岛，实现计算和存储资源的集中；可以统一应用，将大量的应用和服务放在云端并快速开发与复制，实现应用开发的统一支撑；还可以统一数据，为用户提供不同终端数据的同步和共享，实现数据大集中与数据资产的再利用。2017 年 9 月，亚马逊（Amazon）宣布亚马逊云服务平台（Amazon Web Service，AWS）面向所有服务地区提供基于 Linux 的弹性计算云（elastic compute cloud，EC2）实行按秒计费模式；Google 公司宣布将在 Google Compute Engine、Container Engine、Cloud Dataproc，以及 App Engine 上实行按秒计费；而在中国名列前茅的阿里云也宣布：所有服务器按量付费模式升级为按秒计费。根据 Gartner 研究报告，全球公有云市场规模从 2010 年的 683 亿美元增长至 2016 年的 2092 亿美元，年均复合增速高达 20.51%。预计 2017～2020 年行业规模增速依然维持在 15%以上，到 2020 年有望达到 3834 亿美元。[①]

2. 大数据

大数据（big data）是一种规模大到在获取、管理、分析方面大大超出传统数据库软件工具能力范围的数据集合。如果将大数据比作一个产业，那么这种产业实现盈利的关键在于提高对数据的“加工能力”，通过“加工”实现数据的“增值”和应用的“价值”。目前，业界对它尚未形成公认的准确定义，但对其主要特征已有初步认定，即“4V”——volume（海量）、velocity（高速）、vast（大空间）、variety（多样）。当然，大数据若只是从数量、时间、空间和多样性四个方向表现其“大”则无太大意义，关键是如何高效地挖掘这些数据并使其成为“智能数据”，因此可再加入“3V”——value（价值）、veracity（真实）、visualize（可视化），从而成为“7V”。[②]整体上看，互联网大数据的典型代表性包括用户行为数据（精准广告投放、内容推荐、行为习惯和喜好分析、产品优化等）、用户消费数据（精准营销、信用记录分析、活动促销、理财等）、

① 中泰证券. 云计算行业深度报告：云计算革命，路径正清晰. http://pg.jrj.com.cn/acc/Res/CN_RES/INDUS/2017/10/19/77e1a757-2585-495a-a6fc-50e9c23331d4.pdf[2017-10-10].

② 许志强，王家福，刘思明. 物联网+大数据：数字媒体变革的思考与未来媒体进化. 电视研究，2017，(11):37-40.

用户地理位置数据（O2O 推广、商家推荐、交友推荐等）、互联网金融数据（P2P、小额贷款、支付、信用、供应链金融等）等 UGC 数据（趋势分析、流行元素分析、受欢迎程度分析、舆论监控分析、社会问题分析等）等。数据挖掘和文档理解研究依托于海量内容，专注于主题聚类分析、信息分类、非结构化知识抽取、文本理解和热点追踪等技术研究。目前，通用性的数据分析行业，主要有数据分析、数据分析可视化、大数据检索，以及延伸出的数据服务平台、商业智能分析及大数据预测与咨询这六大类业务。

从某种程度上来说，数据是现实世界在虚拟世界的一个“映像”，可以通过数据挖掘对“虚拟映像”进行分析，使得隐藏在数据背后的信息、知识不断显现，从而对全球生产、流通、分配、消费活动，以及经济运行机制、社会生活方式和国家治理能力产生重要影响。大数据作为一种提供知识服务的新工具，被定义为“未来的新石油”，正推动着数据从信息技术到数据技术（data technology，DT）的升级，最终数据或将成为人类至关重要的资源。在中国，政府各个部门都掌握着构成社会基础的原始数据，如气象数据、金融数据、信用数据、电力数据、煤气数据、自来水数据、道路交通数据、客运数据、安全刑事案件数据、住房数据、海关数据、出入境数据、旅游数据、医疗数据、教育数据、环保数据等。这些数据在每个政府部门里面看起来是单一的、静态的，但如果政府将这些数据关联起来，并对这些数据进行有效的关联分析和统一管理，这些数据必定将获得新生，其价值是无法估量的。现在，我们接收的信号来自智能手机和工业设备的传感器、源源不断的社交媒体信息流和其他很多应用软件，数据的丰富程度前所未有，世界上 90%的数字数据都是过去两年中涌现的，可以说人类现在的生存就是一场数据化生存。未来 30 年，数据将成为生产资料，计算是生产力，互联网是生产关系，如果不与互联网相连、不治理的话，将比过去不通电更可怕。在这样的数据大背景下，用户可充分利用海量、高增长率和多样化的信息资产，从大数据中发现新知识、新规律，提升对大数据分析技术的掌控和实用能力，关联全量数据分析可推动商业价值的显现。随着资源整合和产业链拓展，无处不在的移动智能终端、互动频繁的社交网络和超大容量的数字化存储，使得大数据应用遍地开花，以大数据为基础推进人类的信息共享、资源共享和服务共享，提高社会的运行效率，使生活更加智能化，逐渐成为一种生产要素并发挥着重要作用。例如，Google 根据用户需求实时从全球海量的数字资产（或数字垃圾）中快速找出最可能的答案，呈现给用户，就是一个最典型的大数据服务。

2017 年 12 月，中共中央政治局就实施国家大数据战略进行了第二次集体学习，习近平总书记在此次学习中强调：“我们要瞄准世界科技前沿，集中优势资源突破大数据核心技术，加快构建自主可控的大数据产业链、价值链和生态系统。要加快构建高速、移动、安全、泛在的新一代信息基础设施，统筹规划政务数据资源和社会数据资源，完善基础信息资源和重要领域信息资源建设，形成万物互联、人机交互、天地一体的网络空间。”[①]至此，“国家大数据战略”定位提升，充分凸显了中共中央对于大数据发展的高度重视。

---

① 中国政府网．习近平主持中共中央政治局第二次集体学习并讲话．http://www.gov.cn/xinwen/2017-12/09/content_5245520.htm[2019-06-03].

3. 物联网

物联网（internet of things，IoT）是新一代信息技术的重要组成部分，是指借助射频识别（radio frequency identification，RFID）和传感器等信息传感设备，按照约定的协议，把任何物品与互联网连接起来，进行信息交换和通信，以实现智能化识别、定位、跟踪、监控和管理的一种网络。物联网要求每一物件均可寻址、每一物件均可通信、每一物件均可控制，关注网络计算、汇聚、连接、通信、收集、内容等，强调认知并主要体现在“8A”服务方面——anytime（任何时间）、anywhere（任何地点）、anybody（任何人）、anything（任何事件）、any service（任何服务）、any content（任何内容）、any device（任何设备），以及 any connection（任何网络）。

物联网是一种建立在互联网新技术平台基础上的具有自学习、自诊断、自补偿能力和复合感知能力的泛在网络，是各种感知技术的广泛应用，用户端可延伸扩展至任何物体并可在物体之间进行数据传输与交流，也就是物物相息。物联网是在互联网基础上延伸和扩展，与其说物联网是网络，不如说物联网是业务和应用，用于承载物物互联或物与人互联的信息传递。物联网既可以连接人，也可以连接物，既可以连接虚拟世界，也可以连接现实世界，其上层实现信息的处理和决策支持。因此，应用创新是物联网发展的核心，以用户体验为核心的创新 2.0 是物联网发展的灵魂。物联网的出现离不开无线通信、智能移动设备、大数据、处理器、传感器等领域在过去十年间的快速发展。从发展趋势来看，物联网的发展可分为时间（time）、地点（place）与物件（thing）三个维度，其依托云服务平台和互通互联的嵌入式软件增加用户连接与增强用户体验。物联网时代，数据替代用户和入口，成为新的经济增长点。数据显示，到 2020 年全球将有 400 亿～800 亿台设备接入物联网，人均拥有的物联网设备将有 10 台，全球物联网市场规模有望超过 30 万亿美元，而中国的物联网市场体量有望比美国高两到三倍。[①]而随着与日俱增的设备数量及越来越多的工业和企业系统接入物联网设备，这些设备将变得更加安全、更容易更新。

4. 三网融合

三网融合是指以互联网为代表的数字通信网、以电话网（包括移动通信网）为代表的传统电信网和以有线电视为代表的广播电视网在向下一代数字通信网、下一代电信网、下一代广播电视网演进过程中，三大网络通过技术改造，其技术功能趋于一致、业务范围趋于相同，网络互联互通、资源共享，能为用户提供语音、数据和广播电视等多种服务的融合网络。三网融合是一种广义的、社会化的说法，在现阶段它并不意味着数字通信网、电信网和广播电视网三大网络的物理合一，而主要是指业务层上互相渗透和交叉。三网融合应用广泛，遍及智能交通、环境保护、政府工作、公共安全、平安家居等多个领域。例如，手机可以看电视、上网，电视可以打电话、上网，电脑也可以打电话、看

---

① Dr. Mazlan Abbas. Introduction to internet of things (iot) & smart city.https://wenku.baidu.com/view/a536f10e6d85ec3a87c24028915f804d2b16875a. html[2019-08-21].

电视。三者之间相互交叉，形成你中有我、我中有你的格局，在经营上互相竞争、互相合作，朝着向人类提供多样化、多媒体化、个性化服务的同一目标逐渐交汇在一起，行业管制和政策方面也逐渐趋向统一。

三网代表现代信息产业中三个不同行业，即电信业、数字通信业和广播电视业。三网融合打破了此前广电在内容输送、电信在宽带运营领域各自的垄断，明确了互相进入的准则——在符合条件的情况下，广电企业可经营增值电信业务、比照增值电信业务管理的基础电信业务、基于有线电视网络提供的互联网接入业务等；而国有电信企业在有关部门的监管下，可从事除时政类节目之外的广播电视节目生产制作、互联网视听节目信号传输、转播时政类新闻视听节目服务、IPTV 传输服务、手机电视分发服务等。

5. IPv6

互联网协议第六版（Internet Protocol Version 6，IPv6），也是被正式广泛使用的第二版互联网协议。IPv6 是互联网工程任务组（Internet Engineering Task Force，IETF）设计的用于应对现行版本 IPv4 协议地址段资源枯竭的下一代 IP 协议，具备解决地址耗尽问题、改善网络性能、方便各项业务开展、安全性更高、支持移动等优点，理论上该协议能产生超乎想象数量的网络地址，学术界号称“能使地球上每一粒沙子都分配到一个网络地址”。IPv6 相比 IPv4 的技术优势如表 2-1 所示。

表 2-1　IPv6 相比 IPv4 的技术优势

IPv6 相比 IPv4 的技术优势	具体技术细节
更大的地址空间	IPv4 中规定 IP 地址长度为 32，即有 2^32-1 个地址；而 IPv6 中 IP 地址的长度为 128，即有 2^128-1 个地址
更小的路由表	IPv6 的地址分配一开始就遵循聚类的原则，这使得路由器能在路由表中用一条记录表示一片子网，大大减小了路由器中路由表的长度，提高了路由器转发数据包的速度
增强的组播支持以及对流的支持	这使得网络上的多媒体应用有了长足发展的机会，为服务质量控制提供了良好的网络平台
加入了对自动配置的支持	这是对 DHCP 协议的改进和扩展，使得网络（尤其是局域网）的管理更加方便和快捷
更高的安全性	在使用 IPv6 网络中用户可以对网络层的数据进行加密并对 IP 报文进行校验，这极大地增强了网络安全

全球 IPv4 地址数已于 2011 年 2 月分配完毕，自 2011 年开始中国 IPv4 地址总数基本维持不变，截至 2019 年 12 月，中国 IPv4 地址数量达到 38 751 万个，较 2018 年增长 0.4%。IPv6 地址数量达到 50 877 块/32，较 2018 年增长 15.7%，稳居世界前列①。由于 IPv4 最大的问题在于网络地址资源有限，严重制约了互联网的应用和发展；而 IPv6 总共有 $2^{128}-1$ 个地址，也就是有 340 282 366 920 938 463 463 374 607 431 768 211 455 个 IPv6 地址可以使用，可提供庞大的网络地址数量，因此永远不用担心 IPv6 地址数量

① 中国互联网络信息中心. 第 45 次《中国互联网络发展状况统计报告》. http://www.cnnic.cn/hlwfzyj/hlwxzbg/[2020-01-10].

不够的问题。[①]当前，基于 IPv6 的下一代互联网已成为各国推动新科技革命和重塑国家竞争力的先导领域，其意义不仅在于解决 IPv4 时代地址资源枯竭的问题，同时 IPv6 还将成为其他技术发展的基础。鉴于 IPv6 巨大的应用和产业前景，中国的网络运营者早已开始了 IPv6 的部署。其中，教育网已经拥有超过 600 万的 IPv6 用户，是全球最大的纯 IPv6 网络，三大运营商也建成了大规模的 IPv6 商用网络，运营商的核心网络已经能够做到全部支持 IPv6，并且在向 IPv6 演进的过程中，实现了亿级用户的过渡运营体系。另外，中国主要的商业网站，包括腾讯、百度、阿里等也都制订了分阶段的 IPv6 演进计划，未来将覆盖社交、游戏、邮件、视频等各大应用领域。中国的大型网络设备商亦对路由交换等产品做好 IPv6 的软硬件配置方案，可以随时向企业客户提供全面的 IPv6 设备改造升级。数据显示，截至 2016 年 9 月底，全球共有超过 220 个国家和地区组织申请了 IPv6 地址，申请量已经达到当前互联网地址空间的 18 万多倍；目前，全球已有 94 个国家发展 IPv6 用户，用户总量超过 2.5 亿；到 2020 年，全球 66%的移动设备将具有连接 IPv6 网络的能力，全球 34%的网络流量将由 IPv6 产生。[①]相关机构分析预测，10 年内 IPv4 将彻底退出历史舞台，互联网将全面向 IPv6 转型。

当今 IPv6 成为新一代网络核心协议正在普及加速，同时随着新物联网标准的兴起、传统互联网向移动互联网迁徙，国家对于 IPv6 应用落地的需求日益迫切。2017 年 11 月，中共中央办公厅、国务院办公厅印发《推进互联网协议第六版（IPv6）规模部署行动计划》指引三年规划，明确指出："到 2020 年末，市场驱动的良性发展环境日臻完善，IPv6 活跃用户数超过 5 亿，在互联网用户中的占比超过 50%，新增网络地址不再使用私有 IPv4 地址，并在以下领域全面支持 IPv6：国内用户量排名前 100 位的商业网站及应用，市地级以上政府外网网站系统，市地级以上新闻及广播电视媒体网站系统……到 2025 年末，我国 IPv6 网络规模、用户规模、流量规模位居世界第一位，网络、应用、终端全面支持 IPv6，全面完成向下一代互联网的平滑演进升级，形成全球领先的下一代互联网技术产业体系。"

6. 第五代移动通信

第五代移动通信（5th generation mobile networks，简称 5G）是国际移动通信系统（International Mobile Telecommunications，IMT）的下一阶段，国际电信联盟（International Telecommunications Union，ITU）将其正式命名为 IMT-2020。蜂窝移动通信从模拟通信（1G）演进到目前已经普及的长期演进技术（long term evolution，LTE）（4G），经历了从模拟到数字技术、语音到数据业务的演进，实现了"人与人""人与信息"互联，网络峰值速率从 2G 时代（1991 年开始）的 100Kbps 到 4G 时代（2008 年开始）的 1Gbps，实现了万倍的增长。对于通信的速率与时延的要求，4G 已经满足大多数需求，如远程遥控、灾情警报、个人云端、高清视频等，但其在带宽、时延、功耗、移动性、安全性、连接数等方面还有较大的局限，需要 5G 时代的通信速度和响应速度来满足，如超高清 VR/AR、远程医疗、无人驾驶、垂直行业应用等物联网应用场景。5G 与 4G、3G 不同，

① 中银国际. 伏流汪洋，IPv6 新应用时代. http://pdf.dfcfw.com/pdf/H3_AP201711271058497396_1.pdf[2019-06-18].

除了进一步提升人与人之间的增强移动宽带（enhance mobile broadband，eMBB），还增加了超高可靠、超低时延通信（ultra-reliable low-latency communication，URLLC）和海量机器类通信（massive machine type communication，mMTC）两个应用场景，即能满足物联网的高速率（100Mbps～1Gbps）、大容量（百万/平方公里的连接数密度）、低时延（1ms 的空口时延），以及接近 100%的业务可靠性和超低功耗、超低成本等需求，因此 5G 在用户体验速率、流量密度、连接数密度、时延、可靠性等方面均提出了要求。站在技术的视角来看，5G 是在 4G 的基础上进一步升级、演进；但若站在移动通信对经济社会影响的视角来看，5G 有望使移动通信技术成为一种新的“通用性基础技术”。相关机构分析预测，到 2023 年将有 10 亿 5G 移动宽带用户，未来 6 年 5G 将覆盖全球 20%的人口；预计 2020～2035 年，5G 对全球实际 GDP 增长的贡献将相当于与印度同等规模的经济体。①5G 的三大应用场景如图 2-3 所示。

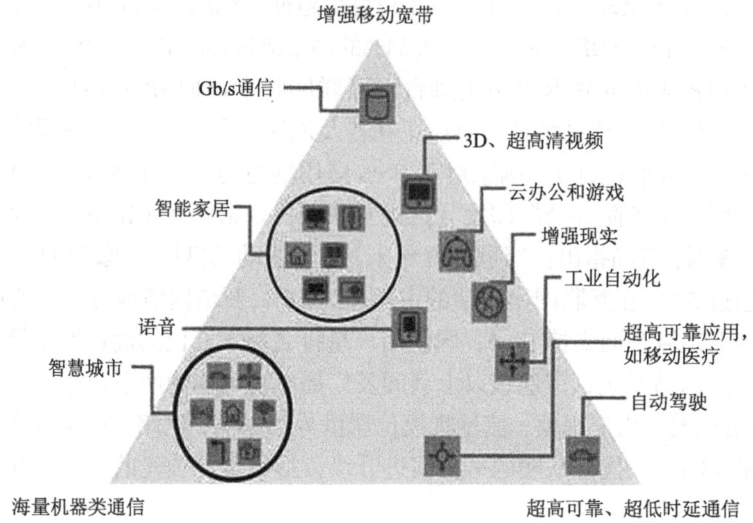

图 2-3　5G 的三大应用场景

从 2012 年开始，5G 网络的研究和试验正在快速推进，全球一些主要经济体如美国、欧盟、日本和韩国也都已启动 5G 相关研发工作，5G 到来可期。2016 年 12 月 19 日，国务院发布《“十三五”国家战略性新兴产业发展规划》（国发〔2016〕67 号），提出发展新一代信息产业成为五大领域之首，其中“大力推进第五代移动通信（5G）联合研发、试验和预商用试点”成为构建网络强国的重要基础。2017 年 6 月 6 日，工信部正式发布了《关于全面推进移动物联网（NB-IoT）建设发展的通知》（工信厅通信函〔2017〕351 号），要求加快推进移动物联网部署，构建 NB-IoT 网络基础设施。NB-IoT 建设被推进到国家政策层面，今后发展必将更加红火，同时它也是适应互联网+、“中国制造 2025”，以及德国工业 4.0 发展的一种联网新技术。5G 将成为继蒸汽机、电力、汽车、互联网之后的新通用技术，5G 的三大特点（超高速率、超低时延、超大连接）和万物互联的应用

① 爱立信：2017 移动市场报告. https://www.useit.com.cn/thread-17548-1-1.html[2018-12-13].

场景将成为驱动下一个 10 年信息产业和社会经济发展的巨大引擎。实际上，5G 网络在 1 平方公里内，可以同时接入 100 万个网络连接而不会延迟卡顿。所以，如果说 4G 改变的是人类生活，则 5G 将改变的是社会。因为它能够真正地实现人与设备之间的相互连接，让整个世界都能变成一种“在线”状态。若 1G 代表大哥大时代、2G 代表短信时代、3G 代表照片时代、4G 代表视频时代，那么即将到来的 5G 将是面向全新业务、智能生活、智能生产的网络变革的万物互联时代，一个端到端的生态系统，将打造一个全移动和全连接的社会，其意义将类似于电力之于电子、电气行业，逐步演化成为不可或缺的生产要素。2017 年 11 月 10 日，工业和信息化部正式发布中国 5G 系统在 3000～5000MHz 频段内的频率使用规划；11 月 17 日，高通、中兴通讯、中国移动宣布，成功实现了全球首个基于 3GPP R15 标准的 3.5GHz 频段端到端 5G 新空口系统互通，将进一步提高用户体验并显著提高网络容量。可见，中国移动通信在实现“5G 引领”之路上又取得一大进步。5G 为丰富智能产品种类、实现万物互联提供了可能，传媒业的传播渠道将会更加宽阔顺畅。在接下来的几年中，每一家媒体机构都应在 5G 网络出现后紧跟浪潮，如在视频分发和内容投资上，以新的方式进行思考。[①]5G 成为驱动下一个 10 年信息产业和社会经济发展的引擎，如图 2-4 所示。

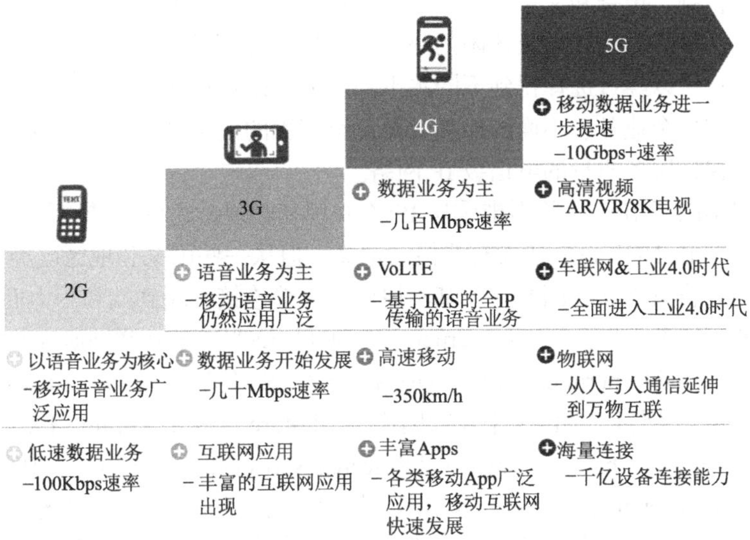

图 2-4　5G 的到来

7. 下一代网络

下一代网络（next-generation network，NGN）或新一代网络（new generation network，NGN）的主要思想是在一个统一的网络平台上以统一管理的方式提供多媒体业务，在整合现有的市内固定电话、移动电话的基础上[统称固定移动融合（fixed mobile convergence，FMC）]，增加多媒体数据服务及其他增值型服务。其中语音的交换将采用软交换技术，

① 引自东兴证券 2017 年发布的《通信行业：王之盛宴 5G 全景研究》.

而平台的主要实现方式为 IP 技术，逐步实现统一通信，其中互联网电话（voice over internet protocol，VoIP）将是下一代网络中的一个重点。

NGN 是传统电信技术发展和演进的一个重要里程碑。从网络特征和网络发展上看，它源于传统智能网的业务和呼叫控制相分离的基本理念，并将承载网络分组化、用户接入多样化等网络技术思路在统一的网络体系结构下实现。NGN 是以软交换为控制核心、以分组交换网络为传输平台、结合多种接入方式（包括固定网、移动网等）的网络体系。NGN 几乎是一个无所不包的网络，将电话网、互联网等各种网络都涵盖进来，目的就是解决现有网络的缺陷和不足，满足人类对移动性和大数据量信息的需求。NGN 是一个宽泛的名词，包括了软交换网络、下一代互联网，以及下一代移动网的所有含义。因此，准确地说，NGN 并不是一场技术革命，而是一种网络体系的革命。

8. 下一代互联网

下一代互联网（next-generation internet，NGI）是为解决传统的基于 IPv4 的互联网面临的系列问题而提出的，指的是比当时的互联网具有更快的传输速率、更强的功能、更安全和更多的网址，能基本达到信息高速公路计划目标的新一代互联网。NGI 的发展远景是将彩色视频、声音和文字等多媒体集成在大型计算机上，以便能在网络上展示，建立一个工作、学习、购物以及休闲的环境。这种环境的界面一致，系统安全、可靠和保护隐私。用户可以经过选择得到不同水平的服务。站在技术的视角来看，NGI 将是高速、宽带、可支持全业务、不面向连接、无复杂流程的混合网络结构，具有可管理性、可维护性、能保证服务质量的电信级 IP 网络。

对基于但不限于 IPv6（并不排斥与 IPv4 并用和互通，还可能增加移动 IP、带宽管理等协议能力）的 NGI 目前还没有严格的定义，但从一些国家和地区已经开展的 NGI 试验来看，NGI 将秉承互联网的三项基本原则：无缝连接、端到端和尽力而为。目前，国际上公认的美国学术性互联网（Internet2，I2）项目、欧盟未来互联网研究与实验（Future Internet Research and Experiment，FIRE）项目、亚太地区先进网络（Asia-Pacific Advanced Networks，APAN）项目、韩国未来互联网论坛（Future Internet Forum，FIF）项目和中国教育和科研计算机网（China Education and Research Network，CERNET）、中国下一代互联网（China's Next-Generation Internet，CNGI）示范工程项目等都是面向 NGI 的研究试验项目。显然 NGI 的目标仅定位在对现有互联网的改进，在技术路线上也不会有革命性的变化。

9. 中国下一代互联网

中国下一代互联网与国外进行的 NGI 试验有所不同。正是由于中国电信运营商的积极参与，CNGI 更加重视支持服务质量（quality of service，QOS）的体系和技术研究，更加在意对无线和移动业务的支持。CNGI 项目在国际上第一次提出鼓励开展旨在促进 NGI 与 NGN 在技术发展方向上协调的研究试验，实际上 CNGI 在探索 NGI 与 NGN 融合之路。

CNGI 项目是国家级的战略项目，该项目由信息产业部、科技部、国家发展和改革委员会、教育部、国务院信息化工作办公室、中国科学院、中国工程院和国家自然科学基金委员会八个部委联合发起并经国务院批准于 2003 年启动,该项目的主要目的是搭建以 IPv6 为核心的下一代互联网的试验平台。第二代中国教育和科研计算机网（China Education and Research Network，CERNET）是 CNGI 最大的核心网和唯一的全国性学术网，是中国第一个 IPv6 国家主干网，截至 2012 年，仍是所知世界上规模最大的采用纯 IPv6 技术的下一代互联网主干网。

10. 下一代广播电视网

中国下一代广播电视网（Next-Generation Broadcasting Network，NGB）是由科技部和新闻出版广电总局联合组织开发建设,以有线电视网数字化整体转换和移动多媒体广播电视（China Mobile Multimedia Broadcasting，CMMB）的成果为基础，以自主创新的“高性能宽带信息网”核心技术为支撑，构建的适合中国国情的、“三网融合”的、有线无线相结合的，可同时传输数字和模拟信号的，具备双向交互、组播、推送播存和广播四种工作模式的，可管、可控、可信的，全程全网的宽带交互式下一代广播电视网。NGB 具备网络（全程全网、宽带双向、扁平汇聚、混合传输、智慧家庭等）、管控（内容可管、业务可控、网络可信、服务可靠等）、终端（家庭网关、高清呈现、多模接入、智能交互、透明计算等），以及业务（互联互通、开放共享、个性互动、智能提供等）四方面基本特征。

NGB 的核心传输带宽将超过 1000Gbps、保证每户接入带宽超过 40Mbps，可以提供高清晰度电视、数字视音频节目、高速数据接入和话音等“三网融合”的“一站式”服务，使电视机成为最基本、最便捷的信息终端，使宽带互动数字信息消费如同水、电、暖、气等基础性消费一样遍及千家万户。同时 NGB 还具有可信的服务保障和可控、可管的网络运行属性，其综合技术性能指标达到国际先进水平，能够满足未来 20 年每个家庭“出门就上高速路”的信息服务总体需求。

11. OTT

OTT 是 over the top 的缩写，是指通过互联网向用户提供各种应用服务。这种应用和目前运营商所提供的业务不同，它仅利用运营商的网络，而服务由运营商之外的第三方提供。OTT 用户人群主要集中于 25～40 岁，整体呈现高收入、高学历、高消费的“三高”特征，喜爱轻松、有情调及健康休闲的活动氛围，符合社会中坚人群特征。同时，市场增长点正在向“30～50 岁、中等收入、普通职员”人群转移。[①]目前，典型的 OTT 业务有互联网电视业务、移动业务与各种移动应用商店等。

互联网电视（over the top TV，OTT TV）是以公共互联网为传输介质，以绑定了特定编号的具备网络接入功能的电视一体机为输出终端，并由经国家新闻出版广电总局批准的集成播控平台，向全国范围内的用户提供视频点播和图文信息服务为主的内容服务及其他相关增值业务服务的电视终端。通过互联网传输的视频节目，如爱奇艺、悠视网等平台的

① 秒针系统. 阿里巴巴 OTT 媒体价值研究报告，2017.

内容传输到显示屏幕（包括电视）上。相对于传统电视，OTT TV 还具有收视资源丰富、资助点播、广告到达率高等特点。目前，中国 OTT TV 牌照有 7 张，分别是 CNTV、百视通、华数、南方传媒、湖南广播电视台、中央人民广播电台、中国国际广播电台。电视+数字的天然属性，支持 OTT TV 多种商业化模式：在广告赢利方面，OTT TV 广告资源较传统电视更丰富，基于大数据精准推送和效果监测，将对视频内容的长尾消费和广告体系产生质的提升；在内容付费方面，OTT TV 的运营主体都已建立付费会员体系，会员支付会费即可享受差异化内容和服务；在电视电商方面，OTT TV 展示广告的同时也是电商入口，从而缩短广告到销售的转化路径；在增值服务方面，OTT TV 基于家庭的智能服务（虚拟社区、家庭娱乐、生活收费、医疗保健、教育培训等）功能扩展，使用户可为互动应用付费成为可能。OTT TV 未来将会朝着以人为核心，开放、互动、多服务的趋势发展，摆脱软硬件限制，实现云端化；通过家庭大屏和个人小屏实现 OTT 设备交互跨屏。截止到 2017 年上半年底，OTT 保有量 2.4 亿台①，用户总规模与有线电视已经非常接近，OTT TV 在家庭客厅娱乐经济的聚合效应更加明显，OTT TV 的家庭属性更加多元，这是一个蕴藏巨大价值、有待深挖掘的市场。数据显示，2018 年，美国四大科技公司“FANG”（Facebook、Amazon、Netflix 和 Google）将占据新电视和视频营收三分之二的份额，至少在美国会是如此②；OTT 流媒体直播的观影时长将在五年内超过传统广播电视③；2020 年，整个 OTT 生态规模可能达到 6300 亿元人民币④。中国客厅经济全景图如图 2-5 所示。

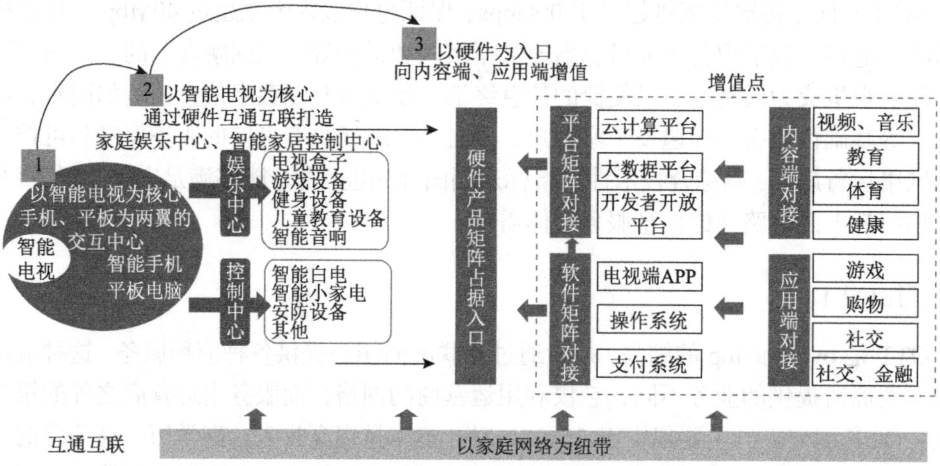

图 2-5　中国客厅经济全景图⑤

中国 4G 移动网络以及 Wi-Fi 热点的深入普及，促进了中国移动 OTT 通信市场的发展，异步通信（如微信、易信等）、同步通信（如触宝电话、微会网络电话等）具有费

① 奥维云网. 2017 年中 OTT 运营大数据蓝皮书，2017.
② FAANG 在 2018 年将更加深耕电视领域. http://www.cctvpro.com.cn/2018/02/05/ARTI1517814963392714.shtml [2020-04-05].
③ Level 3 Communications，Streaming Media，Unisphere Research. 2017 OTT 视频服务研究，2017.
④ AdTime. 数字营销大屏时代，OTT 智领客厅经济. http://www.sohu.com/a/120416701_498848[2019-03-15].
⑤ 易观智库. 中国客厅经济专题研究报告 2016. 北京：北京易观智库网络科技有限公司，2016.

用低、通话清晰等特点，使手机成为了高频、高效的移动互联网入口。未来几年，通信行业将进行新一轮的变革，大部分语音服务将由互联网化的 App 提供，而非传统通信模式的电信服务，移动 OTT 业务将取代运营商大部分的传统业务，运营商或将被管道化，只提供流量业务，提供通信服务的 App 将走向平台化、规模化。移动 OTT 实时通信厂商还可结合自身海量的用户数据，将这些数据转换成个性化、精准化服务传送给用户，从而进一步提升用户体验，增强用户黏性。融合生活服务 O2O 平台，将是未来中国移动 OTT 实时通信发展的重点领域。数据显示，2017 年 12 月，中国 OTT 终端激活量 1.68 亿台，其中智能电视激活量 1.29 亿台；中国 OTT 终端日均开机终端数达 6491 万台，其中智能电视日均开机终端 4801 万台。[①]

2.1.2　新一代多媒体呈现技术

1. 数据可视化

数据可视化（data visualization）是利用计算机图形学和图像处理技术，把复杂烦冗的结构或非结构数据转换成更加直观的图形或图像的方式呈现，涉及计算机图形学、图像处理、计算机视觉与计算机辅助设计等多个领域，是研究数据表示、数据处理、决策分析等一系列问题的综合技术。在各类报表和说明性文件中，用直观的图表展现数据，显得客观、简洁，更具说服力。在可视化图表工具的表现形式方面，图表类型表现得更加多样化、丰富化。除了传统的饼图、柱状图、折线图等常见图形，还有气泡图、面积图、省份地图、词云、瀑布图、漏斗图等酷炫图表，甚至还有地理信息系统（geographic information system，GIS）等，这些种类繁多的图形能满足不同的展示和分析需求。

数据可视化是一个极为活跃、处于不断演变之中的概念，其边界正在不断扩大。数据可视化领域的起源，可以追溯到 20 世纪 50 年代计算机图形学的早期，当时，人类利用计算机创建出了首批图形图表。如今，科学计算可视化能够把科学数据，包括测量获得的数值、图像，或是计算中涉及、产生的数字信息变为直观的、以图形图像信息表示的、随时间和空间变化的物理现象或物理量呈现在研究者面前，对数据加以可视化解释。

2. 虚拟现实

虚拟现实（virtual reality，VR）也称人工环境，其结合多领域前沿技术（计算机图形和仿真、图像与视觉、人机交互技术、传感器技术、人机接口技术、人工智能技术等），借助适当装备，通过欺骗人体感官的方式（三维视觉、听觉、嗅觉等），创造出完全脱离现实的世界，并与其进行体验和交互。简单地说，VR 就是用计算机创造以假乱真的世界（虚拟现实的特征如图 2-6 所示）。

① 奥维云网. 2018 年中国 OTT 发展预测报告. 北京：北京奥维云网大数据科技股份有限公司，2018.

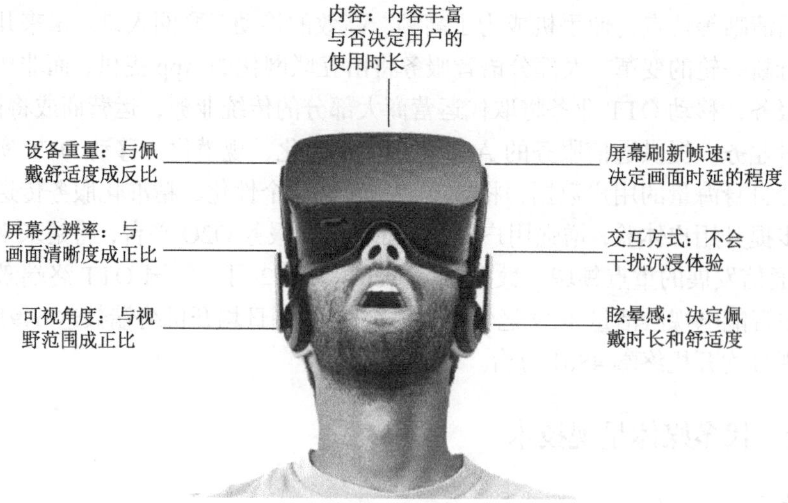

图 2-6　虚拟现实的特征

VR 具有“3I”特性——immersion（沉浸性）、interactivity（交互性）和 imagination（想象性），其中沉浸性是 VR 系统最重要的特性（虚拟现实的“3I”特征如图 2-7 所示）。传统的用户体验主要以有用性、易用性和友好性作为最重要指标，而 VR 能够完全突破地理限制，用户能够实现与虚拟世界的零距离接触，VR 及其设备能够极强地增加传统的交互体验，“360 度+景深”模拟真实世界，外接设备帮助使用者与虚拟环境进行交互，给用户带来深层次的沉浸感。

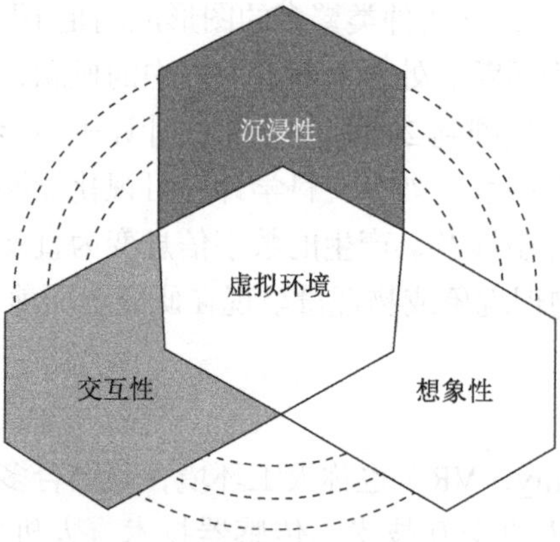

图 2-7　虚拟现实的“3I”特性

每一次媒介的革新带来的是人类认识论的革新，从而重构内容产业。VR 的普及对内容产业的革新将是全面的，包括影视、游戏、直播、教育、电商、房地产等内容结构、变现形式都将得到革新。其内容丰富维度将从过去传统屏幕媒体的三个维度（平面两个维度+时间维度）提升到五个维度（空间三维度+时间维度+虚拟平行世界）。建模设备、三维视觉显示、声音与交互设备、全息成像、视网膜投影、头部追踪、眼球追踪等技术的提升将进一步打造设备的沉浸感，并通过实物虚化、虚物实化、信息叠加、全息呈现的手段彻底改变交互方式。根据著名数据分析及战略咨询公司 Digi-Capital 的预测，到 2020 年，全球 VR 市场规模为 300 亿美元，年复合增长率超过 200%。伴随着 VR 产业链的完善，头戴显示设备、计算机视觉触觉反馈、内容制作、软件开发等市场也都将出现较为迅速的增长。

电影屏幕虽然经历了从早期的 4∶3 屏幕到 16∶9 宽屏、3D 电影、巨幕电影（image maximum，IMAX）再到 IMAX-3D，但应用最前沿、最先进的技术追求极致的沉浸感一直是影视特别是电影最为永恒的主题。VR 影视是 VR 硬件设备分辨率、刷新率能够较好支持的应用领域，当前主流的头盔包括大朋 VR、暴风魔镜、3Glasses 等。中国影视平台也争相推出 VR 频道，如优酷、爱奇艺、百度、酷 6、暴风科技等都推出了 VR 内容平台，并推出相关 VR 影视内容，意在争抢 VR 内容平台入口。在国外，派拉蒙影业公司宣布与 VR 社交公司 Bigscreen 合作推出一个虚拟现实影院，这两家公司将允许用户使用 VR HMDs（例如，Oculus Rift、HTC Vive 和 Windows VR 头盔）访问 VR 影院。影迷只需要戴上 VR 头盔，就能发现自己坐在影院里，面前有一个巨大的荧幕。派拉蒙这项计划同 Facebook 的 Oculus、三星、HTC、微软，以及其他公司合作，这是 VR 的另一个应用发展方向，也或许是电影工作室的一个新的分销渠道。此外，阿里巴巴也推出“Buy+”计划，开辟“VR+电商”新商业模式，在淘宝这一电商平台上搭建 VR 商业生态，这将引领未来的 VR 购物体验，甚至颠覆其现有的电商模式。

3. 增强现实

增强现实（augmented reality，AR）是在虚拟现实的基础上发展起来的，是一种将真实世界信息和虚拟世界信息“无缝”集成的新技术，其将计算机生成的虚拟物体、场景或系统提示信息叠加到真实场景中，从而达到超越现实的感官体验。AR 综合运用计算机图形、光电成像、融合显示、多传感器、图像处理、计算机视觉等多门学科，具备虚实结合、实时交互、三维注册三大特点，真实的环境和虚拟的物体被实时地叠加到了同一个画面或空间并在其中同时存在。AR 应用示意如图 2-8 所示。VR 强调的是虚拟世界给人的沉浸感，强调人能以自然方式与虚拟世界中的对象进行交互操作；AR 则强调

图 2-8　AR 应用示意

在真实场景中融入计算机生成的虚拟信息的能力，其并不隔断观察者与真实世界之间的联系。相比之下，AR 技术还处在发展初期阶段，较 VR 要滞后 5～10 年。VR 与 AR 原理比较如图 2-9 所示。

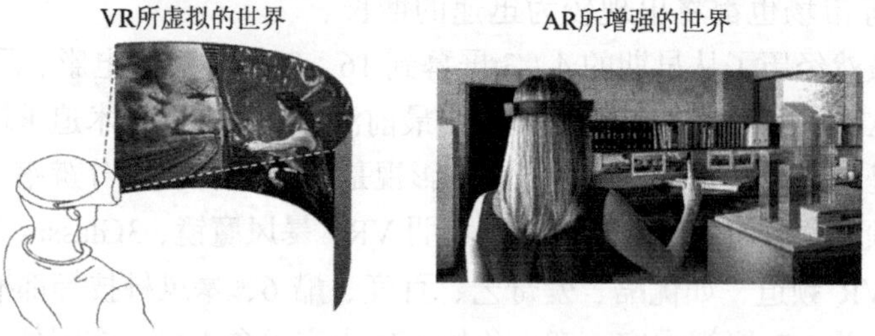

图 2-9　VR 与 AR 原理比较

VR 和 AR 将颠覆传统模式，提供终极的个人运算体验，成为新一代人机交互平台。良好的用户体验是人机交互的核心诉求，而键盘、鼠标、显示屏等传统设备又不能满足数据维度日益增加的要求，因此 VR 和 AR 这类具有“卓越沉浸体验，让计算机去适应人”的科技将成为人机交互新的接口。其中，VR 致力于与虚拟世界中的物体进行自然的交互，从而通过视觉、听觉、触觉等获得与真实世界相同的感受；AR 以 VR 为基础，将实现虚拟世界与现实世界的交互，将真实的环境和虚拟的物体实时地叠加到了同一个画面或空间，从而使其同时存在。考虑到成本和传输两大问题，VR/AR 设备将脱离电脑、手机，并成为类似手机、平板电脑一样的移动智能终端，存在平台化趋势。此外，微软英国公司 CEO Cindy Rose 表示，混合现实（mix reality，MR）将成为激发“第四次工业革命”的技术之一。

VR 和 AR 技术的推广，将可能对一些传统行业产生影响。随着 VR 设备沉浸感的增强，用户在家里即可通过一台 VR 头盔去完成许多以往无法完成的事情，从而不再受时间和空间的束缚。例如，用户可以通过 VR 设备在家里观看电影，从而减少了去电影院的次数；足不出户就可以欣赏到名胜古迹，从而降低了外出旅游的频率；在家网购时结合 AR 系统完成虚拟试衣，从而省去了去实体店试穿的时间；通过 VR 设备学习，减少了去学校或者补习班的次数；远程会议将避免用户商务出行的麻烦；通过 AR 呈现广告信息将降低对 LED、广告牌等资源的消耗；VR 和 AR 的推广势必会影响 PC、手机、电视等传统设备的销量。新的交互方式，将会促使传统领域进行变革，催生出新的市场和商业模式。

4. 全息影像

全息（holography）影像技术是指通过相干光（激光就是其中一种）干涉原理记录和查看图像，当合适地将其呈现时，便可以精确地再现被记录物体的三维外观，是一种记录被摄物体反射（或透射）光波中全部信息（振幅、相位）的照相技术，而物体反射或者透射的光线可以通过记录胶片完全重建，仿佛物体就在那里一样。通过不同的方位和角度观察照片，可以看到被拍摄物体的不同角度，因此记录得到的像可以使人产生立体视觉。全息影像可以说是不通过任何介质，从地平线上的空气中就能显示出来的影像，而且观看角度可以随意变换，体验者能够在三维立体的画面之中穿梭自如。正如我们的眼睛通过捕捉现实世界的光学信息来获悉在我们周围的事物一样，全息影像以照片的模式捕获外界的这种光学信息，从而能让我们感觉就像是真的在用肉眼看现实中实际不存在的 3D 物体一样，并能够任意聚焦观察它们。全息影像技术示意如图 2-10 所示。

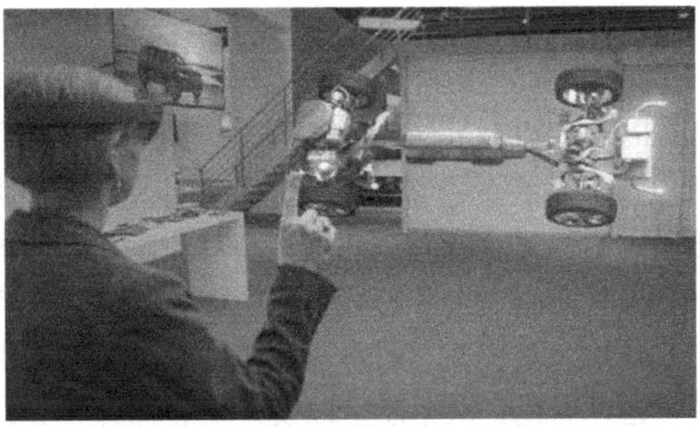

图 2-10　全息影像技术示意

相对于大家熟悉的 3D 而言，3D 影像是虚拟的，而全息影像却不是。3D 影像是在屏幕上显示的，而全息影像是在自己的空间形成的，不仅可以呈现左边和右边的画面效果，而且可以呈现一个 360 度的影像。全息影像技术应用在舞台上，不仅可以产生立体的空中幻象，还可以使幻象与表演者产生互动，一起完成表演，产生令人震撼的演出效果。目前，已实现展示的全息影像技术一共分为空气投影和交互技术、激光束投射实体的 3D 影像、360 度全息显示屏三种类型。科幻影片中常常出现全息技术，人或物体及图形文字以三维的形式在空气中显示，就像电影《星球大战》中的全息通信、《钢铁侠》中的全息电脑、《普罗米修斯》中的全息沙盘等。实际上，从几年前日本的初音未来演唱会，到周杰伦在演唱会上与“复活”的邓丽君对唱，到 2015 年春晚中李宇春出现三个分身，再到 2016 年 20 国集团（Group of 20，G20）峰会室外水上晚会，都有全息影像技术的应用。全息影像应用示意，如图 2-11 所示。2016 年欧洲杯期间，卡塔尔的 beIN Media Group 下属的 beIN SPORTS 体育台，也通过全息影像技术在比赛结束后采访了本届法国队的全新国民偶像——黑马射手 Dimitri Payet，但这次采访与以前不同之处在于——这次是把队员“传”回演播室。

图 2-11　全息影像应用示意

目前，技术上的全息手机已经存在，其使用虚拟存在（virtual presence）组件来观看全息图像，观众只需下载相关内容或在线播放，将手机放入虚拟存在组件中播放即可。在未来，人类可以完全抛开电视、电脑、手机这些带有屏幕的显示产品，就像在各种各样的科幻、谍战大片中，用手一挥，巨大的显示屏上多页图表或者照片直接出现在面前，无须触碰屏幕，用手一挥，屏幕上的内容就会自动切换，甚至能够让不同时空的人面对面进行交谈。

5. 柔性显示

柔性显示（flexible display，FD）是指在塑料、金属薄片、玻璃薄片等柔性基材上制备的可变形、可弯曲的电子显示装置，其像纸一样薄，即使切掉电源，内容也不会消失，所以也被叫作“电子纸”。柔性显示既有高亮度、高对比度、高清晰度、宽视角、宽色域等特点来实现高品质图像，又具备超薄、超轻、低功耗、宽温度等特性来满足便携式设备的轻便、省电——适于户外操作的需求，被称为“梦幻般的显示技术”，主要应用领域包括消费电子、智能家居、运动时尚、汽车航空以及建筑装饰五大类，它将对个人移动智能终端、可穿戴设备、车载显示器、VR 等消费电子领域产生深远影响，或将全面替代液晶显示屏，并带来产业结构和人类生活的革命性变革。英特尔公司的科学家莱恩 • 布洛特曼也曾预测：5 到 10 年内，大部分电脑，无论是超级本还是平板电脑，看起来、摸起来都将像彩色打印的纸张一样。[①]2014 年柔宇科技在全球第一个发布了国际业界最薄 0.01 毫米柔性显示器，如图 2-12 所示。[②]

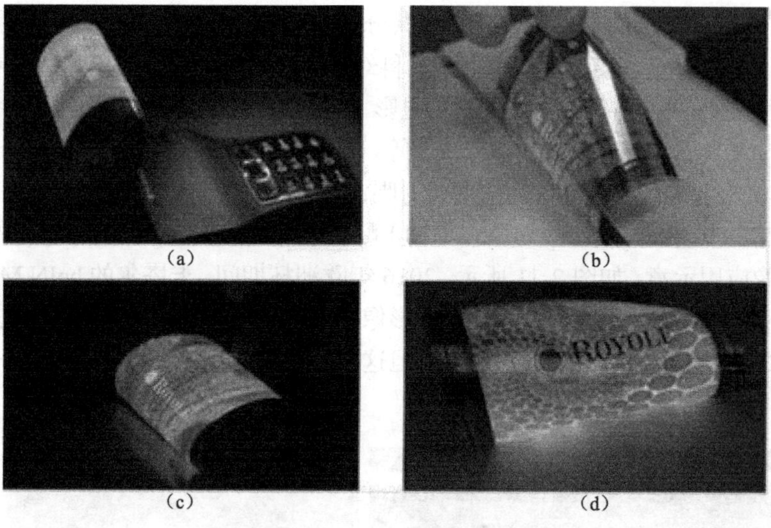

(a)　(b)　(c)　(d)

图 2-12　最薄 0.01 毫米柔性显示器

传统的显示只能在很小的屏幕范围内以特定的形态去适应感知的显示器，视觉效果

① Pad 变成一张“纸”. 现代快报，2013-01-10(A5).

② 柔宇科技. http://www.royole.com/cn/flexible-display[2018-03-07].

受到极大的制约，并不能适应未来的发展趋势。万物互联大趋势下，柔性显示具有众多优点，如可随意弯曲、折叠、卷曲，轻薄，体积小，功耗低，可延展，可携性能高等，非常适合立体化、多元化的物联网场景需求。柔性显示不仅是一个硬件，还将带来软件及操作系统的革命，其作为新型人机交互窗口，将革命性地打破传统交互界面固态不自然、受限的现有形态，甚至带来一个全新的生态系统。未来的屏幕随意变化，“显示”无处不在：电脑显示屏可以像手帕一样折叠起来塞进口袋，要两个壮汉才能搬动的大屏幕电视，一个人便可以像卷海报那样轻松地拎回家；遭遇不测而无法恢复的皮肤，可以换成全新的人造皮肤，不仅和原来一样健康美观，还能感受到极其微小的压力；将一块小小的“电子皮肤”贴在身上，不仅可以 24 小时监测自己身体的健康状况，而且日常生活中的每一个微笑动作都可以被感知并转换成电能，如走路、开车、打字甚至心脏的跳动。这些看似非同寻常的憧憬其实都可以通过柔性电子学变成触手可及的现实。未来，人类甚至可以 24 小时佩戴这些薄如蝉翼的器件，随时监测人体的心跳、脉搏、血压、脑电波、心电图等各种身体指标。数据显示，到 2020 年，全球柔性显示器出货量将由 2013 年的 320 万台提升至 7.92 亿台；到 2023 年，柔性和曲面显示器的收入占全球显示器的收入比例将由 2013 年的 1%提升至 16%。[①]未来，看的书是屏幕，所能看到的所有平面都可以是一个屏幕，甚至有的人的衣服都可以当成屏幕，屏幕将无处不在。

6. 全媒体

全媒体（omnimedia）是在各种信息、通信和传输协议得以广泛应用和普及的条件下，交互地综合采用文字、图形、声音、图像、动画和视频等多种媒体表现手段（多媒体），来全天候、全方位、立体地展示传播内容，同时通过文字、声像、网络、通信等传播手段，进行不同媒介形态（纸质媒体、广播媒体、电视媒体、网络媒体、手机媒体等）之间的融合（业务融合），产生一种新的、开放的、不断兼收并蓄的媒介传播形态和运营模式，通过融合的广播电视网络、电信网络及数字通信网络（三网融合）为用户提供电视、电脑、手机等多种终端的融合接收（三屏合一），实现随时、随地用最适合自己的方式来获取所需的资讯信息，使得用户获得更及时、更准确、更精良、更多角度、更多听觉和视觉满足的媒体体验。[②]全媒体之“全”是产品之全、介质之全、终端之全，其关键在于实现全媒体生产、全介质传播、全方位运营。[③]电视媒体的新媒体化与 4.0 全媒体体系如图 2-13 所示。

广播电视媒体在过去的发展中，经历了从 1.0 广播媒体（以单向线性传播为主）、2.0 交互媒体（以双向交互传播为主）、3.0 互联网媒体（双向传播和非线性播出）三个阶段。随着移动互联网时代的到来，电视媒体正在经历 4.0 全媒体阶段，该阶段的媒体不仅呈现出基于移动互联网的新形态，能够主动找到用户，想用户所想、为用户服务，更能够后向兼容，将 1.0～3.0 阶段的媒体特性和功能包容其中。1.0～3.0 时代的媒体发

① 柔性显示才是显示行业未来趋势.http://www.eepw.com.cn/article/201711/370874.htm[2018-12-04].

② 王庚年. 关于全媒体的认识与探索. 中国广播电视学刊，2012，(11)：8-11.

③ 刘长乐. 全媒体时代的思维转变与战略实施. 中国记者，2011，(5)：13-15.

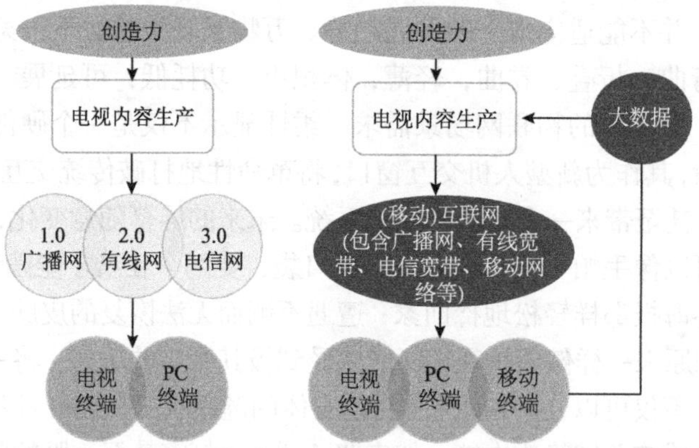

图 2-13　左为电视媒体的新媒体化，右为 4.0 全媒体体系①

展，从本质上来说应称为“电视媒体的新媒体化”，其并没有颠覆传统电视从生产到分发的单向流程，仍是开环的架构；而 4.0 全媒体则构建了“大数据+全媒体”的电视媒体平台，囊括了人的创造力和大数据支撑的科学体系，形成了全新的电视媒体体系。全媒体时代，一切能传递信息的介质都是媒体。全媒体融合（融合传统电视媒体和网络新媒体）还将导致媒体的名称发生改变：radio（广播）变成 audio（音频），television（电视）变成 video（视频），media（媒体）变成 platform（平台）。②

2.1.3　新一代人工智能技术

1. 人工智能

人工智能是对人的意识、思维的信息过程的模拟，其是一门研究、开发用于模拟、延伸和扩展人的智能的理论、方法、技术及应用系统的技术科学，该领域的研究包括机器人、语言识别、图像识别、自然语言处理和专家系统等。除了计算机科学以外，人工智能还涉及信息论、控制论、自动化、仿生学、生物学、心理学、数理逻辑、语言学、医学和哲学等多门学科。人工智能主要分为感知、理解和行动三个层次，本质上是为研制出具有类人智能的机器，能够模拟、延伸和扩展人类智能的理论、方法、技术以及应用形式，替代人类完成任务，提升效率，解放劳动力。人工智能从诞生以来，理论和技术日益成熟，应用领域也不断扩大，可以设想，未来人工智能带来的科技产品，将会是人类智慧的“容器”。例如，让机器像人类一样思考（人机对弈、机器学习、自动推理、人工意识、知识表示等）、让机器像人类一样听说（语音识别、说话人识别、机器翻译、语音合成、人机对话等）、让机器像人类一样看懂（图像识别、人脸识别、虹膜识别、文字识别、车牌识别等）及让机器像人类一样行动（智能机器人、无人驾驶汽车、无人机等）……与互联网、移动互联网一样，人工智能是基础能力，其将融入现有的生产中，

① 许志强，何加亮，刘彤. 基于大数据的全媒体平台发展战略研究. 电视技术，2014，38(18)：28-32.

② 申启武，李旦. 全媒体时代的广播发展战略——“第三届全国广播学术研讨会暨中国广播改革二十五周年高端论坛”综述. 现代传播（中国传媒大学学报），2012，(2)：140-141.

在垂直领域加深数字化的影响，影响到所有和数据相关的领域。新一代人工智能主要发展特征如图 2-14 所示。

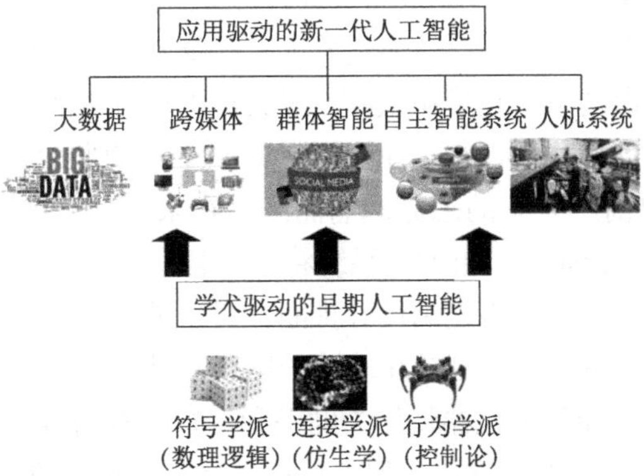

图 2-14　新一代人工智能主要发展特征

未来，互联网将逐步回归计算本原，进一步解放人脑的人工智能将成为信息产业探索的重点。人工智能计算平台由云和各类前端设备构成，后台是智能云，由计算资源的规模驱动，将是能够提供各类通用人工智能技术能力和行业知识的云计算资源；前台由人机交互的能力所驱动，将不再是通用的计算设备，而是传感器+芯片+智能算法，它可以切入任一软件，任一设备，任一事物，任一器件，使得每台冰箱、每台空调、每台电视、每辆车，都能听、能说、能看，都能与智能云连接在一起。从阶段上看，人工智能分为计算智能、感知智能与认知智能三个阶段，其技术层面的研究主要集中在计算机视觉、自然语言处理，以及机器学习等方面。目前，人工智能终于能像人类一样学习，并通过了图灵测试。数据科学平台公司 Lumidatum 创建的系统还可以提供及时意见，改善客户支持服务；多家公司都利用人工智能决定执行华尔街哪项交易，更多信贷决策都会借助于人工智能；Amazon 用机器学习优化库存，提高给客户推荐产品的准确率；Infinite Analytics 开发的人工智能系统能够预测用户是否愿意点击某个广告，从而帮助某全球消费性包装品公司，提高线上广告投放精准度，该公司开发的另一个人工智能系统，帮助某快消品公司改善巴西在线零售商网站的客户搜索和发现流程。①

人类所知远胜于其所能言传，其具备的多数知识是不言而喻的，也就是说，人类无法解释清楚这些知识的内容和获取方式。人类很难总结出学习骑自行车，或识别朋友脸部特征的方式，也难以写下来给其他人做借鉴。为什么人们现在才突然看到人工智能在众多领域的突破性发展？以下三个因素可说明症结所在：数据大量增加、算法进步显著，以及计算机硬件性能得到巨大提升。随着人类社会的各类设备在不停地感知、传输、存储数据，大数据在指数级倍增，预计到 2020 年，一年所产生的数据将是 1000 个今天的 Google 或 10 000 个百度。②在过去 20 年中，应用软件中的数据可用性增长了 1000 倍，

① 埃里克·布林约尔松，安德鲁·麦卡菲. 人工智能概览. 哈佛商业评论，2017，(10)：53-61.

② 大数据如何成为智能 3.0 时代新“使能”？http://www.huanqiu.com/r/MV8wXzkxMjYwOTRfOTBfMTQ2NzY5NTQ3NQ==[2018-12-04].

关键算法改进 10～100 倍，硬件速度至少提高 100 倍。[①]Google DeepMind 联合创始人 Shang Legg 称，现在一个张量处理单元（tensor processing unit，TPU）一天处理的数据需要 1990 年的 80486 微处理器处理 25 万年才能处理完，这相当于速度又提升了数倍。数据是观察世界的桥梁和知识的载体，决定着人工智能从云到端的必然发展趋势。在收集到数据之后，技术层所做的事就是模拟人脑，对数据进行有效的处理和分析。大数据的广泛应用，使人工智能在生物特征识别、计算机视觉、自动驾驶等深度学习领域实现突破并不断提高，人工智能以前所未有的态势汹涌而来，在未来一个训练有素的机器阅读理解（machine reading comprehension，MRC）系统将涉足各个领域，即使人类没有在这个领域中给它输入相关标签和分类，它也能阅读并推断含义，迅速地给出答案。站在媒介的视角来看，更多的自我感知，更相关、更具互动性的信息，以及工作方式的更多变化等，通过人工智能实现的智能媒介和智能机器将作为助手和“媒体看门者”与人共同协作。

人工智能在本质上是思维的物化，但本质的关系往往隐藏在现象背后，必须通过现象才能表达出来。思维的物化是一个过程，这个过程大致有两个步骤：第一步，作为思维主体的人以自己的思维为对象，认识自我的思维方式和规律，形成关于思维的思维；第二步，以智能机器为对象，通过软件和硬件的制造，使自己的思维功能在机器中再现出来，获得人工智能。如果说人工智能 2.0 时代解决了感知智能的问题，那么人工智能 3.0 时代最大的特征在于从感知到决策。2016 年开始的人工智能 3.0 阶段，从感知到理解与决策，并逐步具备自主“认知”能力；从软件到硬件——人工智能深入更多硬件平台及应用场景；从信息到服务——简单指令到有效沟通、通过背后的自主连接解决复杂问题；从虚拟到现实——聚焦视觉感知，将深度弥合虚拟与现实的感知边界，便携式的虚拟现实终端有望成为继移动智能终端后，重构互联网业务生态的下一代计算平台。当下互联网已经成为传媒业的基础设施，人工智能和数据的交融为用户参与、变现、新闻推送定制化提供了可能，下一步传播竞争的焦点是人工智能。互联网未来将凭借不断接近人类智慧的人工智能，改变过去媒体单向传播、受众被动接收的方式，把“受众”变为“用户”，为用户全面、高效地提供个性化、实时化、精准化服务，大幅提升业务体验，并在进一步协同智能硬件执行能力的基础上，深刻变革相关传统产业。

2. 可穿戴设备

可穿戴设备是指可直接穿戴或和衣物、鞋帽等合为一体，并且可通过内置软件和云端数据进行交互，同时对使用者产生影响的小型电子器件。可穿戴设备具有极强的数据搜集能力，具有能够将人类生活、运动、身体、思维等信息数据化的功能，是探索人和科技全新的交互方式，并通过准确定位和感知每个用户的个性化、非结构化数据，形成每个人随身移动设备上独一无二的专属数据计算结果，并以此找准直达用户内心真正有意义的需求，最终通过与中心计算的触动规则来展开各种具体的针对性服务。可穿戴设备通常具备持续性（constancy）、增强（augmentation）以及介入或调解（mediation）三种方式和非限制性（unrestrictive）、非独占性（unmonopolizing）、可察觉性（observability）、

① 埃里克·布林约尔松，安德鲁·麦卡菲. 人工智能概览. 哈佛商业评论，2017，(10)：53-61.

可控性（controllable）、环境感知性（attentive to the enviroment）以及交流性（communicative）六个基本属性。2012 年，因 Google 眼镜的亮相，被称作“智能可穿戴设备元年”。可穿戴设备功能诉求如图 2-15 所示。

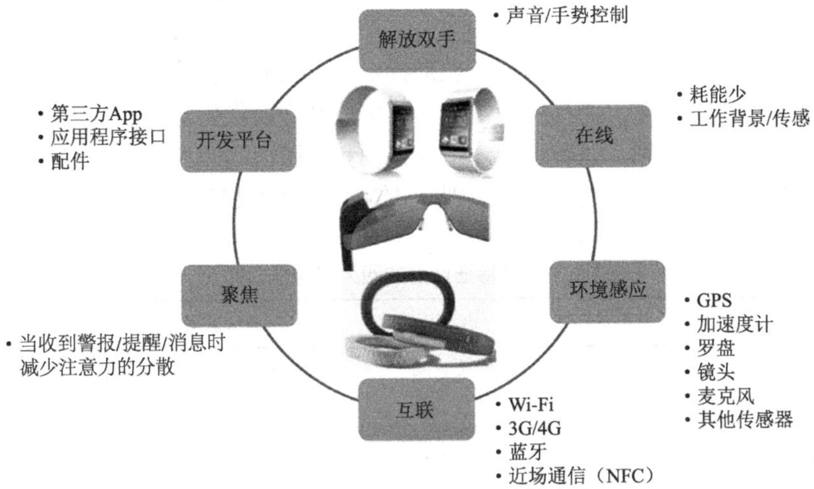

图 2-15　可穿戴设备功能诉求

可穿戴设备多以具备部分计算功能、可连接手机及各类终端的便携式配件形式存在，主流的产品形态包括以手腕为支撑的 watch 类（包括手表、手环和腕带等产品），以脚为支撑的 shoes 类（包括鞋、袜子，或者将来的其他腿上佩戴产品），以头部为支撑的 glass 类（包括眼镜、头盔、头带等），以及智能服装、书包、拐杖、配饰等各类非主流产品形态。随着新一代信息技术及应用的广泛兴起与普及，以及用户需求的变迁，可穿戴智能设备的形态与应用热点也在不断地变化。若按照主要功能的不同，智能穿戴设备产品可以划分为以下几类：运动健康类、体感交互类、信息资讯类、医疗健康类和综合功能类等，每类设备针对不同的细分市场和消费人群。运动和医疗健康类的设备有运动、体测腕带及智能手环，主要消费人群为大众消费者；体感交互和综合功能类的设备有智能眼镜等，消费人群以年轻人为主；信息资讯类的设备有智能手表，主要消费人群为大众消费者。可穿戴设备不仅是一种硬件设备，更是一种传统事物的升级，将会改变现代人的生活方式与感知。Apple 手表或者 Google 眼镜将成为人体的一部分，就像皮肤、手臂一样。在更远的未来，手机功能的实现可能只需向人体植入芯片，而 Siri 将能直接通过对话帮人打电话、帮人订餐，了解人的一切隐私，跟人的亲密程度甚至超过其家人——彼时也许 Google 眼镜和 Apple 手表都不再是植入人体的芯片了，它们已经成为人体基因的一部分，可以参与人类的繁衍和进化。可穿戴设备未来将向便利化、娱乐化与健康化三个维度发展，并有将这三个维度融合化的趋势。国际数据公司（Internation Data Corporation，IDC）调查研究数据显示，可穿戴设备市场将以 20.3%的年复合增长率（compound annual growth rate，CAGR）快速成长，并于 2020 年达到最高点。据估计，2020 年的出货量将达 2.136 亿件。[①]

① IDC. Worldwide quarterly wearable device tracker. https://www.idc.com/tracker/showproductinfo.jsp?prod_id=962[2018-08-08].

3. 生物特征识别技术

生物特征识别技术（biometric identification technology）是指通过计算机与光学、声学、生物传感器和生物统计学原理等高科技手段密切结合，利用人体固有的生理特性（如指纹、面相、虹膜等）和行为特征（如笔迹、声音、步态等）来进行个人身份的鉴定。与传统的密码检验方式相比，生物特征识别技术基于人的生物特性，具有易测量、排他性，以及终身不变的特点，拥有检验快速、结果更准确的优势。目前，主流的生物特征识别方式分别为人脸识别、语音识别、指纹识别和虹膜识别四大类，本节仅以语音识别为例进行探讨。生物特征识别的四大识别模式对比如表 2-2 所示。

表 2-2　生物特征识别的四大识别模式对比

项目	人脸识别	语音识别	指纹识别	虹膜识别
硬件需求	高像素摄像头	麦克风	特定的识别芯片及设备	红外与夜视特定摄像头
识别时间	短	一般	一般	短
识别精度	98%～99%	约 95%	约 99%	超过 99%
安全性	人脸不可复制	声音容易模仿	指纹可被模刻	虹膜具有唯一性
应用范围	安防、教育、金融等多领域	较多应用于交互式情境	主要用于手机支付、门禁、考勤等领域	可用于门禁、考勤、金融、医疗等领域

语音识别的目标是电脑自动将人类的语音内容转换为相应的文字，其应用包括语音拨号、语音导航、室内设备控制、语音文档检索、简单的听写数据录入等，所涉及的领域包括信号处理、模式识别、概率论和信息论、发声机理和听觉机理、人工智能等。语音识别技术天生便具有三道极高的门槛：足够优秀的算法，足够强大的计算能力，以及足够庞大的数据库支持。直到第三次人工智能热潮来临，深度学习的崛起、高性能计算和大数据的迅速发展才使语音识别从实验室走出并开始实现商业落地，并成为未来重要的交互方式之一。2011 年，Apple 推出 Siri 语音助手，迅速带动整个行业的兴起，微软、Google、百度、科大讯飞等相继推出自身语音助手应用。目前，数百万用户每天都在使用该功能，人们正在读的文字最开始是口述给计算机，然后让计算机提供足够准确的速记稿，比打字速度更快。近年来语音识别准确率得到了极大的提升，中文语音识别率达到了 97%，科大讯飞是其中的佼佼者，其一直专注语音合成与识别领域，拥有超过 95%的准确率、支持多种语种和 22 种方言、方便快捷的信息沟通、个性的语音识别、中文标点智能预测①，以及支持垂直领域和应用级听写等优势，并通过在其领先的语音合成与识别技术上嫁接教育、电信、音乐、车载，以及智能家居等业务，将公司打造成了中国最大的语音平台，坐拥 7 亿用户，是中国毫无争议的语音第一入口。尤其值得一提的是，基于人工智能的同声传译服务还于 2018 年 4 月被正式使用在国际级会议——博鳌亚洲论坛，并历史性地完成了在覆盖领域广与专业化程度高等特殊场景下实现高质量翻译和同传的任务，克服了分论坛

① 智能语音入选国家级“AI 四大项目” 22 种方言一样能识别. http://www.cww.net.cn/article?id=422123[2018-12-04].

多、专业领域多、语种变化多，以及参与人数众多等诸多难题。而在传媒领域，现在大部分新闻机构实际上并未实验过聊天应用和语音服务（像 Amazon 的 Alexa 或 Google 的 Home），而未来这些程序可能成为新闻生态系统的关键元素。语音识别类产品的分类及应用场景的脑图如图 2-16 所示。

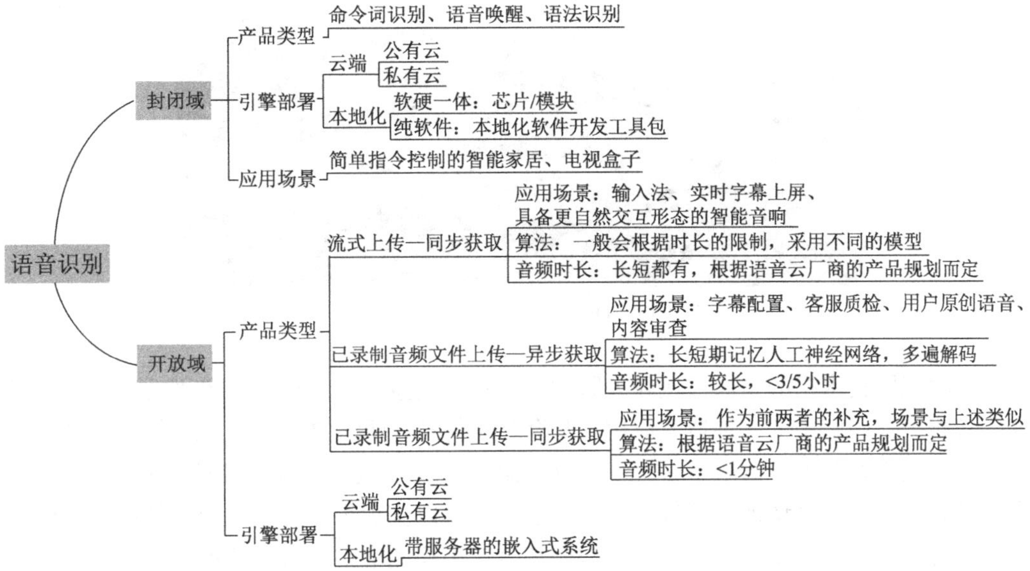

图 2-16　语音识别类产品的分类及应用场景的脑图

4. 计算机视觉技术

计算机视觉技术（computer vision technology）是一门研究如何使机器“看”的科学，也即通过用摄像机和电脑代替人眼，对目标进行识别、跟踪和测量等机器视觉，并进一步做图形处理，使电脑处理成为更适合人眼观察或传送给仪器检测的图像，是最主要的人工智能基础技术之一，主要包括人脸识别、图像及视频处理、文字识别、智能监控等（计算机视觉应用实例：车牌识别如图 2-17 所示）。目前，计算机视觉应用于视频，正在扩大现实世界，在人脸识别和图像识别两大领域的准确率都已经超过人类极限，其中人脸识别已经广泛应用于安防、公安、金融等行业。大型数据库 ImageNet 识别数百万张普通、模糊或离奇的图像，最优系统的误差率在 2010 年超过 30%，2016 年时降到了约 4%。在计算机视觉领域，中国与国外的差距较小。2014 年 3 月，香港中文大学汤晓鸥教授团队的 GaussianFace 算法在国际权威人脸识别数据库——户外脸部检测数据库（labeled faces in the wild，LFW）上准确率达 98.52%，在全球首次突破人眼识别能力（约 97.53%），具有实际价值。[①]得益于计算机视觉的强大功能，未来人脸识别技术将应用于新型信用卡、驾照和条形码。Tractica 研究总监 Aditya Kaul 在进行系统研究与分析的基础上提出，各类企业用户正在部署利用基于人工智能的计算机视觉功能，同时预测，

① 太平洋证券. 巨头崛起之路——百度 AI. https://www.sohu.com/a/200610936_407401[2019-09-20].

以人脸识别、视频监控、VR/AR、人类情感分析为代表的计算机视觉全球营收（包括软件、硬件和服务等）在 2025 年时将爆发性增长至 262 亿美元，而这一数据在 2016 年仅为 11 亿美元。[①]本节将仅以人脸识别为例进行探讨。

图 2-17 计算机视觉应用：车牌识别

人脸识别技术指的是通过比较人脸的视觉特征信息从而进行身份鉴别的技术，属于人工智能模式识别中的一种典型应用。人脸识别主要包括图像采集、人脸检测、预处理、人脸特征点提取和人脸匹配/识别等一系列流程，基本实现了快速而高精度的身份认证。由于其属于非接触型认证，仅仅“看到”脸部就可以实现很多应用，因而可被应用在证件中的身份认证；重要场所中的安全检测和监控；智能卡中的身份认证；计算机登录等网络安全控制等多种不同的安全领域。近两年人脸识别技术的迅速发展，识别精度及速度的有效提升为人脸识别在众多领域的应用提供了基础，马云在 2015 年的 CeBIT 展会（即德国汉诺威消费电子、信息及通信博览会）展示“刷脸支付”后，人脸识别技术在大众中的认知度快速提升，在公安、交通、金融、教育、房地产、移动支付等多领域应用渗透持续加速。尤其从 2016 年下半年开始各类应用案例落地速度明显加快，公安领域人脸识别在反恐工作中应用广泛；交通领域 C 端市场“滴滴”已经开始使用“刷脸”，2017 年春运返程多个高铁站都有应用；金融领域包括四大行在内的数十家银行在 2016 年下半年纷纷将人脸识别产品引入各个业务环节；教育领域 2016 年高考，北京、四川、湖北、广东、辽宁、内蒙古等多个省（自治区、直辖市）采用了“人脸识别+指纹识别”的生物特征识别技术确认考生身份。与此同时，百度将自行研发的准确率高达 99.77%的人脸识别系统运用到 200 万人的 2 亿张照片中进行人脸识别基础模型训练，实现人脸检测、人脸对比及人脸查找，并已应用于百度魔图、百度识图等产品中，人脸识别还具备活体识别功能。[②③]此外，腾讯也表示，微信通过海量用户每天上传的数十亿张照片掌握了每位用户十几年来的长相变化，同时在腾讯人脸识别技术的支撑下还研发了对用户未来长相进行预测的技术。人脸识别的相关研发如图 2-18 所示。

① Tractica. Computer Vision Total Revenue by Segment, World Markets:2016—2025，2018.

② 外媒：百度人脸识别技术结束检票“噩梦”. http://finance.youth.cn/finance_IT/201612/t20161230_8998910.htm [2019-06-06].

③ 太平洋证券. 巨头崛起之路——百度 AI. https://www.sohu.com/a/200610936_407401[2019-09-20].

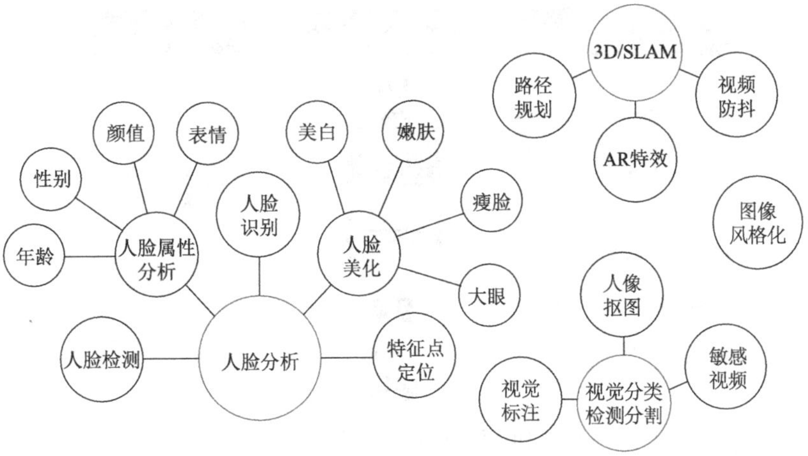

图 2-18　人脸识别的相关研发

5. 用户画像

用户画像，即用户信息标签化、拟人化，就是企业通过收集与分析用户的社会属性、习惯、行为和观点等主要信息的数据之后，从每种类型中抽取出典型特征，经过不断叠加、更新，抽象出完整的信息标签，组合并搭建出一个立体的用户虚拟模型。用户画像为企业提供了足够的信息基础，能够帮助企业快速找到精准用户群体，以及用户需求等更为广泛的反馈信息。用户画像构建的基本流程包括基础数据收集（网络行为、服务内行为、用户内容偏好、用户交易等）、行为建模（数据分析和加工，提炼关键要素）和画像呈现（给目标用户群体打标签，显性与隐性特征）三个方面。用户标签是用户画像的基础，而一个标签通常是人为规定的高度精练的特征标识，如年龄、性别、家庭状况、地域、用户场景、用户偏好、人生态度等，最后将用户的所有标签综合来看，就可以勾勒出该用户的立体“画像”。建立一个有效的用户画像，不仅能为搜索推荐引擎服务，也会为数据分析商务智能（business intelligence，BI）展示、风控系统、数据挖掘引擎、数据元数据管理平台等提供有效的用户全生命周期的标签及计算指标。随着新一代信息技术及应用的广泛兴起与普及，消费不再是媒体流程的结束。随着对用户持续性、动态化数据的反馈的增强，用户的数据也不再局限于结构化数据，文字、音视频、地理位置信息等非结构化数据显著增长，所有数据汇聚到后台重构用户画像，每一个数据升级又要求算法做出更优反馈，最终复原出一个个数字化的“完整人像”。例如，世界上分为两种人，一种是男人，一种是女人；年龄分两类，一种是 40 岁以下，一种是 40 岁以上；客户分三类，高价值客户、中价值客户、低价值客户；产品生命周期分为四类，投入期、成长期、成熟期、衰退期……如此泛化，所有的子分类将构成类目空间的全部集合。用户画像的标签模型示意如图 2-19。又如，为更好地反映目标群体在特定研究范围内的强势或弱势，如媒体偏好（阅读、视频、音乐等）、社会偏好（婚恋、交友、社区等）、内容偏好（军事、小说、星座等）等，可通过目标群体指数（target group index，TGI）的手段构建用户画像的标签体系，如表 2-3 所示。

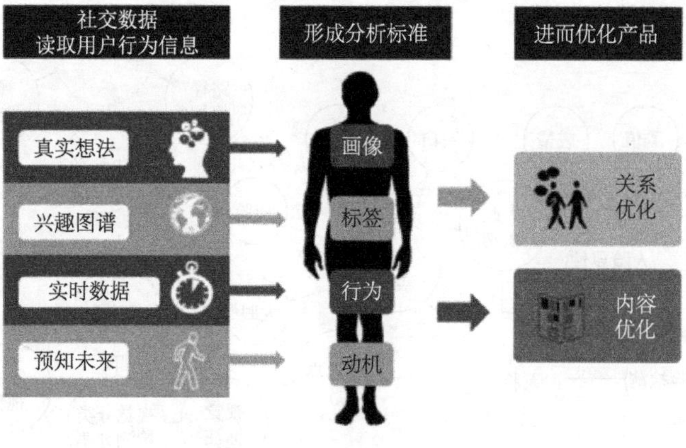

图 2-19　用户画像的标签模型示意

表 2-3　用户画像的标签体系示意

偏好分类	偏好	领域 TGI 标签	App 标签（TGI）	偏好分类	偏好	领域 TGI 标签	App 标签（TGI）
媒体偏好	阅读	21	2600	社会偏好	婚恋	3	186
	视频	12	792		交友	3	205
	音乐	7	442		社区	3	9
	有声读物	2	247		社交	14	1321
内容偏好	军事	2	14	学习偏好	应试教育	2	175
	小说	2	827		学习交流	3	252
	星座	1	107		职业教育	1	152
	动漫	1	59		外语教育	1	622
	新闻	1	646		儿童教育	3	1079
	财经	2	28	投资偏好	股票	1	346
	科技	1	20		保险	1	19
	知识	2	7		稳健投资	2	636
	体育	4	95		高收益	3	264
消费偏好	购物	16	847	生活偏好	健康	13	1759
	折扣优惠	5	311		医疗	7	515
	品牌	3	121		服装	1	22
	房产	2	58		饮食	4	127
	高端	7	214		居住	3	70
	奢侈品	2	47		居家	11	689
	购车	4	88		出行	14	977
娱乐偏好	运动	5	753	合计		201	18004
	旅游	6	256				

注：TGI 取值范围[0,+∞)。

TGI=0，说明用户没有对应的偏好；

0<TGI<1，说明用户偏好低于总体用户群体；

TGI=1，说明用户偏好与总体用户群体水平相当；

TGI>1，说明用户对应的偏好高于总体用户群体水平，指数越大，偏好程度越高。

6. 深度学习

深度学习（deep learning，DL）的概念源于人工神经网络的研究，其动机在于建立、模拟人脑进行分析学习的神经网络，它模仿人脑的机制来解释数据，如图像、声音和文本。其名称中的“深度”某种意义上就是指人工神经网络的层数，深度学习本质上是基于多层人工神经网络的机器学习算法。深度学习是建立输入和输出数据之间的映射关系。在实际应用中，社交媒体、软件服务协议、硬件、网站 cookies，以及应用程序权限等为训练神经网络提供了大量数据。实际上人类很多智能或者技能都是先通过学习经验积累（即可抽象为大量数据训练的过程），再举一反三应用到其他领域（泛化至其他输入数据）。所以，随着深度学习等新一代信息技术及应用的广泛兴起与普及，人类诸多需依靠经验积累的能力都可以逐步依靠深度学习来实现。随着大数据的普及、图形处理器（graphics processing unit，GPU）强大计算能力的发展，深度学习能够从社交媒体、软件协议，以及应用程序等“亿级”海量数据（标注数据、弱标注数据或仅数据本身）中自发学习、抽象、总结、调整、泛化，对内容、观点与逻辑实现深度理解及关联度计算，理解视频、搜索引擎、标签等多个领域的复杂语义特征，即把原始数据浓缩成某种知识，已取得显著成效。深度学习的映射关系如图 2-20 所示。

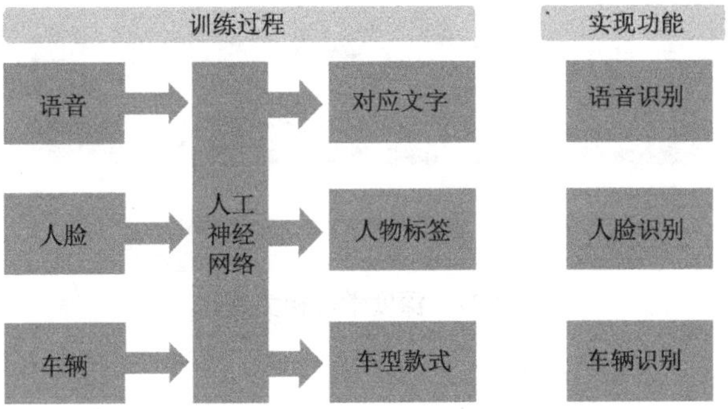

图 2-20　深度学习的映射关系

目前，深度学习在多个领域的直接应用已取得显著成效。深度学习刚引入语音识别、图像识别等领域就带来了识别能力的巨大进步，同时其在搜索引擎、广告系统、机器翻译、杀毒软件等领域的应用都带来了应用性能的飞跃性提升，这种性能的提升为新的商业应用奠定了基础。以具有文本、音频、图形、图像、互动内容及收视日志等多元时空信息在内的视频行业为例，通过在视频中自动生成标签、信息及商品等内容，面向目标用户进行试探性推荐，在提升商品点击率和销售的同时也将基于数据实现流量的精细化投放，并最终聚集大批高净值人群。然而，目前大部分视频都存在一些问题：第一，随着视频形成的规模增加，视频处理的任务也更加艰巨，信息传播的速度跟不上产生的速度；第二，视频中的内容无法得到有效利用，导致黄金流量难以规模变现。深度学习在视频行业的应用，不但代替人工实现了视频智能化处理，而且开创了视频电商与新型广告植入等新商业模式。传统电视和视频网站对于节目的编辑、卡段及审核全部是人工的，花费时间长，效率也低，而深度学习的应用会让整个过程实现自动化。例如，迅雷通过接入图普科技的图像识别云平台，超过 98%的色情视频被机器过滤，复审量低于总量的 2%，节省了超过 98%的人力成本；创意引晴 Viscovery 公司能够监测色情、暴力等违禁内容，适用网络直播、盗版内容监测等领域，能节省 95%的人力成本，进行高效分析[①]；百度推出的基于人工智能的智能广告系统“聚屏”，其在人脸识别锁定用户的基础上通过用户画像，计算、分析用户需求，最后通过深度学习将最满足用户消费意愿的产品推送给用户。

深度学习使得机器学习能够实现众多的应用，并拓展了人工智能的领域范围，或将引领人工智能的浪潮。第一，直接应用于多个通用基础功能模块，即语音识别、图像识别、搜索引擎、视频、标签、实体、短语、机器翻译等，能够在多个领域具备通用性；第二，区别于传统机器学习算法，不需人为地提取所需解决的问题的特征或者总结规律，能够从输入的大量数据中自发地总结出规律，自适应调整自身结构，从而举一反三泛化至从未见过的案例中；第三，作为一种数据驱动的机器学习算法，其训练效果能够随着数据量的增长显著提升，在大数据时代将发挥更大的作用。数据显示，到 2020 年，全球深度学习系统市场规模将超 13 亿美元，2016～2020 年的复合年增长率达到 38.73%。[②]深度学习的相关领域如图 2-21 所示。

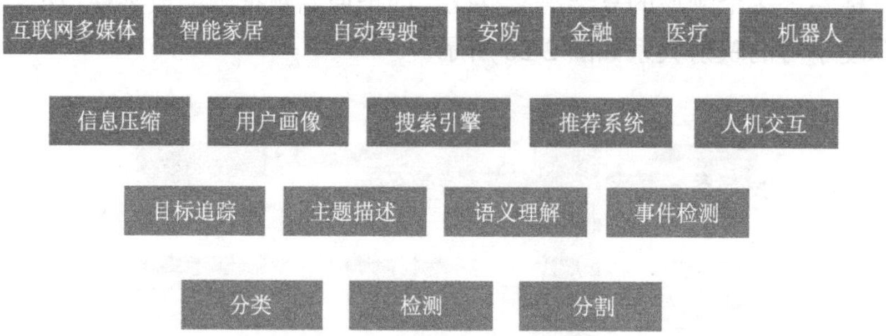

图 2-21　深度学习相关领域

7. 区块链

区块链（block chain）是一种开源分布式共享数据库（数据分布式存储和记录），利用“去中心化”“数据可靠”等功能，高效记录买卖双方的交易，并保证这些记录是可查证且永久保存的。区块链技术让参与系统的任意多个节点，通过一串使用密码学方法相关联产生数据块（即区块，block），每个数据块中包含了一定时间内的系统全部信息交流的数据，并生成数据“密码”用于验证其信息的有效性和链接下一个数据库块，以便于身份验证、防止数据篡改并保证其高度安全。区块链的基本原理包括：一是交易，即一次操作导致账本状态的一次改变，如添加一条记录；二是区块，即记录一段时间内发生的交易和状态结果，是对当前账本状态的一次共识；三是链，即由一个个区块按照发生顺序串联而成，是整个状态变化的日志记录。在典型的区块链系统中，数据以区块为单位产生和存储，并按照时间顺序连成链式数据结构，所有节点共同参与区块链系统的数据验证、存储和维

① 安信证券. 深度学习：人工智能的“神奇魔杖”. http://www.doc88.com/p-1945064719623.html[2020-06-08].

② TechNavio. Global deep learning system market: 2016—2020. https://www.technavio.com/report/global-enterprise-application-global-deep-learning-system-market-2016-2020?tnplus[2019-06-09].

护。区块链的核心技术包括区块和链、数学加密、分布式结构、证明机制等。本质上，区块链是一项高度可信的变革性技术，提供了一种在不可信环境中进行信息与价值传递交换的机制，是对当前世界底层逻辑的再造，更是构建未来价值互联网的基石。世界经济论坛发布的白皮书《实现区块链的潜力》指出，区块链技术能够催生新的机会，促进社会价值的创造与交易，使互联网从信息互联网向价值互联网转变（数字货币+数字资产+生态系统）。因此，区块链技术也被麦肯锡视为继蒸汽机、电力、信息和互联网科技等核心技术之后，最有可能触发全球第五轮颠覆性工业革命的技术。[①]区块链应用多点开花，如图 2-22 所示。

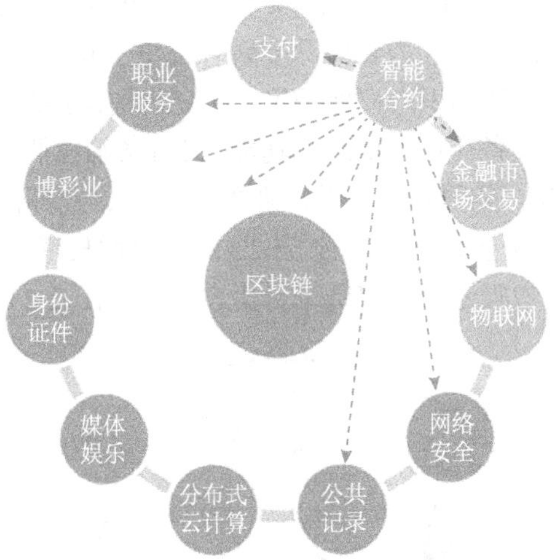

图 2-22　区块链应用多点开花

业界通常把区块链看作三层。一是技术，账本、密码学、认证机制；二是商业模式，基于区块链重构的商业生态圈，就好像互联网出来之后大量的传统商业模式被阿里巴巴、腾讯这样的企业颠覆；三是哲学，是理念，任何一种生产力的革命，最后必然会被抽象、升华，成为形而上的生产关系。而在实际应用时，区块链通常按照如下流程进行：首先由卖家发起交易请求；其次交易信息中心在数字空间将其存储为交易区块，与此同时该区块还会向对等网络发布广播并等待确认，之后将对买方身份和交易进行多方核查以完成网络验证；再次将验证完成的区块添加到区块链中，提供永久的交易记录；最后是向卖方付款，完成交易。由此可见，网络拓扑意义上的分工协同将与物理世界中的分工协作形成更紧密和更深层次的互补关系，区块链也有望从“信任机器”升级成为产业浪潮的重要“引擎”。[②]

2016 年 12 月，国务院印发的《“十三五”国家信息化规划》（国发〔2016〕73 号）中提到区块链技术，并指出“数字化、网络化、智能化服务将无处不在”。从数字货币加速渗透至其他领域，以及和各行各业创新融合，这意味着去中心化、信息完备透明、分布式存储、可编程脚本等特征的区块链在顺应未来数字化、网络化、智能化的过程中将起到重要的作用，并天然具有重塑金融、网络安全、供应链管理、传媒运营等领域的基因。未来，区块链将彻底改造行业，重新定义公司和经济。在金融领域，区块链技术公开、不可

① 麦肯锡公司. 区块链——银行业游戏规则的颠覆者，2016.

② 任泽平，连一席，谢嘉琪，等. 区块链研究报告：从信任机器到产业浪潮还有多远. https://www.sohu.com/a/233039806_467568[2019-09-20].

篡改的属性，为去中心化的信任机制提供了可能，具备改变金融基础架构的潜力，各类金融资产均可以被整合进区块链账本中，成为链上的数字资产，在区块链上进行存储、转移、交易，使其在金融领域的应用前景广阔；在网络安全领域，去中心化的方式改变了信息传播的路径，确保了数据来源的真实性，同时保证了数据的不可拦截（不可篡改或伪造）；在供应链领域，所具有的数据不可篡改和时间戳的存在性证明的特质，能很好地运用于解决供应链体系内各参与主体之间的纠纷，实现轻松举证与追责；在传媒领域，则可围绕公民新闻审核、数字版权保护、付费内容订阅、传播效果统计、用户隐私保护、数字资产管理等一系列应用，在用户、传媒运营商、传媒客户之间再建立一个更高效和更可靠的数字供应链，从而实现媒体信源认证，为媒体深度融合提供全新的视角和颠覆性的解决方案，如内容分发、作者酬劳支付和知识产权保护等。研究机构还预测，在未来，或将出现一个新闻公共账本——一个既具备交换可信新闻功能，又具备筛出假新闻功能的网络系统。[①]数据显示，从区域分布来看，美国是区块链产业的领头羊，欧洲区块链产业分布密集；自 2012 年以来，全球区块链企业数量以超过 65.2%的复合增长率快速增长。[②]区块链与智能媒体相结合的产物被称为智媒链，智媒链平台生态系统如图 2-23 所示。

图 2-23　智媒链平台生态系统

2.2　未来网络进展情况

2.2.1　互联网的发展阶段

互联网是由无数的计算机、固定通信设备，以及移动通信设备等各种不同的终端通

① Future Today Institute. 2018 年传媒业技术趋势报告，2017.

② 乌镇智库. 2017 中国区块链产业发展白皮书. http://www.199it.com/archives/591638.html[2019-09-24].

信设备基于统一的通信协议、标准而相互联结的信息通信网络。回顾互联网的发展历史，可以将其划分为以下三个阶段。

1. 第一代互联网（1969～1989 年）

1969 年，美国国防部创建了第一个具有抗极强干扰性的数据包交换计算机网络——高级研究计划局网络——阿帕网（Advanced Research Project Agency Network，ARPANET），其标志着计算机网络的发展进入了一个新纪元。从 20 世纪 70 年代末开始，人类认识到仅使用一个单独的网络无法满足所有的通信问题，加之随着 PC 的兴起及各式各样的计算机网络应运而生，如军事通信网（Military Network，MILNET）、新闻组网（User's News Network，USENET）、因时网（Because It's Time Network，BITNET）和计算机科学研究网络（Computer Science Research Network，CSNET）等，由此产生了实现不同网络之间互联的需求，从而导致了 TCP/IP 协议的诞生。1982 年，阿帕网开始使用 IP 协议。1986 年，美国国家科学基金会（National Science Foundation，NSF）资助建成了基于传输控制协议/因特网互联协议（Transmission Control Protocol/Internet Protocol，TCP/IP）的美国国家科学基金网（The National Science Foundation Network，NSFNet），连接了主要的科研机构，第一代互联网由此诞生。

第一代互联网侧重军事与科研领域，此阶段只有极少量的计算机实现了相互联通，能够进行数据通信，但能够支持的应用少得可怜，发挥的作用也不大，网络也无力与传统信息传播业竞争，传统行业（如电信、电视、新闻、出版、广告等）占主导地位。然而，第一代互联网的意义却不可小视，它使人类社会初现信息社会的雏形，我们将其称为“信息社会 0.1”。

2. 第二代互联网（1990～2009 年）

1989 年，被称为“互联网之父”之一的英国人 Tim Berners-Lee 提出万维网（World Wide Web，WWW）的构想，并于 1991 年创建了世界上第一个网站 http://info.cern.ch/，其使用超级链接把分布在不同服务器上的文件链接在一起，从而使用户可以欣赏到丰富多彩的图片、声音、动画、影像等多媒体信息。万维网的出现推动互联网用户数呈指数增长。从 1995 年到 2002 年，互联网用户数平均每半年翻一番。2003 年后，万维网从单纯通过浏览器浏览网页的 Web1.0 模式演进到方便大量用户共同参与互联网内容编织的 Web2.0 阶段。新的应用应运而生，如博客（Blog）、社会性网络服务（social networking services，SNS）、维基百科（Wikipedia）、聚合内容（Really Simple Syndication，RSS）、混搭（mashup）编程等。

第二代互联网是以万维网为代表的电子商务，此阶段网络以远程大规模互联为主要特点，提高了传统行业效率，改变了商业运作模式、人类生活方式，以及知识的获取与形成的模式，开始与传统信息传播业分庭抗礼。用户只需坐在家里，就可以开展业务运营、视频监控、电子商务、金融服务、通信联络等。这个阶段，我们将其称为“信息社会 1.0”。

3. 第三代互联网（2010 年至今）

第三代互联网的呼声开始于 20 世纪 90 年代末，至今也没有具体的标准。从第二代向第三代的发展是一场由新技术引发的，以改变与融合为主题的网络革新。当时以网格技术、web services、IPv6 等为代表的新技术不断涌现，让用户看到了将网上所有信息资源融为一体的希望，实现信息节点之间的大协作，实现信息系统之间的互操作，实现信息平台一体化，从而构成紧密星球（compact planet）。第三代互联网的基础是无处不在的宽带网络，Internet2 和 NGN 将融为一体，Wi-Fi、3G、长期演进等的普及将使终端泛化、全民上网。笔记本、上网本、手机、掌上电脑（personal digital assistant，PDA）、摄像头、传感器、射频识别、电视、冰箱、汽车等都将与互联网全面相连，用户将拥有无所不能、永远在线的应用终端，以及个性化、人性化的界面和应用环境。

第三代互联网要改变的是 IT 业界、传统企业，以及最终用户的观念，表示要统一与融合各种技术，是移动通信网络与互联网的融合，可使网络经济与传统经济从带动时代走向融合时代，是使互联网与社会、经济、政治和文化的相互包容走向融合的过程。第三代互联网时代，人们将其称为“信息社会 2.0”。

第一代、第二代、第三代互联网的比较如表 2-4 所示。

表 2-4　三代互联网的比较[①]

项目	第一代互联网	第二代互联网	第三代互联网
社会形态	信息社会 0.1	信息社会 1.0	信息社会 2.0
历史时期	20 世纪 70 年代，主机时代 20 世纪 80 年代，PC 时代	20 世纪 90 年代，Web 1.0 时代 21 世纪最初十年，Web 2.0 时代	21 世纪 10 年代，云计算时代 21 世纪 20 年代，云格（gloud）时代
具体时段	1969～1989 年（20 年） 1969 年 ARPANET 诞生	1990～2009 年（19 年） 1989 年 WWW 诞生	2010 年至今 2007 年云计算诞生
主要特征	实现计算机与计算机的通信连通	实现网页与网页的连通	实现信息平台的一体化
典型技术	分组交换传输技术（TCP/IP）	WWW、宽带网、Web 2.0	云计算、IPv6、移动宽带网、Web Services、网络计算、物联网、云格
媒体类型	文本	多媒体（multimedia）	富媒体（richmedia）
典型应用	电子邮件、文件传输协议（file transfer protocol，FTP）、资料检索系统	搜索引擎、新闻、电子商务、论坛、聊天、视频、文件共享	计算资源租用、在线客户关系管理（customer relationship management，CRM）、在线 office、全球信息栅格（global information grid，GIG）、一体化服务
典型特征	手工操作	半自动操作	信息随手可得
网络的地位	网络无力与传统信息传播业竞争 传统行业（包括电信、电视、新闻、出版、广告等）占主导地位	网络提高了传统行业效率与传统信息传播业分庭抗礼	网络占绝对统治地位 2009 年，数字出版产值第一次超过了传统出版，美国标杆传统期刊 *Reader's Digest*（《读者文摘》）破产
潮流引领者	美国引领 ——军方需求推动	美国引领 ——科技创新模式 ——风险资本运作模式	中国引领 ——无与匹敌的市场规模优势 ——无与伦比的决策和执行效率

① 刘鹏. 云计算. 3 版. 北京：电子工业出版社，2015.

然而，业界对网络资源融合的预期过于乐观。网络资源融合除了存在技术上的障碍（例如，互操作技术标准体系、信息安全等）外，还受到许多非技术因素（例如，政策因素、商业模式、利益冲突等）的影响。

2.2.2　互联网面临严重挑战

从理论到实践，再到标准建立；从局域网到软件突破，再到全国性网络建立。互联网的发展与其他技术发展轨迹一样，都遵循着同样的路线。

互联网从第一代到第二代再到第三代，其网络功能逐渐从科研型向消费型，再向生产型过渡。可以预见，未来网络将与实体经济深度融合（4K/8K/VR/AR、工业互联网、能源互联网、车联网等），互联网在可扩展性、可用资源、节能环保、安全性、可控可管等方面正面临前所未有的挑战，开发全新的网络架构势在必行。

可扩展性的挑战主要是传送能力问题。虽然综合利用正交频分复用（orthogonal frequency division multiplexing，OFDM）、偏振分割复用（polarization division multiplexing，PDM）、密集波分复用（dense wavelength division multiplexing，DWDM）等多种调制方式和多电平线路编码，以及相干检测等光传输技术在实验室可达到单根光纤传输 25.6Tbps（160 波 × 160Gbps），但在长距离传输时的色散补偿和非线性管理方面仍然困难，离实用仍然较远。

可用资源的挑战主要是 IP 地址与频谱问题。中国目前分到的 IPv4 地址数为 2.32 亿个，互联网用户平均只有 0.6 个 IPv4 地址，还未考虑目前使用私有地址的移动互联网用户。宽带上网的永远在线特性将需要更多的 IP 地址，泛在网的应用也将消耗大量 IP 地址。与此同时，作为移动通信的基础，频谱资源的结构性矛盾也在逐渐突出。按照 ITU 的预测，到 2020 年，中国移动通信频谱需求总量为 1490～1810MHz，仅公众移动通信频谱资源就缺口 1100MHz。独占频率的时代可能是一去不复返，将来的车联网和工业互联网，都会出现专用频段加共享频段。

节能环保的挑战主要是耗能问题。信息和通信技术（information and communications technology，ICT）产业已经成为全球第五大耗能产业，ICT 设备的二氧化碳排放占全球 2%～4%[①]，与全球航空运输业相当。虽然相对于 ICT 对全球 GDP 的贡献 7%还不算大，但今后几年 ICT 能耗将年增 5%。据了解，仅 2015 年，Google 母公司 Alphabet 就消耗了 5.2 太瓦时的电力，几乎与整个旧金山市的电力消耗持平。[②]

安全性的挑战主要是计算机系统漏洞和病毒问题，而宽带接入的永远在线特征为病毒和黑客的攻击提供了更多机会，云计算平台一旦出现故障，将使大规模的服务瘫痪。

可控可管的挑战主要是流量、内容和体制的问题。以视频为代表的宽带业务对实时性和抖动有严格要求，服务质量问题比过去更受关注，但仍未看到突破性的进展。

---

① 气候组织（The Climate Group）和全球电子可持续发展倡议组织（GESI）. Smart 2020：实现信息时代的低碳经济. 2010.02.

② 中国专利技术助力大型数据中心，节能再创业内领先——解读“基于物联网技术的数据中心动力环境监测系统所采用的方法”. 科技日报，2017-05-22(5).

以移动互联网为代表的全球 IP 流量高速增长，给网络基础设施带来巨大压力及挑战，视频服务商（如互联网电视）承受网络带宽扩容的压力但又难以从这些业务中获利。同时，宽带化使得互联网用户不仅是消费者，也是网络内容的生产者，加强视频内容的引导与版权管理、净化网络是保证宽带化发展的关键。此外，互联网的治理需要法律支撑，但目前相关法律缺失。视频是宽带化的重要应用，网络电视和交互式网络电视的个性化点播和与视频相关的交互业务及增值服务有很好的推广价值，正好可与传统广播电视互补。

综上，虽然相关机构对互联网局部的网络性能、流量的测量有一些研究，但对整个网络的数学建模，几乎还是空白。对于一个人类社会高度依赖的系统，没有明确的数学模型，没有系统的性能分析和行为预测，确实是非常令人担忧的。

2.2.3 未来网络成为全球竞争焦点

美国国家科学基金会于 2005 年开始了未来互联网网络设计（future internet network design，FIND）计划，此计划主要研究面向端到端的网络体系结构和设计；于 2010 年开始了未来互联网体系结构（future internet architecture，FIA）计划，此计划主要研究命名数据网络（named data networking，NDN）、移动性优先架构（mobility first）、云架构（nebula）和富有表现力的互联网架构（expressive internet architecture，XIA）；于 2014 年开始了新一期未来互联网体系结构（future internet architecture-next phase，FIA-NP）计划，此计划主要研究富有表现力的互联网架构（XIA-NP）、新一期命名数据网络（NDN-NP）、新一期移动性优先架构（mobility first-NP）。

欧盟与“地平线 2020”（Horizon 2020）发布 FIRE 计划，FIRE 与中国发布“中欧未来互联网一致活动与机遇”（EU China future internet common activities and opportunities，ECIAO）项目，与巴西合作发布“巴西—欧洲未来互联网试验”（future internet testbeds experimentation between Brazil and Europe，FIBRE）项目，以上项目主要提出关于面向未来互联网的跨平台试验床互操作性方案及标准化建议。

实际上，除美国 FIND 计划、欧盟 FIRE 项目外，世界上各国都从战略出发纷纷布局未来互联网，如美国全球网络创新环境（Global Environment for Network Innovations，GENI）、中国未来网络创新基础设施（China Environment for Network Innovations，CENI）、澳大利亚国家信息和通信技术研究（National Information and Communications Technology Australia，NICTA）、韩国电子通信研究（Electronics and Telecommunications Research Institute，ETRI）等。

以美国的 GENI 项目为例，其以创造新的网络和分布系统体系为使命，要求建立安全与鲁棒性的可信互联网，实现信息接入的高可用性与可信性；要求建立具有移动性普适计算的移动互联网，实现无论何时何地的无缝接入；要求建立跨越物理与 cyber 空间的物联网，实现实时接入物理世界的信息；要求建立自治联网的泛在网，实现动态和挑战环境的信息接入。通过以上几个方面的要求与实现，最终构建具有宽带化、移动化、泛在化、安全性、可用性与可信性的未来网络。

2.3　信息技术的演进与特性

2.3.1　速率：从窄带到宽带再到光纤

20 世纪 50～80 年代，第一代信息传输技术只能传输 4380 路模拟信号，采用频分复用方式；1985～1995 年，第二代传输技术可传输 3 万路数字信号，传输速率达 2.5Gbps，采用时分复用方式；1995～2008 年，第三代传输技术可传输 2000 万路数字信号，传输速率达 1.6Tbps，采用波分复用方式；2008 年以后，第四代传输技术可传输 2 亿路数字信号，传输速率达 16Tbps，采用多域复用方式。随着新一代信息技术及应用的广泛兴起与普及，越来越多的电信用户已经不满足于单纯的语音服务，电信业务正在由窄带语音业务向宽带数字综合业务发展。“最后一公里”的接入问题一直是宽带建设中的瓶颈。利用传统的有线宽带接入技术来解决“最后一公里”问题，会意味着大规模的资金投入。从国家电信基础设施建设的角度出发，无线接入手段具有高速率、多速率、新频道、多样化、抗干扰性强等优势，无线接入技术的出现也会推进形成一个从窄带到宽带再到无线宽带的完整的体系，用户可以根据自己所需的服务质量来选择接入形式。

如今，不但移动端 4G 技术正在迅速普及，更先进一代的 5G 也已经开始被大众所使用。硬件和设备的飞速发展为互联网的高速发展提供了强劲的支持。在未来，网速将从 MB/s 级到 TB/s 级，通信传输能力提高千倍。大量的数据可以在短时间内高速进行传播，甚至不需要有线设备的支持。高速传输的数据会体现在所有人的生活中的各个方面。下一代传输系统或为光联网，将推进传输技术实现窄带到宽带再到光纤的变迁。

2.3.2　结构：从客户机/服务器体系到 P2P 体系再到云服务

现代网络应用程序有两种主流的体系结构：客户机/服务器体系结构和 P2P 体系结构。客户机/服务器体系结构自 1980 年左右出现以来，已成为喜闻乐见的网络体系结构，它的最大特征是“一对多”，即“一台（组）服务器/多个客户机”，客户机通常充当发起请求的角色，而服务器则通常充当接收请求、提供响应的角色，比较常见的方式有 Web、文件传输协议、电子邮件、远程登录等。而互联网最基本的协议 TCP/IP 并没有客户机和服务器的概念，所有的设备都是通信的平等的一端。和客户机/服务器体系结构截然不同的是 P2P 体系结构（对等结构），它是一种基于互联网环境的新的应用技术，可以充分利用大量自治的参与者的资源的新型通信模式，自 2000 年左右出现后，也受到了用户尤其是互联网公司极大的欢迎。在 P2P 网络环境中，成千上万台彼此连接的计算机都处于对等的地位，整个网络一般来说不依赖专用的集中服务器。参与者既是资源（服务和内容）提供者（server），又是资源获取者（client）。通常这些资源和服务包括：信息的共享和交换、计算资源（如 CPU 的共享）、存储共享（如缓存和磁盘空间的使用）等。在如今网络技术发达的今天，P2P 的技术应用已经普及到用户身边的众多工具软件中，QQ、Windows live Messenger、迅雷、PPS、PPLive、Skype 都使用 P2P 技术来传递数据。客户机/服务器、P2P 体系结构如图 2-24、2-25 所示。

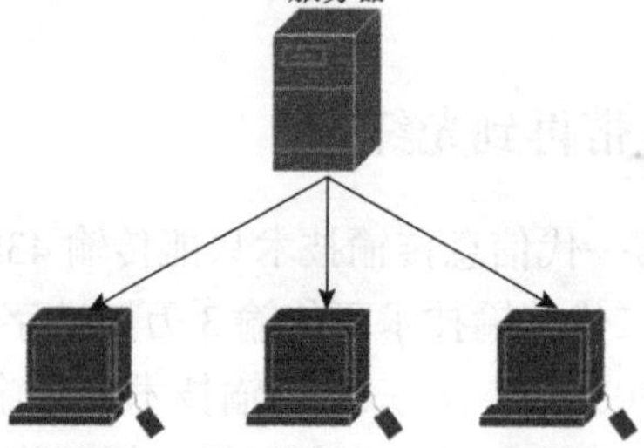

图 2-24　客户机/服务器体系结构

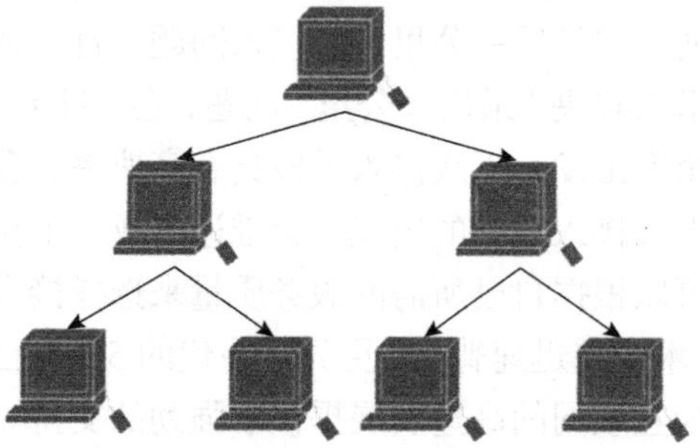

图 2-25　P2P 体系结构

但随着智能手机的普及、移动互联网应用的发展，越来越多的传统互联网企业进入了移动应用领域，P2P 网络已经难以满足传统数据传输、共享资源、记者与资源链接，以及用户个性化服务的要求。[①]在云概念形成后，Dropbox、Box、iCloud、Google drive、SkyDrive 等消费级层面云服务的提供及快速发展，"云"逐渐渗透到了越来越多人的工作生活中，成为个人或家庭智能生活的数字交互中枢。在"云"的终极理念中，用户只管把想要做的事情安排给"云"，其完成后会及时把结果呈现给用户，至于其内部采用何种运转机制，用户并不用操心，"云"将推进传输体系从客户机/服务器体系到 P2P 体系再到云服务的变迁。在未来，"设备+云"将连接到云内容、云应用和云服务，进而为用户提供更加智能的服务，"云"或将成为如互联网宽带一样，于个人或家庭的网络标配设施。

2.3.3　格式：从数据到移动数据再到移动流媒体

第一代移动通信系统（1G）是在 20 世纪 80 年代初提出的，其以频分复用为技术核心，基于模拟、电路交换进行传输，特点是业务量小、质量差、安全性差、没有加密和

① Future Today Institute. 2018 年新闻报道科技趋势. http://futuretodayinstitute.com/2018-tech-trends-for-journalism-and-media/[2020-05-05].

速度低，传输速率约 2.4Kbps；第二代移动通信系统（2G）起源于 20 世纪 90 年代初期，其以时分复用为技术核心，基于数字、电路交换进行传输，通用分组无线服务（general packet radio service，GPRS）技术/增强数据率演进（enhanced data rates for GSM evolution，EDGE）技术的引入，使全球移动通信系统（global system for mobile communication，GSM）与计算机通信/互联网有机结合，数据传送速率可达 200Kbps，初步具备了支持多媒体业务的能力；第三代移动通信系统（3G）起源于 2000 年，其以码分多址（code-division multiple access，CDMA）为技术核心，基于宽带、分组交换进行传输，最基本的特征是智能信号处理技术，数据传送速率可达 2Mbps，可支持话音和多媒体数据通信，它可以提供前两代产品不能提供的各种宽带信息业务，如高速数据、慢速图像与电视图像等；第四代移动通信系统（4G）起源于 2010 年，其以正交频分复用（orthogonal frequency-division multiplexing，OFDM）为技术核心，基于宽带多媒体、分组交换进行传输，是集 3G 与无线局域网（wireless local area network，WLAN）于一体并能够传输高质量视频图像及图像传输质量、与高清晰度电视不相上下的技术产品。4G 系统能够以 100Mbps 的速率下载，比拨号上网快 2000 倍，上传的速率也能达到 20Mbps，并能够满足几乎所有用户对于无线服务的要求。十年一代，移动通信峰值速率平均每年加倍。

从 20 世纪 80 年代的第一代移动通信系统到 2010 年的第四代移动通信系统，短短的 30 年间移动通信技术突飞猛进——2G 实现从 1G 的模拟时代走向数字时代，3G 实现从 2G 的语音时代走向数据时代，4G 实现移动互联网化，数据速率大幅提升。媒体提供商在网络上传输媒体的同时，用户不断地接收并观看或收听被传输的媒体内容，内容从简单的通话也已经转换为支持新闻资讯、影视、MTV，以及行业和专项应用等多种移动流媒体业务。从“大哥大”到诺基亚手机，从 iPhone 到 Google Glass，这些设备给我们带来了更好的体验，实现了传输格式从数据到移动数据，再到移动流媒体的变迁。

2.3.4　终端：从台式机到移动智能终端再到可穿戴式设备

在 PC 这个高速发展的行业，现在的“新产品”即可能是未来的“传统产品”。相对于目前便携的移动互联设备，过去的台式机、笔记本电脑即成为“传统 PC”。随着用户从 PC 向移动互联网的转移，移动智能终端已经成为红海。服务器的更新频率平均为 7～10 年，个人台式机缩短为 5～6 年，笔记本为 3～4 年，智能手机更新频率达到 2～3 年，而作为最新、接触时间最长的可穿戴设备，有人保守预计更新的频率为 2 年左右，其孕育的市场机遇也将有望超越其他设备。Google 母公司 Alphabet 搜索业务主管艾米特·辛格尔曾表示，基本上来说，搜索就是用户如何与计算进行互动，计算可能存在于台式机上，可能存在于 4～6 英寸[①]的设备上，也可能存在于 1 英寸的设备上。数据显示，2015 年 9 月，Google 全球移动设备搜索次数首次超过 PC 搜索次数。[②]

从 20 世纪 60 年代的大型机、70 年代的小型机演进为 80 年代的台式机、90 年代的笔记本电脑和 21 世纪以来包括智能手机、平板电脑等在内的移动互联网设备，智能设备

① 1 英寸=2.54 厘米。
② PC 时代落幕 谷歌移动搜索次数首超 PC 搜索. http://news.zol.com.cn/544/5447352.html[2018-12-04].

随着技术的创新不断革新升级，IT 界的中心逐渐由传统 PC 向移动互联倾斜，消费电子设备也逐步向更加微型、云端化这“一小一大”的方向发展，将打造一个崭新的“云+端”移动互联时代，未来更进一步的是向可穿戴设备发展。结合交互技术、移动互联网和软件应用，可穿戴设备的功能覆盖健康管理、运动测量、社交互动、休闲游戏、影音娱乐、定位导航、移动支付等诸多领域，彻底改变过去只是通信、信息传递的功能，其时刻穿戴使用的特点将移动性体现到极致，将会重新定义人们的生活和感知。以前是人来适应移动智能终端，未来是移动智能终端适应人。颠覆正在发生，智能可穿戴设备是承载一个方案和生态圈的产品，有望引领智能硬件发展的新一轮浪潮，必将冲击传统计算模式和挑战现有 IT 产业格局，促进新兴战略产业方向的形成。

2.3.5 连接：从固定互联到移动互联再到智能互联

移动互联网是互联网和移动通信网相互融合的产物。移动互联网具有接入移动性、时间碎片性、生活相关性、终端多样性等特点，相对固定互联网具有实时性、交互性、低成本、个性化和位置感知能力。随着物联网、大数据、云计算、人工智能等新一代信息技术及应用的广泛兴起，互联网正由 PC 互联网、移动互联网进入新的发展阶段——智能互联网的时代，人类将全面进入数字化生存的时代。通信的移动化重新定义电话，互联网的移动化重新定义计算，通过为万物提供连接性重新定义万物。数字化生存，让有关人类生活甚至工作的行为信息都数字化，而这些以单个个体为对象的形形色色、包罗万象、细致入微、支撑个体兴趣需求和喜好的数字化信息构成大数据。智能互联网是互联网连接作用发展到一定成熟阶段的演进形态，其建立在互联的基础上，以连接产生的数据为核心，云端一体成为标配，通过数据处理输出智能价值，指导人与机器的高效决策和资源利用。智能互联网就像蒸汽机之于第一次工业革命，电力之于第二次工业革命一样，将引发新的工业革命，更加深刻地改变人类的生活方式、生产方式和商业模式，更加广泛地连接万物，更自主地捕捉信息、更智慧地分析信息、更精准地进行判断、更主动地提供服务。所以，如果说移动智能终端是人的感官的话，那么云就是大脑，可把移动智能终端和云大脑完美结合起来。未来，不仅是与计算机，人和任何一种连接装置都可以实现交互，一切都将变得更“现实”，虚拟网络将延伸到现实的各个角落及每分每秒；一切都将变得更“智能”，不需要搜索，信息就会在适合的时候自动找到你。

麦克卢汉曾提出“媒介即讯息”，指出媒介技术在社会历史中的重要作用，也提出“媒介即按摩”。乔布斯的 iPhone 将手机由通信工具重新定义为信息平台，开启了智能手机的滥觞。马云表示，过去 20 年互联网“从无到有”，未来 30 年互联网将会“从有到无（无所不在）”，所有的人直接形成一个全能信息处理装置，形成一个云，作为算法的机器与机器的算法融为一体。智能手机作为移动互联网中既广泛又强大的接入终端，当仁不让地成为继印刷、广播、电视和网络之后的“第五媒介”，并阐释和拓展了麦克卢汉《理解媒介：论人的延伸》（*Understanding Media: The Extensions of Man*）中的有关理论。智能互联网时代，源源不断的个性化数据从终端汇集到云端，而具备自我学习能力的人工智能设备，通过读取分析这些数据而变得越来越聪明。每一台终端从云端汲取智慧，更能理解用户的需求，能用自然语言与用户交流。用户家里的电器、工作的设备、出行的汽车，都不再被动地听从用户的指令，而会贴心地替用户着想，主动地为用户服务。人类居住的建筑、生活的城市也会越来越智能、越来越能动。数据显示，截至 2018 年 6 月，全球互联网用户数量已突破 40 亿人[①]；中国网民规模达到 8.02 亿人，其中手机网民规模达到 7.88 亿人，占网民总数的 98.3%[②]。

2.3.6　性能：从低速到高速再到云计算

20 世纪 60～70 年代，互联网的理论逐步兴起；20 世纪 70～80 年代，大学实验室开始研究互联网，传输速率大致 100Kbps，传输形式主要为 E-mail、FTP（文件传输协议）等；20 世纪 80～90 年代，互联网在大学理论研究的基础上逐步开展生产实践，传输速率从 100Kbps 上升至最高 10Mbps，传输形式主要为 DNS、RIP、UDP、TCP、SMTP 等；20 世纪 90 年代到 2000 年，互联网从生产实践逐步转向早期商业互联网，传输速率从 10Mbps 上升至 100Mbps，传输形式主要为 ATM、BGP、HTTP、HTML 等；2000～2010 年，互联网从早期主要用于商业生产实践逐步转向家庭，传输速率从 100Mbps 上升至 1Gbps，传输形式主要为 XML、OWL、SIP、Jabber 等。可见，互联网的发展与其他技术发展轨迹一样，都遵循着同样的道路——从理论到实践，再到标准建立。伴随技术进步，其必然承担起“提高社会生产力”的历史重任。初期的互联网，其技术优势到底能从哪些方面提高社会生产力，始终处于模糊地寻找答案阶段，因此发展十分缓慢。伴随第四次工业革命的浪潮，越来越多的数据被要求快速处理和系统管理，计算机——这一革命性的数学运算处理器，越来越多地被政府、全国性商业机构所需要，而互联网技术，也在其被不断使用过程中发挥出越来越大的数据管理优势。实际上，从 NSFnet 的学术性局域网到软件突破，再到全国性的商业骨干网建成，前后只经历了 10 年时间，互联网从最初满足信息交流的需求，到通过网络进行商务活动，商业化成为推动互联网向全球发展和普及的原动力。商业性，自互联网向全球开放之日起，便成为互联网的第一属性。互联网经历了从局域网到软件突破，再到全国性网络建立的过程。

随着视频、应用以及云计算的发展，未来互联网的流量会继续爆发性增长，带来对内容分发服务的极大需求，现有的网络架构将无法承载不断增长的互联网应用和内容需求。与此同时，数字经济“互联网+”等相关政策的提出，为连向更庞大规模的设备与接入人群，互联网须加速建设一个贴近用户、提供强大云计算服务的基础设施，有效支持未来各种重度应用和创新业务。针对政企市场对计算能力的需求，互联网企业提出端到端的一体化云计算解决方案——托管云计算，确保客户数据的安全性为前提，通过差异化、定制化、个性化的服务，为客户提供咨询、托管、分发、安全以及运维等一系列的服务，帮助高端客户定制自己的云服务。从低速向高速再向核心云计算纵向深化发展，云也因此成为未来信息产业发展的一个接入口并广泛深入各个企业当中，赋予了用户超强的计算能力。

---

① Hootsuite, We Are Social. Digital in 2017 Global Overview，2017.

② 中国互联网络信息中心. 第 42 次中国互联网络发展状况统计报告. http://cnnic.cn/hlwfzyj/hlwxzbg/hlwtjbg/201808/P020180820630889299840.pdf[2019-09-24].

2.3.7 体验：从浏览到交互再到智能服务

20 世纪 80～90 年代——PC 时代，互联网主要是文件系统并以 E-mail、FTP 为主的形式存在；20 世纪 90 年代到 2000 年——Web 1.0 时代，互联网以静态、单向浏览为特征，强调用户对信息聚合、联合、搜索的需求，其主要特征是大量使用静态的 HTML 网页来发布信息并开始使用浏览器来获取信息，可谓“内容媒体”；2000～2010 年——Web 2.0 时代，互联网以交互、分享的实时网络为特征，强调用户的参与、在线的网络协作、社会关系网络，其由原来自上而下的一系列网站演化成一个成熟的自下而上的由广大用户集体智慧和力量主导的互联网体系，可谓“关系媒体”；2010～2020 年——Web 3.0[①] 时代，互联网以网络化和个性化为特征，强调用户深度参与众创、生命体验，以及体现网民参与的价值，其进一步深度挖掘信息并使其直接从底层数据库进行互通，让信息服务更加精准化、个性化与智能化，实现了信息的分割与裂变，可谓“服务媒体”。实际上，智能互联在将用户海量数据汇集到云端的同时，又从云端汲取智慧，使其更能理解用户的行为、兴趣与需求，从而使得移动互联网公司具备了前所未有的能力。从 Web 1.0 时代到 Web 2.0 时代到 Web 3.0 时代再到未来，互联网连接的演进如图 2-27 所示。

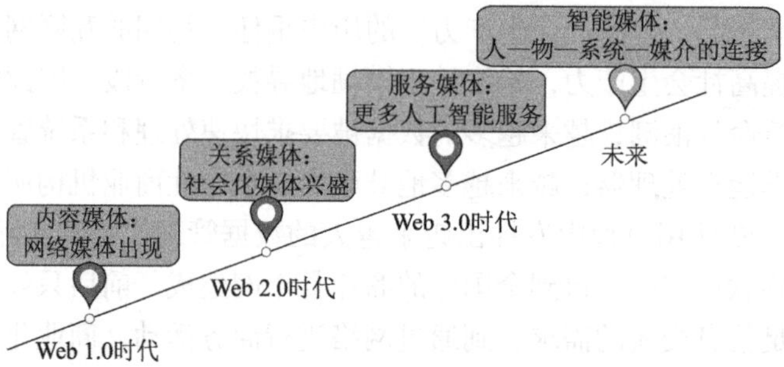

图 2-27　互联网连接的演进

从文字、图片到视频/短视频、VR/直播，从报纸、电视、广播到电脑、手机及其他智能设备，每一次人机交互系统的更迭推动着时代的变革。全球网络与云端技术进一步加强了协同效应，智能设备与云端计算的快速发展正在改变着人类与数据相处的方式，各类媒体形态也正形成“协同进化”的关系。PC 时代是键盘、鼠标，移动互联网是终端变化，智能互联是云端变化，强调感知能力和认知服务（图像、语音、语言、知识、搜索、实验等）。从 Web 1.0 到 Web 2.0 再到 Web 3.0，数字媒体在连接信息及社会要素、重构社会生活中扮演着更加重要的角色，将数十亿潜在客户和重要人工智能技术连接起来。过去仅支持键盘输入，其本质就是链接和按钮，体现出来的更多的是“连接”；目前兴起的语音交互，可从云识别把语言转成文字，大大降低了人类对智能设备操作的要求、节省人机互动的时间，人和设备逐步走向交互；未来，以巨量设备数据和人工智能超算力为驱动，以智能设备、智能云、智能服务为依托，所有自然语言的理解和对话将

① Web 3.0：核心特征是互联网内容更加自由高效的聚合、互联网服务更具普适性、用户体验的个性化定制、数字内容的有序性和安全性，其根本目标是互联网服务。

快速构建知识体系，彻底打通服务供需双方的数据，实现用户需求与服务的精准匹配。把技术变成产品、服务，知识驱动的交互式“智能服务”将大大降低交易的成本和节省时间，成为未来几年的进化方向。例如，提供即时用车服务的 Uber，提供上门取件干洗服务的 Washio、提供家庭美发造型、化妆服务的 Glamsquad、提供一小时送达的网上杂货送货服务的 instacart、提供除草服务的 canary 等。

2.3.8　对象：从人与人到人与服务再到人与物

互联网最大的价值是解决信息不对称问题，如果用一个词来总结和概括的话，“连接”一词再合适不过了。传统互联网时代主要建立了三种连接：一是人与信息的连接；二是人与人的连接；三是人与内容服务（人与终端、人与线下商户及终端等）的连接。人与信息的连接成就了 Google 和百度这样的互联网巨头；人与人的连接成就了 Facebook 和腾讯（微信、QQ）这样的互联网公司；人与内容服务的连接，成就了 Amazon、淘宝、京东这样的电商巨头。开放无界，互联网的未来在于连接一切。从连接数量来看，人的数量是有限的，而物的数量是无限的，所以人与物、物与物之间的连接数量将是人与人的连接数量的成千上万倍；从连接强度看，人的精力是有限的，人类必须要满足衣食住行的基本需求，而物的精力是无限的，它可以任何时间和任何地点处于工作状态。人类拥有的智能设备将变得更多并且赋能于设备，新增位置追踪、感知世界、虚拟世界、对象发现等主要服务方式，万物互联将无处不在并引发连接生态与业务形态的改变，体现“人与物、物与物的连接”。梅特卡夫定律（Metcalfe’s Law）指出，网络的价值与联网用户数量的平方成正比。网络的广泛连接极大地增加了互联网的应用价值，其中包括全社会数据利用能力的增加，以及提高生产力机会的增加。

互联网另一个重要趋势就是线上线下融合。未来可能会有 80%～90%的数据基于用户移动智能终端和联网设备而产生。随着物联网、大数据、云计算等新一代信息技术及应用的广泛兴起与普及，人类正在迎来数字时代 2.0——全连接时代。在产业升级新元年的互联互通时代与数据源极大泛在化的同时，互联网、移动互联网，以及物联网使得海量数据的生产和连通变成现实，连接的范畴将由人与信息、人与人之间的通信演进到人与商品服务再演进到人与物、物与物、人与系统、人与现实环境、人与虚拟世界之间的全方位连接与交互，从点与点的连接到社会服务网络的编织，多维时空（如时间、地点、人物、事件、环境、思想、设备、路径等）隔阂将被打通并构成非常生动的数据社会的景象，线下流量反哺线上，极大地丰富人类对世界的想象和认知，泛在智能将如影随形，一个万物互联、人与设备彼此呼应的“大社交网络”（包括连接规模、连接方式、连接心态等）呼之欲出，未来是一个开放共享的数字经济新时代。以腾讯为例，凭借 QQ 做到了人与人的连接；凭借“通讯录+8 亿 QQ 账号”做到了人与服务的连接；依托“QQ+微信”逐步开放自己的用户平台并与合作伙伴“分享”，试图打通人与物的连接。

2.3.9　交互：从信息传送到信息感知再到面向分析处理的应用

“智慧地球”是 IBM 公司对运用信息技术构建新的世界运行模型的愿景，“感知中国”是对物联网在中国泛在应用效果的概括。物联网的基本特征是信息的全面感知能力、海量数据的交互能力及智能的管理服务能力的融合应用，其核心是物与物、人与物、虚拟环境与现实世界之间的信息交互。信息感知作为物联网的基本功能，是物联网信息“全面感知”的手段；数据交互主要是指数据信息的组织、传输和储存，是物联网应用与服务的基础，是物联网“物物互联”的目的；智能处理，主要是运用云计算、模糊识别等各种智能计算技术，对海量的数据和信息进行高效、可靠的汇聚、整合与存储，通过数据挖掘、智能数据处理与智能决策计算，形成面向环境进行智能管理与服务的应用模式。互联网解决了人与人的信息传送问题；新一代信息技术的发展，物联网、云计算、地理空间等基础设施及维基百科、社交网络、装配实验室（Fabrication Laboratory，Fab Lab）、应用创新实验室（Living Laboratory，Living Lab）、综合集成法、全媒体融合等工具和方法的应用，将实现全面透彻的感知、宽带泛在的互联、智能融合的应用，以及以用户创新、开放创新、大众创新、协同创新为特征的可持续创新，这种创新将催生从信息传送到信息感知再到面向分析处理的应用，连接巨大的网络将使网络上流通的数据大幅度增长。

信息物理系统（Cyber-physical system，CPS）是一个由计算、网络和物理环境等多维、多层次因素构成的复杂系统，其综合运用“3C”（computation、communication、control）技术实现有机融合和动态控制，使物理设备具备计算、通信、精确控制、远程协调和自治等在内的类似网络空间的高级计算能力，为用户提供混合体验。[①]当前，人类社会已正在从与物理世界的二元结构进阶到与物理世界和信息空间相互融合的三元结构，“互联网+”系统将以“数字孪生”的形态聚焦数字和物理体验的融合，实现对物理世界的感知识别、实时控制、精确管理和科学决策。基于互联网构建的各种相应的自治控制系统和信息服务系统，正在突破传统应用的粗粒度划分、单一使用场景和封闭式开发的模式，开发呈现多粒度、多维化和开源化，从而实现应用的多样化[②]，推进其成长为具备普适性的数据分析与服务、异构性的互联网基础设施、泛在化的传感器，以及网络等新一代融合网络：更透彻的感知——利用任何可以随时随地感知、测量、捕获和传递信息的设备、系统或流程，便于立即采取应对措施和进行长期规划；更全面的互联互通——将个人电子设备、组织和政府信息系统中储存的信息交互和共享，从而对环境和业务状况进行实时监控；更深入的智能化——使用数据挖掘和分析工具、科学模型和功能强大的运算系统处理复杂的数据分析、汇总和计算，整合和分析海量的跨地域、跨行业的信息，以更好地支持决策和行动，从而引导用户的兴趣从单一的数字化形式演进到多维联动的智慧生活生态系统。

2.3.10 服务：从电信服务到媒体服务再到泛在服务

20 世纪 60 年代末出现的 ARPARNET，是一个以终端为连接对象的联系平台，

① 栾天骄，陈仪香，王江涛. 实时系统规范语言 STeC 的 Maude 重写系统. 计算机工程，2013，39(10)：57-62.

② 王兴伟，李婕，谭振华，等. 面向“互联网+”的网络技术发展现状与未来趋势. 计算机研究与发展，2016，53(4)：729-741.

是一个主要采用 TCP/IP、网络控制协议（network control protocol，NCP）、有线、拨号接入同时通过数据传输提供网络业务的研究网络；20 世纪 90 年代出现的公众互联网，是一个以人为连接对象的 WWW 浏览平台，是一个主要采用 Web、IPv4、有线+无线、拨号接入，同时通过数据、话音传输提供电信业务的商业网络；2000 年左右出现的全球互联网，是一个以服务为连接对象的 WWW 交互平台，是一个主要采用 P2P、Web 2.0、IPv6、宽带、永远在线，同时通过数据、语音、视频提供媒体业务的商业网络；2010 年左右出现下一代互联网，是一个采用 CPS、IPv6、移动+宽带、永远在线，同时通过数据、语音、视频、机器对机器的通信（machine to machine，M2M）提供物联业务的泛在网络。

信息社会也称信息化社会，是脱离工业化社会以后，信息将起主要作用的社会。以开发和利用信息资源为目的的信息经济活动迅速扩大，正逐渐取代工业生产活动而成为国民经济活动的主要内容。信息社会对信息网络和信息应用产生着前所未有的影响。当前，互联网技术、IP 组网技术、多媒体技术、高速传输技术等新技术日趋成熟，通信技术、计算机技术、广播电视技术不断融合和渗透，从而为电信服务向媒体服务的转变奠定了坚实的网络技术基础。与此同时，新一代信息技术同机器人和智能制造技术融合步伐加快，知识进步提高了万物连接和使用效率，人类社会进入了信息文明时期，应主动适应新需求、新竞争、新环境，以优质服务和创新业务持续满足客户多样化、个性化、信息化和无所不在的需求，引领数字生态，从而提供综合智能信息泛在服务。卫星导航已经成为全世界 30 亿部智能手机的标配，实时记录着人的位置、行为和个人兴趣等数据。随着手机高精度导航的应用、室内外一体化位置服务的开展，这些大数据的内涵和体征将更加丰富，也将不断激发用户的文化需求和消费欲望，提供从最初的以语音业务为主的通信服务到以路况查询、手机购物、手机电视等业务为主的媒体服务乃至以服务机器人、人工智能、无人驾驶等业务为主的泛在服务。

2.3.11　协同：从传感网到物联网再到泛在网

《“十三五”国家信息化规划》是 2016～2020 年中国信息化发展的指导性文件，要求建设泛在先进的信息基础设施体系，不断推动基础设施演进升级。泛在，主要是面向用户周边暗藏着的各种物质、能量与信息的处理与协作，并成为融合的新分支；泛在网（ubiquitous networking）是指广泛存在的网络，以无所不在、无所不包、无所不能为基本特征，主要是通过各类网络（固网、无线移动网、互联网、广电网、电力网、专网及各类融合网络等）的泛在互联（大量的设备、多样性的电信技术、定位和感知系统、位置感知的应用等），实现物与物、物与人、人与人之间按需的信息获取、传递、储存、认知、分析、使用等服务，网络超强的环境感知、内容、文化、语言感知能力及其智能性，为个人和社会提供泛在的、无所不含的信息服务和应用。在这样的环境中，网络互联不再局限于桌面，用户可以通过手持设备、可穿戴设备或其他常规、非常规设备无障碍地利用计算能力并享用信息资源。而通用的信息接入（包括业务交互、媒体转换）、能灵活控制的泛在设备（包括通信终端、家电、传感器、可穿戴电脑、传感器、RFID、手机、PC、摄像头、电子望远镜等）和个人通信（支持个人移动性和终端移动性）构成了这个泛在融合业务环境的基础，这将提供更多的业务创新机会。

传感网是泛在网、物联网的组成部分；物联网是泛在网的重要组成部分，是针对特定管理对象的“有限网络”，目的是实现对管理对象的智能化管控，实现从信息化向智能化的提升；通信网、互联网、物联网之间相互协同融合是泛在网发展的终极目标。传感网、物联网与泛在网的关系如图 2-28 所示。随着从传感网到物联网再到泛在网的发展，各类业务（模式和体验）将提供情境自适应的泛在服务并呈现出一种多元化的发展趋势。未来的智能微尘（smart dust）①还可实现物理世界的 Google 搜索，更体现出信息在技术载体上的延伸和创新，并由此解决社会与经济问题，实现由 *ICT* 所能达到的信息化发展的蓝图。站在信息技术发展的视角来看，媒体融合的未来技术形态主要特点如下：具有移动互联特征的人人互联网络，具有物物互联特征的物联网络，具有云计算、云服务特征的泛在网络。

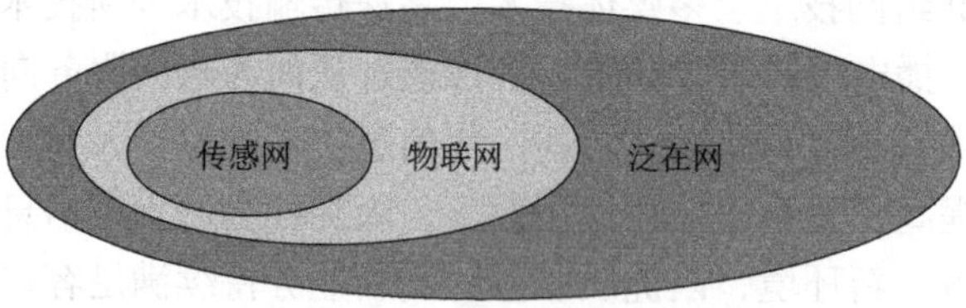

图 2-28　传感网、物联网与泛在网的关系

2.3.12　共享：从网络共享到信息共享再到计算共享

共享是将一件物品或者信息的使用权或知情权与其他所有人共同拥有，有时也包括产权。从共享对象看，资源共享的演变历程大致经历了从有形物质资源（如图书）的共享到无形非物质资源（如智力资源）的共享，从单个的信息资源聚集体（如个人计算机）的共享到不同信息资源聚集体（如互联网公共服务平台）之间的共享，从基于实体资源（如计算机基础网络）的共享到对网络中分布式虚拟资源（如云计算）的无缝式、无限制共享。

以 PC 为核心的第一代计算机网络，以传输信息为目的，可实现远程信息处理或进一步达到网络资源共享。20 世纪 90 年代，随着 Web 1.0、Web 2.0 时代的到来，以互联网、软件为核心的新一代计算机网络，把一群分布在不同地理位置、具有独立功能的计算机通过通信设备和传输媒体互联起来，用户可在功能完善的网络软件（如网络协议、网络操作系统等）的支持下向网络空间中的陌生人表达观点、分享信息，实现了互联网之间信息资源共享（例如，以兴趣为导向的猫扑、百度贴吧等；以知识为导向的维基百科、TripAdvisor 等；以个人为导向的 Facebook、QQ 空间等；以内容为导向的 Twitter、YouTube 等）。2010 年前后，以服务、用户为核心的下一代计算机网络，通过云计算技

① 智能微尘被视为物联网的终极，该概念最先在 1992 年被提出，20 世纪 90 年代开始由美国国防部高级研究计划局出资研究，是人类将绝大多数甚至是一切物理世界的实体，进行数据化，然后采集、研究，甚至是控制的过程。

术（如虚拟化/分布式文件系统/分布式数据库系统等）建立的动态资源分配系统把计算资源作为一种商品进行流通，使用户可以像使用煤气、水电一样在网络上使用带宽、存储与计算等资源，从而全面实现计算资源共享、信息共享、数据共享、存储共享、软件资源共享、知识共享和协同工作（例如，2017 年 10 月，迅雷宣布其正在布局的新战略方向，即共享计算——一种去中心化的通过已授权的智能硬件设备收集社会普通家庭中闲置的带宽、存储、计算等资源，并通过跨平台、低功耗的虚拟化技术，以及节点就近访问的智能调度技术，实现更快、更易扩展、更环保的计算方式）。

2.4　技术社会与创新图景

2.4.1　技术社会

人类社会进入 21 世纪，信息技术已渗透到经济发展和社会生活的各个领域，以信息技术为导向的"双创"经济正在形成并演化。基于第二次信息技术为主导的新科技产业革命中，新经济通过"双创"活动推动供给侧结构性改革主动适应消费结构的变迁，驱动中国经济转型和发展。经济社会的发展重心，正在逐步转移到以信息科技创新为主导的社会。[①]

站在信息技术发展的视角来看，信息技术经历了从窄带到宽带再到光纤（传输）、从客户/服务器到 P2P 体系再到云服务（体系）、从固定互联到移动互联再到智能互联（联网）、从浏览到交互再到智能服务（使用）、从人与人到人与服务再到人与物（对象）、从电信服务到媒体服务再到泛在服务（服务）等 12 个领域的变迁。以信息技术为导向的技术社会的演进也经历了四大形态：IT 信息时代、互联网时代、移动互联网时代、人工智能时代，现在正处于一个三浪叠加的时代，即人工智能时代伴以移动宽网技术和智能 IoT 共同发展。[②]技术社会的演进形态如图 2-29 所示。

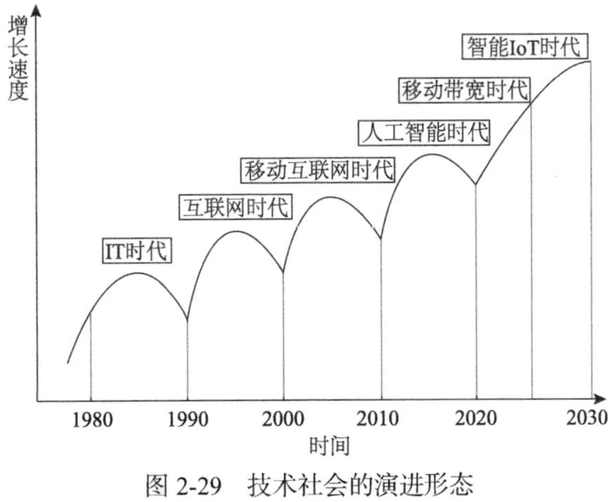

图 2-29　技术社会的演进形态

① 王国银，衡孝庆. 技术社会的解释学分析. 自然辩证法通讯，2007，(2):3-6.

② 腾讯研究院. 2017 互联网科技创新白皮书. 2017 年 11 月 15 日.

2.4.2　创新图景

技术社会的演进图谱中即将出现超越历史以往时刻的峰值。该峰值源于三个技术热潮的叠加，未来人工智能技术、5G 技术与 IoT 将逐步融合为一体。三浪叠加带来的智能社会的前景，远超互联网开辟的市场空间，这俨然已是清晰可预见的未来。而当前技术的渗透力和影响力已经延伸到现代社会的各个角落，在三浪叠加的技术变革之下，一个全新的人工智能世界即将到来，技术创新将成为未来社会越来越重要的核心驱动力。

工业革命开启之时，谁会料到人类社会前进脚步之快、步幅之大、面貌改变之彻底，何况指数级变化的信息革命。对信息社会的未来二十年、五十年图景，未必能在信息数字领域里找到答案。信息社会从网联到智能、智慧，唯有紧跟科学原理的发现和技术创新的突破，大胆设想、小心推演，才能促进人类社会螺旋式上升前进，最终步入真正的智慧时代。①

① 许光洪. 信息技术革新的社会图景. http://www.aisixiang.com/data/106445.html[2018-12-04].

第3章 数字经济时代的媒体融合发展

从整个近代历史来看，经济全球化是社会生产力发展的客观要求和科技进步的必然结果，其已经历了三波浪潮，分别是全球化1.0即大航海时代、全球化2.0即英国和英镑时代、全球化3.0即美国和美元时代。当前，正值新中国成立70周年，我国取得了空前的成就，惠及世界，全球也随之进入了以中国为代表的新兴经济体推动的全球化4.0时代。

新一轮经济全球化的核心内在动力是数字经济、数字革命、大数据、物联网、人工智能等，其本质属性是高度连接和高速度连接。而以经济和科技领衔的新型经济全球化正在将国际社会缩小为“地球村”，诸多新媒体形式陆续涌现，与中国1978年以来改革开放的时代节拍产生了变奏和共鸣。互联网时代，网络传播的海量性造成信息选择的多样性和价值取向的多元性①，导致媒介传播的生态环境和传播走向发生改变。互联网生态引领者唯有真正实现科技、文化、互联网的完美融合，通过打破三者的边界来产生全新的元素和价值。可以说，中国改革开放的40多年里，物质文明与精神文明的呼应发展也清晰地折射出了媒体的变革趋势。

3.1 数字经济

3.1.1 数字经济的历史演进

纵观世界文明史，人类先后经历了农业革命、工业革命、信息革命。农业革命增强了人类的生存能力，使人类从采食捕猎走向栽种畜养；工业革命增强了人类的体力，把人从体力劳动中解放出来；信息革命则增强了人类的脑力，把人从越来越复杂的脑力劳动中解放出来。可以说，每一次产业技术革命都极大地推动了产业的发展、创造了经济的繁荣、提高了人类认识世界及改造世界的能力。回顾科学的发展史，人类基本上都是在研究物质和能量，直到今天，劳动工具才转向了基于数据、信息、知识、价值和智能的智力工具，并尝试实现对人类大脑的延伸和思维方式的革命。互联网是20世纪最伟大的发明之一，信息技术发展和互联网应用不断拓展，成为当今时代创新最活跃、交叉最密集、渗透性最广的领域。互联网经济是实现高质量发展、建设现代化经济体系的新动

① 王岩，杜锐. 我国意识形态建设面临的五大挑战. 理论参考，2014，(11)：10.

能。真正让这个时代变“平”的力量，来自互联网革命。高铁、网购、移动支付、共享单车，这“新四大发明”中，三个都跟互联网技术相关。由此可见，以互联网经济为重要组成部分与关键驱动要素的信息经济，正成为拉动经济增长和加速产业转型升级的核心动力。人类起源与发展示意图如图 3-1 所示。

图 3-1　人类起源与发展示意图[①]

当前，中国正处于经济结构转型升级与新一轮科技革命、产业变革爆发的历史交汇期。世界经济加速向以网络信息技术产业为重要内容的经济活动转变，数字化技术使得信息的获取、使用、控制，以及共享变得更加高效和开放，正在颠覆人类的生活方式、生产方式、信息传播方式，以及社会运行的方式并衍生出一种新经济形态——数字经济。0 是最小的自然数，无论其与多大的数值相乘，其结果都为 0。但在数字经济里，0 与最小的正整数 1 进行编码，却可产生无穷大的力量。0 和 1 对万物进行“编码”，数字经济时代正在到来。实际上，早在 1995 年“数字经济之父”唐·塔普斯科特（Don Tapscott）就出版了《数字经济：网络智能时代的希望与风险》（*The Digital Economy: Promise and Peril in the Age of Networked Intelligence*）的著作，详细论述了互联网对经济的影响，他被认为是最早提出“数字经济”概念的人之一。

3.1.2　什么是数字经济

数字经济是以信息和知识的数字化编码为基础，数字化资源为关键生产要素，以现代信息网络为重要载体，不断推动互联网、大数据、人工智能同实体经济深度融合，不断推动软件、硬件和服务“三位一体”的智能制造，形成以信息产业及信息通信技术对传统产业提升为主要内容的一系列经济活动。数字经济是继农业经济、工业经济之后更高级的经济社会形态，如同农业经济时代以劳动力和土地、工业经济时代以资本和技术为新的生产要素一样，数字经济在加速经济发展、提高现有产业劳动生产率、培育新市场和产业新增长点、实现包容性增长和可持续增长上发挥着重要作用，人类社会将迎来“数据核爆”并由工业经济时代步入数字经济时代。数字经济代表着新的技术范式，技术进步推动着产业革命。移动互联网、云计算、大数据、人工智能、物联网等新一代信息技术不仅具有基础性、广泛性、外溢性、互补性等特征，而且可以促进分工精细化、推

① 引自《美国新闻与世界报道》周刊：人类正在加速进化. http://www.huaxia.com/xw/gjrd/2008/08/1073611.html[2020-04-15].

动生产工具智能化、提升生产效率、降低交易费用、促进供需更高效率匹配，从而推进各国数字经济发展壮大，为全球经济复苏提供新动能，推动构建人类命运共同体。

数字经济的构成包括两大部分：一是数字产业化，其被视为数字经济基础部分，即信息产业，具体业态包括电子信息制造业、信息通信业、软件服务业等；二是产业数字化，即使用部门因此而带来的产出增加和效率提升，也称之为数字经济融合部分，其以增长核算方法为基础，通过投入产出法进行计算，计算信息经济资本存量对 GDP 增长的贡献。根据梅特卡夫定律，数字经济的价值等于网络节点数的平方，这说明网络产生的效益将随着网络用户的增加而呈指数形式增长。数字化推动力将驱使价值从陈旧的商业模式流向新模式，从行动迟缓的传统企业流向敏捷灵活的“数字颠覆者”，从价值链的一环流向另一环。这意味着大型传统企业有可能失去一大部分收入——被“数字颠覆者”的新产品、新服务和新商业模式夺去。

3.1.3　数字经济成为经济增长的主要动力源泉

不同于上一轮信息技术革命以通信设备制造、电子信息产业等数字经济基础产业为发端，在此轮信息技术革命推动下，新型网络基础设施加速布局，物理信息系统逐渐普及，传统物理设施的数字化改造步伐加快，数字经济内涵和特征已经发生了深刻变化，从以 IT（数字化）为驱动的 1.0 版演进到以信息技术、互联网平台为重要载体、以 DT（数据化）为驱动的 2.0 版，从“网民人数增长、上网时间增加和网上的信息量不断增加”已经逐步演进到“算法、算力和数据”。可以预见，未来线上线下逐步融合，智能化和智慧化将逐步成为数字经济的新特征，平台经济体将成为最重要的经济组织形式之一。站在信息技术支持的视角看，移动互联网、大数据、云计算、物联网、人工智能、VR/AR、生物特征识别、计算机视觉等新一代信息通信技术进步层出不穷；站在应用的视角看，产业互联网蓬勃发展，智能制造、供应链管理、柔性定制服务等新业务风生水起，从而促进消费互联网、商业互联网中的移动电商、移动社交、基于位置服务（location based services，LBS）、O2O、自媒体、共享经济、众包等新业态及新模式不断涌现。数字经济 1.0 与数字经济 2.0 的对比如表 3.1 所示。

表 3-1　数字经济 1.0 与数字经济 2.0 的对比

项目	数字经济 1.0	数字经济 2.0
基础设施	自建数据中心为主	云计算、互联网、智能终端等
技术群落	IT 技术	DT 技术
投入要素	“数据”开始体现价值	“数据”成为核心要素
代表产业	IT 产业，以及被 IT 化的各行业	DT 产业，数据驱动的产业融合
商业模式	大规模定制	C2B
组织模式	传统金字塔体系受到冲击	云端制（大平台+小前端）

习近平在第二届互联网大会开幕式上发表主旨演讲指出，“现在人类已进入互联网

时代这样一个历史阶段，这是一个世界潮流，而且这个互联网时代对人类的生活、生产、生产力的发展都具有很大的进步推动作用”[①]。与此同时，习近平还在二十国集团工商峰会开幕式的主旨演讲《中国发展新起点　全球增长新蓝图》中提出“开出一剂标本兼治、综合施策的药方”，“向创新要动力，向改革要活力，把握创新、新科技革命和产业变革、数字经济的历史性机遇，提升世界经济中长期增长潜力”[②]。2016 年 9 月，中国作为 G20 主席国，首次将“数字经济”列为 G20 创新增长蓝图中的一项重要议题，而在 G20 杭州峰会上通过的《二十国集团数字经济发展与合作倡议》便成为全球首个由多国领导人共同签署的数字经济政策文件。2017 年 3 月，中国《政府工作报告》首次写入“数字经济”，提出推动“互联网+”深入发展、促进数字经济加快增长，同月，中国发布《网络空间国际合作战略》，从九个方面提出了中国推动并参与网络空间国际合作的行动计划。2017 年 5 月，习近平在“一带一路”国际合作高峰论坛开幕式上指出，“我们要坚持创新驱动发展，加强在数字经济、人工智能、纳米技术、量子计算机等前沿领域合作，推动大数据、云计算、智慧城市建设，连接成 21 世纪的数字丝绸之路”[③]。2017 年 12 月，第四届世界互联网大会在浙江省乌镇举办，为拓展数字经济领域的合作，中国、泰国、老挝等多个国家代表共同发起《“一带一路”数字经济国际合作倡议》，致力于实现互联互通的“数字丝绸之路”，打造互利共赢的“利益共同体”和共同发展繁荣的“命运共同体”。《数字经济：中国创新增长新动能》一书指出，互联网是新兴技术和先进生产力的代表，“互联网+”强调的是连接，是互联网对其他行业提升激活、创新赋能的价值迸发；而数字经济呈现的则是全面连接之后的产出和效益，即“互联网+”是手段，数字经济是结果。未来，将不再是 made in China 或者 made in America，而是 made in internet。

3.1.4　数字经济时代的中国

中国数字经济的高速发展受到数字化基础设施和巨大的用户市场这两个基本要素的驱动，而它们又分别构成了宏观经济方程式的供给侧和需求侧。回顾 2013～2018 年，中国政府投入巨大的财力、人力和物力，积极打造巨大的经济网络并把 14 亿人整个连接在一起（人与人的连接、人与物的连接、物与物的连接等）从而形成了万物互联的数字海洋，使得数字经济既是经济转型增长的新变量，也是经济提质增效的新蓝海。如今的中国已经是数字经济领域的全球领先者，是世界消费领域数字技术的主要投资国及领先的技术应用国，其正在改写全球数字化的格局。中国的消费者热衷于数字化体验，在电子商务、移动支付等很多方面，中国处于世界领先的位置。中国互联网的三巨头 BAT（百度、阿里巴巴、腾讯）建立了丰富的数字化生态圈，且如今正在不断拓展、延伸其边界。数据显示，2018 年中国数字经济规模达 31.3 万亿元人民币，占 GDP 比重为 34.8%[④]，超

① 习近平纵论互联网. 人民网. http://it.people.com.cn/n1/2015/1216/c1009-27935527.html[2018-12-04].

② 习近平. 中国发展新起点　全球增长新蓝图. 人民日报，2016 年 9 月 4 日，03 版.

③ 人民网. 习近平在“一带一路”国际合作高峰论坛开幕式上的演讲. http://politics.people.com.cn/n1/2017/0514/c1024-29273991.html?form=rect[2019-06-06].

④ 国家互联网信息办公室. 数字中国建设发展报告（2017 年）. http://www.cac.gov.cn/2018-05/09/c_1122794507.htm[2019-06-16].

过日本与英国之和，位列全球第二位①，数字经济已经成为中国经济增长的新引擎，正处于从量变到质变的关键节点上；到 2021 年，中国数字经济的比重将达到 55%，全球 GDP 至少 50%将会是数字化的，数字化转型进入加速期，数字经济将重塑世界经济并产生新的模型②；到 2030 年，数字化的三股推动力——去中介化(disintermediation)、分散化(disaggregation)和非物质化(dematerialization)——或可转变并创造 10%～45%的行业总收入，其中去中介化和分散化的影响将最为显著③。

研究表明，数字经济在各行业中的发展出现较大差异，数字经济占本行业增加值比重呈现出三产高于二产、二产高于一产的典型特征。在 2016 年，服务业中数字经济占行业比重平均值为 29.6%，工业中数字经济占行业比重平均值为 17.0%，农业中数字经济占行业比重平均值为 6.2%。与此同时，在第三产业中，ICT 行业、媒体、金融保险与政府政务的数字化水平最高。④

数字经济已经深入衣食住行等人类生活的方方面面，其发展速度超出想象，并且以前所未见的方式在发展，涉及各种各样的新兴科技，如云计算、大数据、物联网、人工智能，以及服务机器人等，其对改善民生、增进社会福祉作用巨大。因此，世界各国纷纷推出互联网发展战略，以释放数字红利。调查显示，如果数字化密度指数增加 10 分（百分制），全球十大经济体到 2020 年的 GDP 新增的产值可达到 1.36 万亿美元。⑤实际上，美国、德国、韩国等国家之所以能够迅速实现经济可持续发展的关键因素，正是由于每个国家的数字经济与其基本经济结构同步。在互联网使用率较高的发达国家，用户超过一半的媒体接触时间被数字化媒体（包括通过平板或智能手机上网等）所占据。MGI 行业数字化指数：中国数字内容和业务生态系统成熟度与互联网普及率如图 3-2 所示。

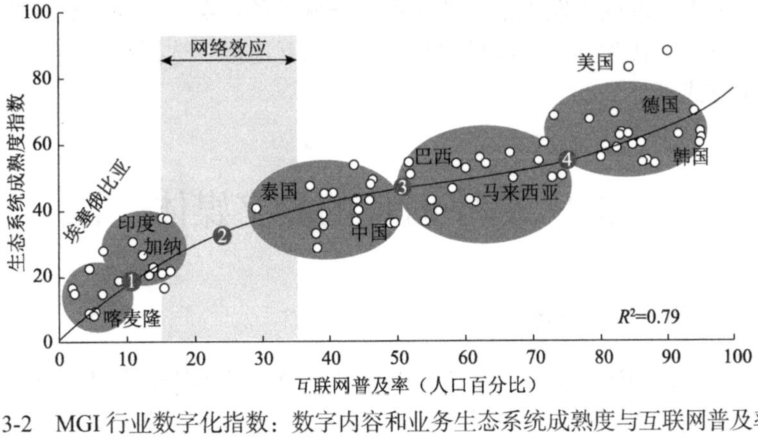

图 3-2　MGI 行业数字化指数：数字内容和业务生态系统成熟度与互联网普及率⑥

① 中国信息通信研究院. 全球数字经济新图景（2019 年）——加速腾飞重塑增长，2019.

② 数字经济，中国成趋势引领者. http://world.people.com.cn/n1/2017/1120/c1002-29655526.html[2018-12-04].

③ 麦肯锡全球研究院. 数字时代的中国：打造具有全球竞争力的新经济，2017.

④ 中国信息通信研究院. 中国数字经济发展白皮书. 北京：中国信息通信研究院，2017.

⑤ 埃森哲，牛津经济研究院. 寻找中国经济的数字化红利——数字化密度指数.https://www.accenture.com/cn-zh/insight-china-economy-digital-dividend[2017-09-29].

⑥ Soumitra D, Thierry G, Bruno L. The global information technology report 2015. Organizacija Znanja, 2015, 8(8): 203-206.

3.1.5 发展数字经济已成世界主流

数字时代，全球数据呈爆发式增长，数据成为重要的原材料和生产要素。2008 年以来，数字经济在各国政府政策驱动和互联网应用的推广普及下，继续加速发展。例如，美国自 2012 年起分 4 轮先后发布了《大数据研究和发展计划》《“数据—知识—行动”计划》《大数据：把握机遇、维护价值》《联邦大数据研发战略计划》等战略文本，形成了从发展战略、法律框架到行动计划的完整布局；德国先后发布了《数字议程（2014—2017）》《数字战略 2025》，明确了德国制造转型和构建未来数字社会的思路，涉及数字基础设施扩建、促进数字化投资与创新、发展智能互联等内容；英国政府在 2013 年和 2015 年分别发布了《英国数据能力发展战略》和《英国数字经济战略（2015—2018）》之后，于 2017 年 3 月又出台了《英国数字经济战略》，从连接、技能、数字化商业、宏观经济、网络空间、数字化政府和数据七大方面，对英国数字化转型进行了全面而详尽的规划；日本提出建设“超智能社会”，最大限度地将网络空间与现实空间融合；法国颁布《数字法国 2012 计划》，希望通过发展数字技术来推动国民经济增长；欧洲数字议程出台提出“数字技术标准和兼容性”的概念，以确保新的数字技术设备、应用程序、数据存储库和服务之间无缝交互。

从全球范围来看，数字经济作为一种新的经济形态，开启了对传统工业经济的“裂变式”迭代，直接关系到全球经济的未来走向和格局，成为世界各国新一轮角逐中最重要的砝码。数字中国的建设将加速全球数字化的进程，并为解决人类发展问题贡献“中国智慧”和“中国方案”。未来，在新兴经济体推动的全球化 4.0 的引导下，世界将进入量子时代，人类思维或将发生根本性变革——从具备客观、精确、机械的数学模型属性的牛顿思维方式，转为具备世界是“复数”且相互连接、选择是无限且可动态变化属性的量子思维方式。

3.2 数字时代的数字媒体

3.2.1 数字媒体的历史演进

在历史上，媒体的演变最早是从文字开始的。第一种媒体形态是文字，文字是最早可记录的媒体呈现形式，也是一种单一的媒体形态，如期刊；第二种媒体形态是复合媒体，其包括两种以上形态的媒介技术，如电影、电视；第三种媒体形态是计算机发明以后把视听相结合而产生的一种交互式复合媒体，如多媒体自助服务屏；第四种媒体形态是一种具有高沉浸、智能型的媒体形态，如虚拟/增强现实、智能媒体等。媒体呈现技术的演变如图 3-3 所示。

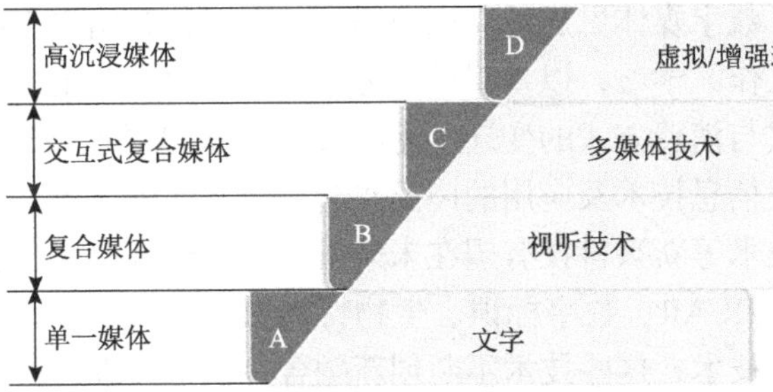

图 3-3　媒体呈现技术的演变

3.2.2　数字的内涵与特征

“数字的”（digital）在英语中原本是手指、脚趾（digit）这一名词的形容词形式，具有“数值”或“离散值”等含义。模拟（analog）的意思是指相似物或类似物，具有连续数值的含义。而数字化是指信息（计算机）领域的数字技术向人类生活各个领域全面推进的过程，包括通信领域、大众传播领域内的传播技术手段以数字制式全面替代传统模拟制式的转变过程。

“数字经济”中的“数字”根据数字化程度的不同，分为三个阶段：一是信息数字化（information digitization）；二是业务数字化（business digitization）；三是数字化转型（digital transformation）。其中，数字化转型是指利用新一代信息技术，构建数据的采集、传输、存储、处理和反馈的闭环，打通不同层级与不同行业间的数据壁垒，提高行业整体运行效率，构建全新的数字经济体系。[①]数字化转型是数字化发展的新阶段，其不仅能扩展新的经济发展空间、促进经济可持续发展，而且能推动传统产业转型升级、促进整个社会转型发展。

在数字化浪潮中，新传媒、新产业、新市场不断涌现，并且逐渐成为世界各国的战略发展重点和社会工程。因此，社会各个领域都正在被迅速数字化，如数字记录、数字勘测、数字复原、数字解读、虚拟遗产、数字集成等；众多名词的前面也加上了“数字”这一新的限定词，如数字图书馆、数字博物馆、数字摄影、数字电影、数字电视乃至数字城市等；一些著名厂商也干脆将 digital 字样放入自己的企业标识中，如 Dolby Digital、SAMSUNG DIGITAL 等。在全球信息化的进程中，还产生了国际社会必须认真对待和解决的“数字鸿沟（digital divide）”。实际上，大型计算机、移动设备、智能科技等，如 IBM 和 Google 的操作系统等，越来越多的行业都拓展了在竞争中的生存空间，并分享着知识产权。短短几年时间，digital 已是如此深入人类社会。截至 2017 年 11 月，全球市值最高的十家公司中，有 Apple、Google、微软、Amazon、Facebook、腾讯和阿里巴巴七家属于数字经济范畴。[②]

3.2.3　数字时代的数字传媒

数字时代，传媒产业最本质的变化就是数字化，也就是说，数字技术已成为传媒产

① 国务院发展研究中心课题组. 传统产业数字化转型的模式和路径，2018.

② 搜狐网. 科技七巨头为何能统治世界?. http://www.sohu.com/a/208835823_505837[2018-12-04].

业的普遍技术和核心技术。数字媒体更加适应用户需求的多元化和用户市场的细分化，正改变着用户创造财富、工作、学习，以及娱乐的方式，甚至改变着用户的思维，同时也带来了媒体产品生产方式与消费方式的变迁。近年来，移动互联网、云计算、大数据、物联网、人工智能等新一代信息技术及应用的广泛兴起与普及促进了数字经济的快速发展，而虚拟现实、区块链技术等新兴科技有望在未来推动数字经济持续发展，服务机器人、自动驾驶、3D 打印、VR/AR、数字标识、生物特征识别、量子计算、再生能源等技术也可能成为未来的重要技术，这些技术不断创新融合，以指数级速度展开，形成多种技术整体演进、群体性突破，导致新的社会组织与社会关系正在形成，推动着数字媒体持续创新发展。由此，用户也将由原来以新闻为核心的“媒体生活”全面进入以信息为导引的“媒介生活”。实际上，真正健全的数字社会是消费者和生产者在平等的前提下建立的再平衡的关系。①

从互联网到移动互联网、从传统媒体到新媒体、从全媒体到智能媒体，数字媒体在连接社会要素、重构社会生活中扮演着重要的角色，传统媒体生态格局正在发生重大而持续的变革，数字媒体的内涵和外延在时刻迭代与突破性创新。如何把握数字媒体发展的逻辑和趋势，已成为媒介格局发展变化中媒介研究和媒介实践的关键步骤。

3.3 传统媒体生态环境变化与演进

3.3.1 传统媒体与颠覆式创新

随着新一代信息技术及应用的广泛兴起与普及，全社会真正可以做到万物皆联网，无处不计算。数据显示，截至 2018 年 6 月，中国网民规模达到 8.02 亿人，其中手机网民规模达 7.88 亿人，占网民总数的 98.3%，移动端流量超越笔记本电脑、平板电脑等所产生的流量②，移动端新闻资讯服务月独立设备数达到 6.2 亿台③；2017 年，中国互联网平均每秒进入 672.5G 的信息；2017 年，超过七成网民主要通过新闻类网站和 App 作为获取知识的主要渠道；2017 年，全球网络广告支出达到 2090 亿美元，占广告市场的 41%，并首次超过电视广告（35%）④；数字广告领域已经形成 Google 和 Facebook 的双寡头格局，二者合计占据了全球数字广告新增开支的 99%的份额；全球互联网用户已突破 40 亿人大关，互联网用户每日平均在线 6 个小时（通过使用互联网驱动的设备和服务），互联网总在线时长已突破 10 亿年，其已占据人类清醒时间的三分之一；⑤预计到 2020 年，全球智能手机保有量将高达 60 亿台，一半的电视与视频观看将来自移动屏幕，而只使用传统屏幕看电视的消费者占比将仅为十分之一；移动视频流量每年增长约 50%，到

① 萨拉 戴蒙德. 数字经济与数字社会. 张进京，译. 中国信息界，2012(3)：68-76.

② 科技七巨头为何能统治世界？http://www.sohu.com/a/208835823_505837[2018-12-04].

③ 艾瑞咨询. 中国移动端新闻资讯行业报告. http://report.iresearch.cn/report_pdf.aspx?id=3034[2018-03-19].

④ Salesforce. 2020 数字广告，2018.

⑤ Hootsuite&WAS. 2018 年全球数字报告，2018.

2023 年将占据全部移动数据流量的 75%；到 2021 年，一个人需要花 500 万年的时间才能看完每个月通过全球 IP 网络传输的视频量；2045 年，将有超过 1000 亿台机器和设备进行互联，全球数据使用量将超过 40ZB（Zetta Bytes，1ZB 相当于十万亿亿字节），这一数据量是 2011 年的 22 倍[①]，人类社会将发现由此产生的数据与其当前所体验到的数据完全不在一个数量级上。

互联网不仅是文化传播的重要渠道，而且是这个时代重要的流行文化符号。伴随着“互联网+”的不断渗透，计算不再只和计算机有关，它颠覆了人类的生存体验，正如载人无人机颠覆了航空公司、支付宝颠覆了银行、无线网络颠覆了电信行业、特斯拉颠覆了汽车行业等，这种现象与生态系统中种群竞争过程类似，低适应度的物种就会被淘汰，高适应度的物种就会存活下来。未来，数不胜数的智能设备和数十亿互联互通的智慧大脑连接在一起，在摩尔定律和数字化的共同推动下，无休止地探索着各种组合和各种可能的重组式创新机会，所有的媒体都将成为互联网的媒介供应并成为母媒体，可穿戴设备、全景视频、网络直播、短视频、传感器新闻、数据新闻等“活力因子”将促使传统的媒介生态环境发生迅速改变，传播方式将由人际传播演进为组织传播和大众传播，由传统的“线下、单向、广播”演进为“线上、互动、社群”。现在，数据的丰富程度前所未有。近年内，超过 50 家传统纸媒停/休刊。报纸停刊与版面消失如表 3-2 所示。

表 3-2　报纸停刊与版面消失[②]

排序	报纸名称	发行地区	报纸类型	停（休）刊时间	排序	报纸名称	发行地区	报纸类型	停（休）刊时间
1	渤海早报	天津	都市报	2018 年 1 月 1 日	14	赣西晚报	江西	都市报	2018 年 1 月 1 日
2	假日 100 天	天津	专业报	2018 年 1 月 1 日	15	中国国防报军事特刊	北京	专业报	2018 年 1 月 1 日
3	采风报	天津	都市报	2018 年 1 月 1 日	16	北京娱乐信报	北京	都市报	2018 年 1 月 1 日
4	球迷	天津	专业报	2018 年 1 月 1 日	17	上海译报	上海	都市报	2018 年 1 月 1 日
5	大别山晨刊	安徽	都市报	2018 年 1 月 1 日	18	西部开发报	贵州	都市报	2017 年 12 月 29 日
6	皖南晨刊	安徽	都市报	2018 年 1 月 1 日	19	宜春日报月都早刊	江西	都市报	2017 年 12 月 28 日
7	白银晚报	甘肃	都市报	2018 年 1 月 1 日	20	楚天金报	湖北	都市报	2017 年 11 月 30 日
8	台州商报	浙江	都市报	2018 年 1 月 1 日	21	科技文摘报	北京	专业报	2017 年 9 月 8 日
9	无锡商报	江苏	都市报	2018 年 1 月 1 日	22	新余晚报	江西	都市报	2017 年 8 月 31 日
10	湘潭晚报	湖南	都市报	2018 年 1 月 1 日	23	临空都市报	重庆	都市报	2017 年 7 月 31 日
11	北部湾晨报	广西	都市报	2018 年 1 月 1 日	24	燕赵都市报（冀中版）	河北	都市报	2017 年 6 月 15 日
12	汕头特区晚报	广东	都市报	2018 年 1 月 1 日	25	京华时报	北京	都市报	2017 年 1 月 1 日
13	汕头都市报	广东	都市报	2018 年 1 月 1 日	26	东方早报	上海	都市报	2017 年 1 月 1 日

① IDC 市场研究公司. 数字宇宙研究报告，2012.

② 清博研究院. 2017—2018 互联网及新媒体发展趋势研究，2017.

续表

排序	报纸名称	发行地区	报纸类型	停（休）刊时间	排序	报纸名称	发行地区	报纸类型	停（休）刊时间
27	贵州商报	贵州	都市报	2017 年 1 月 1 日	46	河南电力报	河南	行业报	2016 年 1 月 1 日
28	上饶广播电视报	江西	都市报	2017 年 1 月 1 日	47	天天商报	浙江	都市报	2016 年 1 月 1 日
29	时尚生活导报	辽宁	生活报	2016 年 9 月 4 日	48	海口晚报	海南	都市报	2015 年 12 月 9 日
30	时代商报	辽宁	都市报	2016 年 9 月 1 日	49	上海商报	上海	专业报	2015 年 10 月 1 日
31	萍乡广播电视报	江西	都市报	2016 年 8 月 1 日	50	长株潭报	湖南	都市报	2015 年 9 月 21 日
32	赣东都市报	江西	都市报	2016 年 7 月 4 日	51	生活新报	云南	都市报	2015 年 7 月 1 日
33	前进报	辽宁	军报	2016 年 1 月 16 日	52	杂文报	全国	专业报	2015 年 1 月 1 日
34	战友报	北京	军报	2016 年 1 月 16 日	53	房地产时报	上海	专业报	2014 年 8 月 1 日
35	人民军队报	甘肃	军报	2016 年 1 月 16 日	54	中国包装报	全国	行业报	2014 年 5 月 21 日
36	前卫报	山东	军报	2016 年 1 月 16 日	55	天天新报	上海	都市报	2014 年 5 月 1 日
37	人民前线报	江苏	军报	2016 年 1 月 16 日	56	竞报	北京	专业报	2014 年 4 月 25 日
38	战士报	广东	军报	2016 年 1 月 16 日	57	新闻晚报	上海	都市报	2014 年 1 月 1 日
39	战旗报	新疆	军报	2016 年 1 月 16 日	58	中国网友报	全国	专业报	2012 年 12 月 25 日
40	今日早报	浙江	都市报	2016 年 1 月 1 日	59	体育周报	湖北	专业报	2011 年 12 月 30 日
41	都市周报	浙江	都市报	2016 年 1 月 1 日	60	长河晨刊	山东	都市报	2010 年 9 月 15 日
42	九江晨报	江西	都市报	2016 年 1 月 1 日	61	大众收藏报	全国	专业报	2010 年 1 月 1 日
43	壹早报	湖南	都市报	2016 年 1 月 1 日	62	中华新闻报	全国	专业报	2009 年 8 月 28 日
44	鹤都晚刊	云南	都市报	2016 年 1 月 1 日	63	市场报	全国	专业报	2009 年 4 月 1 日
45	安防市场报	全国	行业报	2016 年 1 月 1 日	64	中国足球报	全国	专业报	2009 年 3 月 4 日

新一代信息技术创新加速推动传统媒体与新型媒体群之间的聚合传播，促使物理空间平行的网络天地和数字世界正在形成[①]，信息传播现象正呈现出日益显著的“去中心化”和碎片化趋势，成倍放大视频内容消费和广告资源。主流消费者正在探索试用新的电视和视频技术，丰富收视体验，形成新的消费者行为。场景（空间环境）或情境（行为）决定人类的行为特点与需求特征，从媒体内容制作到媒体内容传输/分发再到媒体内容消费，传统的商业模式正在发生变革，由此电视服务甚至各类媒体娱乐服务的面貌也在发生变化。大数据背景下，媒介之间相互学习与融合创新，正引导媒介一步一步地见证由互联网和手机媒体主导的，可自由创作、收发、保存信息的革命性转型。互联网技术公司和新闻聚合引擎也因此被迫直接或间接投入对传统新闻事业的支持中，“否则将不会存在可供售卖、聚合、广告、分析或讽刺的新闻内容”[②]。

曾有人这样比喻，你的粉丝超过了 100 人，你就是一本内刊；超过 1000 人，你就是一个布告栏；超过 1 万人，你就是一本杂志；超过 10 万人，你就是一份都市报；

① 许志强，李海东．“互联网+”环境下数字媒体融合及发展路径探索．中国出版，2015，(20)：47-51.

② 陈红梅．社会与技术共构：美国新闻业的十年危机与转型．新闻记者，2018，(4)：43-62.

超过 100 万人，你就是一份全国性报纸；超过 1000 万人，你就是一家电视台；而超过 1 亿人，你就是 CCTV 了。出现这种趋势，可以说与 Google 的埃里克·施密特（Eric Schmidt）和乔纳森·罗森伯格（Jonathan Rosenberg）提出的三股力量密不可分：一是信息充足且免费（解决了内容来源问题）；二是通信畅通且低廉（解决了传播扩散问题）；三是可及的计算能力（云、App、工具等）大幅提升（解决了分析处理问题）。正是互联网技术的这种巨大进步，才使得像克莱·舍基（Clay Shirky）所指出的那样，即情景成为现实——几乎所有人现在都得到了原来专业传媒才拥有的两种特性：可及性和永久性。

当前，以知识科普为代表的软资讯和以评论性文章为主的自媒体观察性内容，均得到了超过半数网民的“资讯认可”，传统的媒体组织将越来越“失控”，媒体实际上已没有“体”，只剩下“媒”。传媒业也已呈现四个“不是”，即新闻不是新闻、媒体不是媒体、记者不是记者、受众不是受众。[①]新技术应用取得优势社会地位，传统新闻业消失或转向其他利基市场。传统媒体要想在即将来临的新智能时代生存下去，能否把握用户对细微需求的体验将是其成败的关键，因此必须要在核心技术和数据资源方面积累并积极推动颠覆性创新。传统媒体与颠覆式创新如图 3-4 所示。

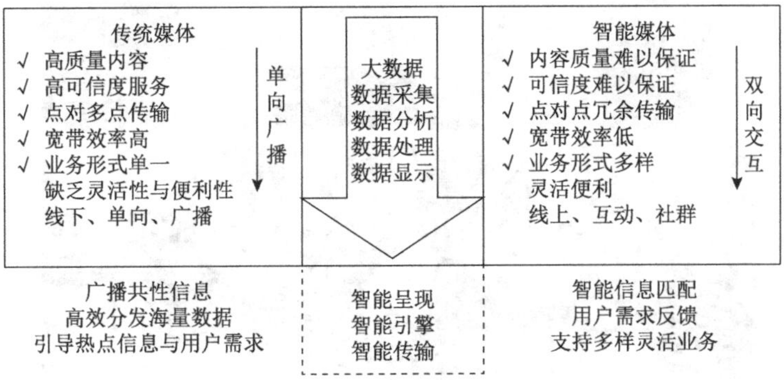

图 3-4　传统媒体与颠覆式创新

3.3.2　新一代移动互联生态系统

性能不断提升的计算机和网络设备奠定了互联网发展的基础；微软制定了计算机的使用规范，雅虎制定了互联网免费的模式，早期的网址导航和门户为用户摸索互联网提供了指引；Google 开创了搜索时代，让用户可在互联网上主动选择信息；以 Facebook 为代表的网络社区的出现，使用户和互联网有了更多情感的连接；Apple 基于硬件创造需求，再一次为用户提供了互联网的使用向导，也拉开了移动互联网的大幕。随着移动智能终端的平价化及中产阶级的崛起，传统桌面互联网应用服务已向移动互联网全面迁移，不管是以阿里巴巴、京东为代表的电商平台，还是以微信（11.12 亿月活跃用户，数

① 张桂萍. 媒体融合的关键是思想先行——“首届媒体融合发展及投资高峰论坛”综述. 新闻记者，2015,(1)：87-89.

据截至 2019 年 3 月 31 日[①]）为代表的社交平台，还是以支付宝为代表的移动支付平台（2018 年达 277 万亿元，较 5 年前增长超 27 倍[②]），还是以滴滴、ofo 为代表的出行平台，抑或是移动媒体平台，站在应用服务供给侧数量的视角来看，移动互联网应用服务已渐成为主角。在移动互联大环境下，用户消费与使用习惯变迁，全天候在线、多终端、多渠道，以及全面覆盖构成了媒体共生的局面。与此同时，站在信息技术发展的视角来看，媒体融合的未来技术形态主要特点如下：具有移动互联特征的人—人互联网络，具有云计算、云服务特征的新泛在服务网络，具有物—物互联特征的新泛在物联网络。为改善人与生态之间的交互关系，打破应用与服务的边界，最大限度地实现用户与移动智能终端之间的意识流交互方式，业界还期待逐步实现基于影视产业和移动智能终端的平台、内容、终端盒全覆盖的“用户生态交互系统”。1916 年与 2016 年信息载体的变化如图 3-5 所示。

图 3-5　1916 年与 2016 年信息载体的变化

数据显示，2016 年互联网占据了中国用户 55%的媒体时间，移动互联网使用时长超过电视；中国移动互联网用户每日在线时长合计超过 25 亿小时，同比增长 30%，增速远超网民数量[③]；截至 2017 年 10 月，约 70%的用户现在在智能手机上观看电视和视频，是 2012 年的两倍[④]；2017 年 12 月，移动视频用户规模达到 5.48 亿，占网络视频用户规模的 94.8%[⑤]；到 2020 年，中国移动工具应用覆盖用户规模将达到 9 亿，移动屏幕对收

① 微信月活跃账户数达 11.12 亿，同比增长 6.9%. 2019. http://tech.qq.com/a/20190515/007600.htm[2019-06-06].
② 李冰. 央行：2018 年移动支付较 5 年前增长超 27 倍. http://epaper.zqrb.cn/html/2019-03/21/content_420887.htm[2019-05-30].
③ Mary Meeker. Internet trends 2017，2017.
④ Ericsson ConsumerLab. TV AND MEDIA 2017: A consumer-driven future of media, 2017.
⑤ 2018 年中国在线视频行业总体发展情况分析预测. http://www.chyxx.com/industry/201806/651386.html[2018-07-08].

视数量的贡献将超过 50%，其中 50%又将出自智能手机①；到 2030 年，全球 75%的人口将会拥有移动网络连接，60%的人口将会拥有高速有线网络连接②。随着 5G 网络在全球的加速部署、产品升级迭代，在深度学习、计算机视觉、生物特征识别，以及网络直播等整合人工智能技术的新兴移动互联网业务带动下，源自移动终端的网络流量增速预计将是源自固定终端数据流量的四倍。而这些现象的助推者之一就是具有各种可以测量天气、位置、光度、声音及生物特征的探测器的移动智能终端。中国用户平均媒体消费时长（分钟）及中国移动互联网用户每日在线时长如图 3-6、图 3-7 所示。

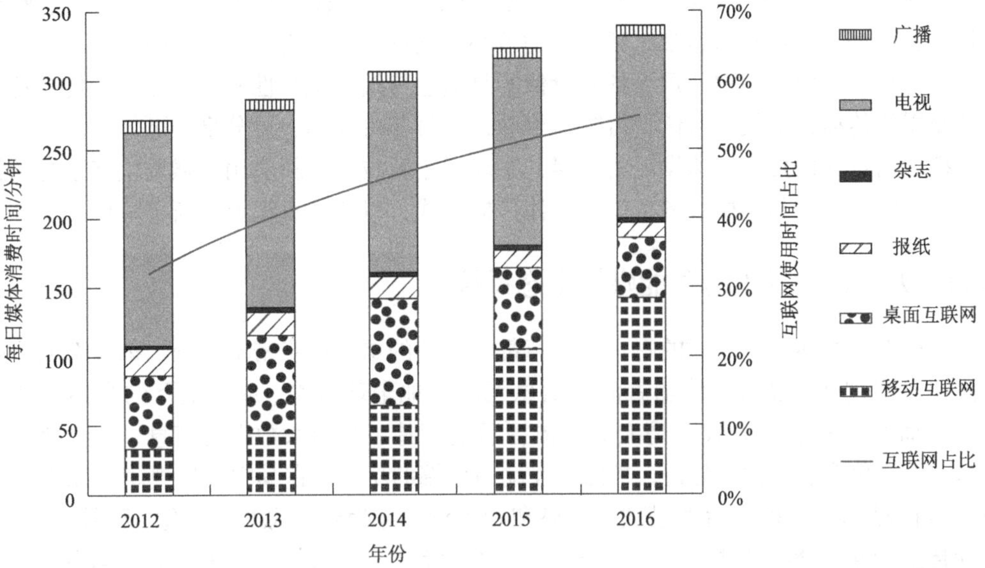

图 3-6　中国用户平均媒体消费时长③

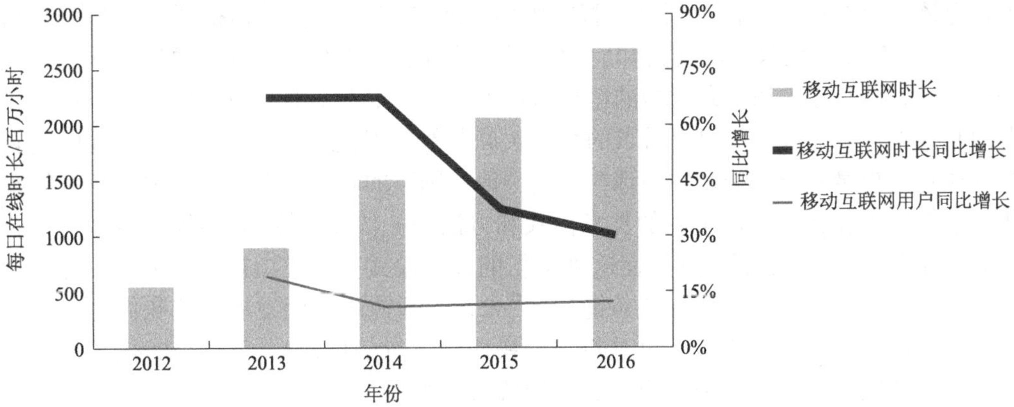

图 3-7　中国移动互联网用户每日在线时长③

① 易观智库. 中国移动工具市场趋势预测. 北京：北京易观智库网络科技有限公司,2018.

② Future Scout. Emerging Science and Technology Trends: 2016—2045. A Synthesis of Leading Forecasts Report, 2016.

③ Mary Meeker. Internet trends 2017，2017.

凯文 · 凯利（Kevin Kelly）认为，在今天，最富有的以及最具破坏性的组织机构几乎都是多边平台……所有这些企业巨头都借用第三方供应商来增加其平台的价值……促进生成由衍生但相互依赖的产品和服务构成的强劲的生态系统。在未来，移动媒体将变为“内容媒体+关系媒体+服务媒体”的集合。智慧媒体、环境媒体、自然媒体将让媒体更泛在，更契合人的需求和媒体自然和谐共处的方向，这也是媒体演进的自然方向。“互联网+”时代让用户成为一个个要素构成的实体，包括地理位置、上下文情境、行为方式等要素；用户的需求、喜好、消费习惯等，基于云计算、大数据变得清楚明确，基于目标（喜好、调性等）的聚合变得更为可行。笔者认为，新媒体不是新业态、新技术，而是新欲望和新思维；新媒体的核心驱动不是资讯内容而是产品技术，核心追求不是用户数量而是用户变现，核心价值不是信息传播而是个性服务。互联网传播特别是社交媒体传播，不仅要可读、可听、可看，而且要可互动、可分享、可体验。传统媒体应把握信息通信技术快速发展的机遇，主动运用新技术、新应用，强调生态系统的构建，强调跨界融合与品质服务，创新媒体传播方式，以抢占意识形态新主阵地。

3.3.3　大数据背景下的智能媒体生态系统

历史上，媒体传播方式的每一次变革都与科技的重大进步密不可分，都以新的传播手段和发明创造为依托。伴随着海量信息无成本地全球流淌，成千上万的个体可通过网络传播产生交感。大数据是人类集体智慧的创造，通过大数据的信息、个性化应用技术，以及聚合、分类、分析、扩散、互动与挖掘的功能，在其中发现规律、知识，寻找隐藏在媒体大数据背后的模式、趋势和相关性，可为新闻思想、文化、科技、经济、国际传播提供更多的数据池和大平台。大数据背景下，媒体融合发展正在经历从 1.0 电视媒体（2012 年之前，广播电视播出+新媒体发布）、2.0 融合媒体（2012～2017 年，媒体融合生产与运营）到 3.0 智能媒体（2017 年之后，数据挖掘+用户感知+精准推送）的转变。大数据的分析和应用将成为构建智能媒体的基础，通过数据挖掘和分析技术，便可打造基于大数据的信息智能匹配平台，在不断分析与优化用户信息需求的基础上，实现信息和用户需求的相互关联与智能匹配，推动内容交付方面的创新及发现新用户微细分，推动“地球村”向“地球脑”的转变。大数据技术所孕育的媒体生态系统正在或已经催生新的技术模式和方法——认知计算，在传媒领域激发着新产品、新业态与新模式的诞生，而这种全新的计算模式具备三项特殊能力——可帮助传媒领域提升的互动、发现和决策能力。[①]未来，智能媒体的发展将使我们进一步认识到：一切生命的本质都只不过是符号的操作和信息的传播[②]，下一个时代的创新需要生态。认知计算将在三个能力领域展示威力，如图 3-8 所示。

---

① IBM 商业价值研究院. 拥抱内容世界，迎接崭新未来——媒体和娱乐行业的认知未来，2016.

② 张雷. 从“地球村”到“地球脑”——智能媒体对生命的融合. 当代传播，2008，(6)：10-13.

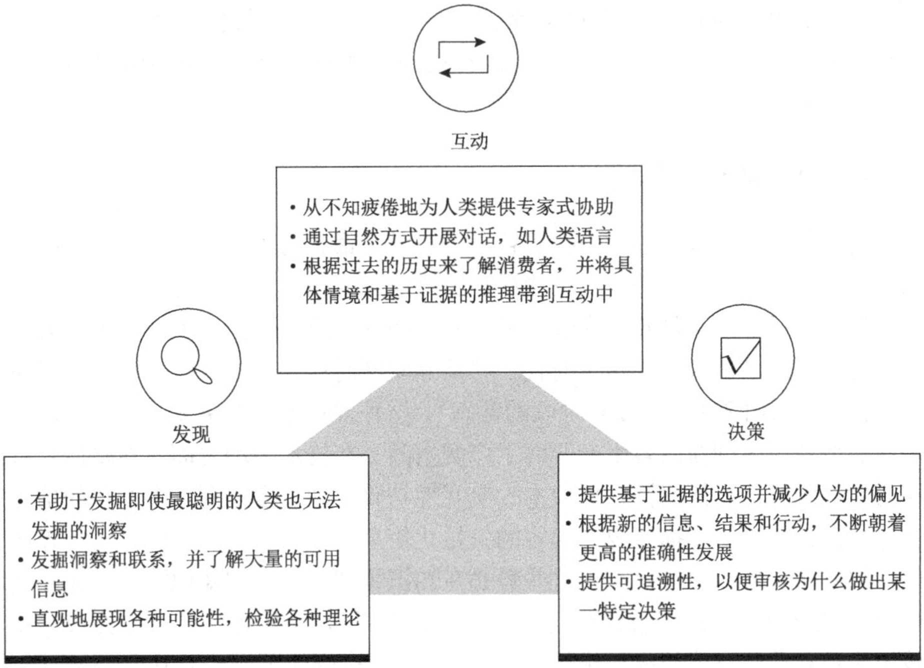

图 3-8　认知计算将在三个能力领域展示威力

3.4　媒体融合发展的内涵

随着“互联网+”时代的到来，“海量信息、实时更新、双向互动”的网络传播特点得到了越来越多的尊重，传统媒体应用全新的互联网思维来谋划和推进融媒工作，以实现各种媒介资源优势互补、创新发展，实现功能的融合和相互渗透。

媒体融合是信息时代背景下的一种媒介发展理念，是在互联网迅猛发展的基础上与传统媒体的有机整合，而这种整合体现在三个方面：内容的融合、技术的融合和经营方式的融合。

3.4.1　用户价值是运营核心

技术进步从需求和供给两个维度极大地改变了用户，移动设备、已经普及的 3G/4G 网络与即将普及的 5G 网络更使得用户随时随地处于“连接”和“在线”的状态。“互联网+”时代是“体验为王”的时代，用户的需求和用户的群意志是真正意义上的核心要素，针对用户个性化定制的应用服务和营销方式将成为发展趋势，将催生全新的应用服务体系。互联网思维强调连接，首先就是“人”的连接、用户和用户的连接、媒体人和用户的连接等。传媒从业者应坚持“明确目标人群→强化用户关系→形成核心用户池”的路径，通过云计算和大数据等新一代信息技术深入发现和追踪用户偏好、行为、心情和需求差异等方面的信息，挖掘和分析可贵的数据资源，为内容的传播决策提供全面、系统、准确、前置的参考数据，并把内容重新打包以适应新平台，有针对性地生产特色信息产品，做到主动推送和被动点播相结合，以提高用户的关注度和参与度，从而推动用户变革。

3.4.2　技术内容是双轮驱动

美国著名传播学者威尔伯·施拉姆曾以经济学“最省力的原理”为基础，提出了计算受众选择传播媒介的概率公式：可能得到的报偿÷需要付出的努力=选择的概率。[①]这表明，媒体只有通过不断创新与完善服务内容并拓展与改进传播渠道，才能提升其竞争力和影响力。中国已进入光纤宽带时代、移动互联网时代、后 PC 时代、云计算时代和大数据时代，全面刷新了 Web 2.0 阶段的常态[②]，这种现状也正在引发全球范围内深刻的技术和商业变革，为创新内容生产开辟了广阔空间。在技术驱动方面，新媒体具有开放性、即时性、隐匿性、便捷性、低成本、交互性与碎片性及多信源、多途径的信源加工和传递等特性，可多维度描述媒体内容的矢量化信息；在内容优势方面，传统媒体具有真实性、权威性、公信力等优点，这些势必在知识领域引发诸如知识海量与无知递增、经验研究与规范研究、知识总体化与碎片化等多重张力。[③]传媒从业者应充分利用新媒体的技术优势和传统媒体的内容优势，尽快打造新型全媒体平台，实现从“信息服务商”到“内容服务商”的蜕变。[④]各级媒体也应该以媒体转型和多业态发展方向为主导，注重新技术开发、新设备应用和新内容形态创造。

3.4.3　无界交互成主要趋势

在互联网发展之前，电视是人类接收信息的主要屏媒；从互联网到移动互联网，人类接收信息的媒介终端变得丰富；而从移动互联网到万物互联，将有更多的内容、更多的观看方式、更多的传感设备，以及移动终端可随时随地接入网络，视机交互（3D 互动）、脑机交互（脑电波）和情感交互（情感分析）等将成为无界交互的趋势。通过云服务可获得关于节目更为详细的信息和数据服务，这将大大方便移动互联网用户的体验，为用户提供强大的存储和计算能力，确保不同终端同时获得最佳视频体验效果。分析用户的偏好和需求，实现从“一云多屏”到以用户为中心的“无界交互”[⑤]，并以此打通电视观众与新媒体用户两大用户群，从而确保他们做出合适的决策。基于云端的大数据分析和情境感知的终端相互结合，实现跨时空、跨应用、跨行业、跨领域、跨网络（如宽带互联网、移动通信网、卫星等）、跨终端（如电视、电脑、手机等）的整合，实现个性化需求与服务、智能化服务和自然和谐的人机交互。数字媒体内容多网络、多屏幕传播趋势如图 3-9 所示。

---

① 王庚年. 4G 时代媒体融合发展须经六个途径——在 4G 时代广电媒体发展论坛上的主旨演讲，2014.
② 闵大洪. 从边缘媒体到主流媒体——中国网络媒体 20 年发展回顾. 新闻与写作，2014，(3)：5-9.
③ 唐海江. 互联网革命与新闻传播学科重构之反思———种技术自主性的观点. 社会科学战线，2016，(7)：143-149.
④ 黄艾，曹三省. 报业全媒体进程中的若干现实问题. 传媒，2013，(3)：10-13.
⑤ 汪文斌. 从一云多屏到多屏互动——中国网络电视台台网融合的探索与实践. 电视研究，2014，(10)：20-21.

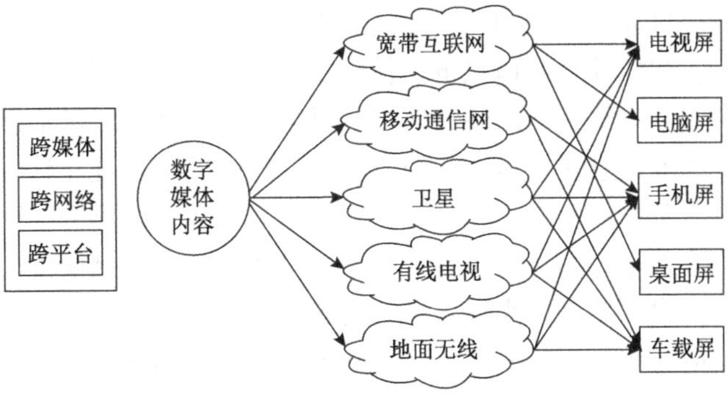

图 3-9　数字媒体内容多网络、多屏幕传播趋势

3.4.4　数据网络是发展主线

数据被认为是新时期的基础生活资料与市场要素，重要程度不亚于物质资产和人力资本。现在的 Web 还是以粗粒度的文档、页面所构成的网络，是以文件信息创造、利用、传播、再创造、再传播、再利用为主体活动的网络；而自 2018 年起的未来 5 年，数据是关注的焦点，是用户使用 Web 的主要目的。数据驱动的媒体将是媒体主体，并逐渐变现为独特的流通货币；数据驱动的政府将是各国政府努力的目标，利用数据去构建公众服务将会是政府和企业合作的方向；数据驱动的生活将是每个人可以切身体会到的，用户的一切都碎片化地被记录在不同服务中。通过用户行为监控，运用大数据技术对用户的关系和需求进行“用户画像”，这些数据可以被再创造为群体性的统计数据，再被传播利用，从而构建知识图谱，使得内容表现方式更直观、更美观、更能直指重点，反过来帮助用户更好地解决生活中的问题。用户数据行为全数据描述如图 3-10 所示。

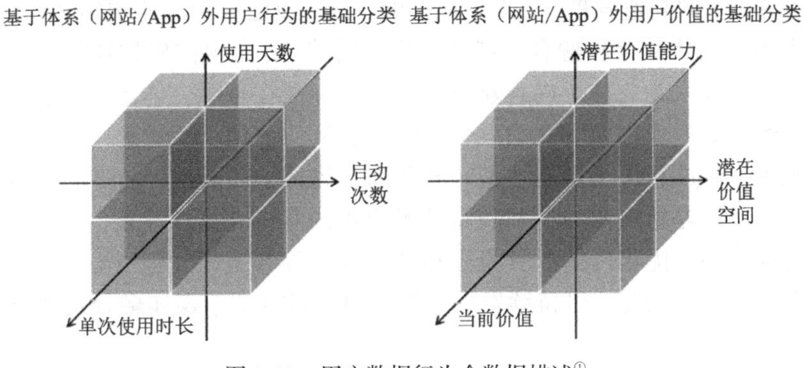

图 3-10　用户数据行为全数据描述[①]

3.4.5　智能计算重塑人机交互体验

智能计算是指通过软件和算法，对系统的基础功能加以扩展和升级，基于现场情境

① 易观智库. 大数据下的用户分析. 北京：北京易观智库网络科技有限公司，2015.

或主观意图，灵活、自动地实现相关资源的组织、配置和动作执行，意味着数字世界与实体世界走向融合。智能计算是信息革命正在推进的趋势，贯穿终端、网络、计算、存储等基础设施和企业侧、消费侧的各种应用。过去 PC 互联网属于信息稀缺时代，是人跟着终端走、人围绕着信息转，是“人找内容”，效率低下；现在移动互联网属于信息过载时代，以今日头条为代表的兴趣推荐类的资讯系统仅仅是裹上了算法外衣的初级智能推荐，是终端跟着人走、信息围绕着人转，同时还面临“信息偏食”与“信息茧房”的困境，如今日头条旗下的火山小视频和“内涵段子”，因无法辨识内容好坏，仅凭用户喜好大量推送低俗、导向不正的内容，于 2018 年 4 月分别被央视再次点名和国家广播电视总局永久封停①。将来的智能化是高速度的移动通信网络，是大数据的存储、挖掘、分析和智能感应而共同形成的全新业务体系，可实现信息传播的可视化追踪，提供个性化、极简化、极致化与智能匹配的“内容找人”，如多屏互动、体感识别、无人驾驶、实时交通等，可以彻底解放人类众多的体力劳动。未来十年，智能服务的落地路径不再是简单的 to B（直接对商家）或 to C（直接对用户），而可能是 to B+to C（电子商务类型的智能网络服务模式），无处不在的终端、网络与计算，让移动智能终端成为感官系统（视觉、听觉、触觉等）的延伸，从而实现人与设备间更为自然的交互，让机器能够感知并预测到人的行为，从而塑造计算体验，让人类工作更轻松、生活更精彩。

3.5 媒体融合发展路线图

美国麻省理工学院教授浦尔曾经提出：“分化与融合是同一现象的两面。”②随着传媒事业的蓬勃发展和包括移动互联网、泛互联网、物联网、云计算、大数据等在内的下一代互联网技术的高速发展，“合”伴生的“分”或已成为未来更需要关注的问题，人类已迈入新旧媒体共存和融合发展的全媒体时代。各大媒体机构均应充分发挥自身优势，坚持先进技术为支撑、内容建设为根本，加强在理念、体制、机制、人才、技术、内容、运营等多个方面的互动融合，建立起从“物理反应”到“化学反应”的全新体制和机制，通过加快建设能够整合和联通多媒体、多平台、多终端传播资源的大技术系统，构建符合新媒体传播和高新技术应用的立体化、互动式、全天候、融合发展的现代传播体系、优化传播业务流程和产品体系等方式，打造核心竞争力，极大程度上推动新一代高端智能、可持续发展的智慧城市的建设。媒体融合发展路线图如图 3-11 所示。

---

① 国家广播电视总局责令“今日头条”网站永久关停“内涵段子”等低俗视听产品. http://www.sapprft.gov.cn/sapprft/contents/6582/365922.shtml[2020-04-10].

② 王庚年. 关于全媒体的认识与探索. 中国广播电视学刊，2012，(11)：8-11.

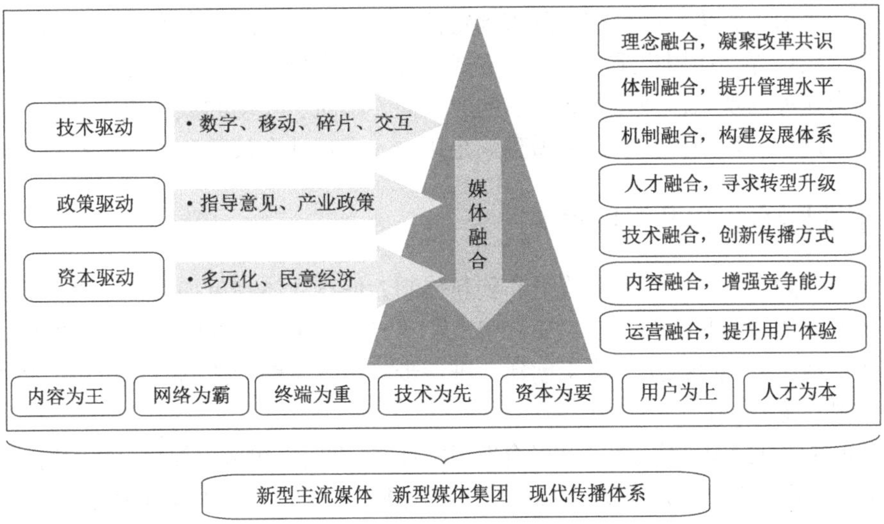

图 3-11　媒体融合发展路线图

3.5.1　理念融合，凝聚改革共识

当前，网络和数字技术正经历着裂变式的发展，使传统媒体的受众规模呈现萎缩趋势，市场份额急剧下降，而用于网络或其他新媒体的实践却在不断地增加。面对当前这种严峻而紧迫的形势，必须加快媒体融合发展进程，创新、突破采编方式和理念，适应新情况，只有保持战略上的平常心态，才能跟上时代发展步伐，使之成为传播社会主义核心价值观的重要载体，服务改革开放大局、服务经济发展中心的有效途径。

一是牢固树立一体化发展科学理念。一体化发展是传统媒体寻求自身跨越的必然选择，也是新形势下推进媒体融合的基本方向。要善于整合各类优势资源，实现互通互融，构筑刊网互动，微博、微信、手机报、App 手机客户端，文字、图片、音频、视频多重建构的立体格局。应组织力量成立媒体融合顶层设计领导小组，加强对新媒体发展和新技术应用进行战略层面的研究和规划。例如，中央电视台就从有关全局和长远发展的战略性核心问题出发，制定内容涉及体制机制、台网融合、节目创新、技术创新等的“中央电视台新媒体顶层设计实施方案”。应建立以传统媒体促进新媒体、以新媒体带动传统媒体的长效机制，牢固树立传统媒体和新媒体一体化发展的理念，贯彻落实科学发展观、从思维上凝聚革新图存的改革共识。

二是深入传媒体制机制改革，树立互联网思维（强调平等、开放、协作、分享、共赢，高度关注用户体验，致力打造精致产品与服务）。加快推动传统媒体和新媒体融合发展，这就要求传媒从业者必须尊重“海量信息、实时更新、双向互动”的网络传播特点[①]，用全新的互联网思维来谋划和推进各项工作。互联网思维的核心又是用户思维，其涵盖了最经典的品牌营销的 who—what—how 模型，即 who—目标受众，what—用户需求，how—如何实现。应深度理解用户，迭代创新、跨界协作，围绕客户需求不断进

① 许志强，李海东.“互联网+”环境下数字媒体融合及发展路径探索. 中国出版，2015，(20)：47-51.

行创新——从需求收集、产品构思到市场定位、品牌规划、产品研发、生产销售、售后服务、组织设计等，让用户至上的思维方式贯穿于整个价值链条的始终。要树立以用户为中心融合业务的观念，强化新媒体双向、多向、即时、互动的数字化传播特点，连接用户、洞察用户、发动用户，最后做到满足用户，实现社会效益和经济效益双丰收。

3.5.2 体制融合，提升管理水平

推动媒体融合发展，还需要改进和创新体制，使投入体制更加完善与合理。就现状来看，传统媒体的体制距融合发展还有很大距离，直接影响着新闻生产力的发展，从而导致媒体革命。要积极探索，勇于创新，进一步加快媒体融合体制改革步伐，必须健全体制，实现发展一体化。

一是媒体内部组织结构重组。在融合发展的具体实践中，媒体内部组织结构的重组与合并优化成为困扰各方的一大难题。应革新“单兵作战”的现状，探求深度融合的新模式；要转变用人体制，把队伍建设放在突出位置，建立灵活的选人、用人、育人的制度，加大新兴媒体人才的引进和培育力度，优先聘用数字人才，探索全媒体考核、扁平化、项目制等新的管理机制；要优化薪酬及考核评价体系，健全人才晋升体制，完善人才流动体制，采取有力措施吸引人才、用好人才、留住人才，把新媒体作为融合发展的激励和考核重点，集中优势力量奋力加快培育壮大新兴媒体的力量，提高传媒业的规模化和专业化水平。

二是构建现代化的立体传播体系。要结合全媒体时代现代传媒的主要特点，通过对品牌、产品等多种优势资源的整合，打造传播内容、传播介质、传播终端、传播平台、传播形式之全的多层级且有效互动的“五全”体系。在现行体制框架内，各大报社、各大通讯社、各大广播电视台，功能不同、各有定位。要从各自实际出发，建立全媒体业绩考核体制，形成纸媒、网站、微博、微信、客户端一体化的全媒体考核体系，要加快推进新兴媒体平台的建设，积极探索发展共赢模式，科学规划传播体系基本架构，强力搭建一个全方位、多层次、宽领域、立体化的传播新格局。

3.5.3 机制融合，构建发展体系

媒体融合的前提是理念和思维的转变，即从传统媒体理念向新媒体理念和互联网思维转变，具备进行媒体融合发展的价值观认同。只有思维上提高对新媒体地位的重视，才能全面建设、运营和融合好新媒体发展。互联网思维意味着开放、平等和共享，这便要求媒体从业者调整工作理念和方式方法，快速融合到网络中，兼具传统媒体专业理念和新媒体思维。

一是创新人才机制，采取项目运营机制，打造真正的“创业文化”。浙江日报报业集团的全媒体战略行动计划中的传媒梦工场就是一个很好的例子，其中既有通过活动、比赛遴选优秀项目和人才的人才培养、激励机制，以及媒体融合项目运营机制，也有与企业和高校合作进行的人才培训和引进机制，各大媒体应创新借鉴。浙江日报报业集团的传媒梦工场实际上是媒体内部的创新机制，目的是培养一线媒体采编人员的新媒体理念和互联网思维，从而使集团既培养了兼有媒体从业经验与互联网思维的融合人才，又得到了很好的新媒体项目来发展媒体融合，同时还激发了员工的创业热情，为新媒体项

目的孵化和运营打造了真正的“创业文化”。

二是传统媒体可与新媒体合作开展研发工作，或与学术机构和研究者形成合作伙伴关系。欧美等国的媒体融合转型，很多决策都是基于实验室研发的结果，通过实验室研究和实验数据分析得到经验性成果、思考融合规律，再将这些成果和规律运用到传媒融合转型的相关决策中，以确保决策方向无误。在中国，封面传媒、微软和北京师范大学共同发起的“人工智能与未来媒体实验室”，这也是全国首个关注“AI+媒体”的实验室，该实验室主要研究以微软小冰为代表的人工智能机器人在媒体行业的应用和市场效应，研究内容及实验成果导向包括以机器写作运用于媒体的规则探索，人工智能技术在新媒体领域的交互方式和用户群体数据画像，以及媒体领域的大数据和知识图谱应用研究探索，旨在研究出在人工智能时代，媒体内容的传播形式、渠道和路径①；中国传媒大学为实施创新工程组建了中国最早的以脑科学为基础并与传媒学科密切相关的脑科学与智能媒体研究院，其致力于构建大脑神经系统仿真平台，积极开展与国内外大学、研究机构和企业的紧密合作，共同推进大脑科学与智能媒体技术领域的研究工作；香港科技大学与微信团队于 2015 年 11 月联合成立“微信-香港科技大学人工智能联合实验室”，旨在通过人工智能技术改善人类的生活服务体验，同时发展大数据研究，拓宽知识领域，研究领域包括机器学习、自然语言处理、机械人、数据挖掘，以及语音辨识等。②

3.5.4　人才融合，寻求转型升级

媒体竞争的关键是人才，媒体优势的核心是人才。时代在变，媒介生态在变，媒体的组织形态和人才管理体系也需适应环境变化不断变化和创新。当前，新闻业态正在发生深刻变化，各大媒体陆续运用报纸、新闻网、微信、微直播、视频新闻、HTML5.0、新闻游戏、VR 视频、全景照片等综合形式进行报道，这种变化对媒体所需人才的结构和种类产生了直接的影响，媒体人才已大大突破传统单一采编人才的范畴。传统媒体与新兴媒体如何在融合发展中实现人才的转型升级，成为中国媒体界普遍关心的问题。人才的转型升级，应积极从人才的培养、选拔、使用与评估等多个维度着手。

一是加速人才培养，在融合发展中实现人才转型升级。进入全媒体时代，编辑、记者已不能只通过一支笔、一架相机来包打天下。新的媒体格局和传播形态对媒体人的综合能力，包括采编技能、新技术应用、职业意识、知识积累等都提出了前所未有的要求。传统媒体应加速对“存量”人才的创新式媒体融合培训，以案例分享、产品设计竞赛、讨论互动的培训方式，让他们在激烈的媒体竞争中快速成长，逐步形成全媒体记者团队（采访现场分工明确，各自负责采访、写作、摄影、录音录像、文字编辑、音频视频制作和编辑、数据挖掘和分析、文字编辑和网络发布等，强调配合，突出协作）。中央和地方主要媒体应通过大规模开展对员工的互联网思维意识、全媒体传播技能的培训，以及新闻实践锻炼，不断激活媒体从业人员运用全媒体手段进行采编工作的能量，使其成为同时熟练掌握一两门报道技术（AR、VR、AI、无人机航拍等）并熟悉其他报道手段，

① 本刊编辑部. 封面传媒联手微软、北京师范大学成立全国首个 AI+媒体实验室. 中国传媒科技，2017，(9)：11-12.
② 香港科技大学与微信合作发展人工智能. http://www.chinanews.com/ga/2015/12-02/7651572.shtml[2018-04-06].

具有很强的团队合作精神和媒介融合意识的全媒体记者、全媒体编辑。可见，拥有独立思考能力、复合型知识结构，以及注重实践的新媒体人成为人才培养的重中之重。

二是大力引进人才，补齐媒体融合发展人才短板。随着移动互联网的发展，媒体在内容的生产、制作、设计、发布、传播等各环节不断变化，对媒体从业人员的要求越来越高。实现媒体融合发展所需的人才，很多是传统媒体人才队伍缺乏的，如数据科学家、算法工程师及人机交互界面设计、数字开发等方面的人才。跨专业人才需求剧增，尤其是跨文、理、工科知识背景的，如新闻专业与计算机、信息技术、统计学、社会学等专业的“跨界”人才最受欢迎。中央和地方主要新闻媒体应从媒体融合发展人才需求实际出发，加大对新媒体内容生产、技术研发、资本运作和经营管理人才的引进力度，补齐媒体融合发展专业人才短板，逐步形成一支由记者、编辑、设计师、程序员等构成的多元人才队伍。在融合发展过程中，各媒体还需根据自身媒体融合发展的规划设计，有针对性地改善原有人才队伍结构。例如，浙报传媒就启动全球招聘计划，引进新的具备“互联网基因”的“网络原住民”，建立起互联网技术人才引进、管理、培养、使用的制度，通过公开招聘、内部推荐、在重点高校建立人才储备库、到知名互联网企业挖掘人才等渠道，选拔技术人才，并成立技术委员会，设立首席技术官。浙报传媒先后组建了数据库业务部、数字采编中心等适应媒体融合发展需要的部门，并从阿里巴巴、华为等顶尖互联网公司引进先进技术人才，截至 2016 年 12 月，已经形成超过 1100 人的互联网技术研发团队，从事互联网新媒体业务的团队人数已达 2100 人[①]，这些人才促进了传统媒体与新媒体的创新融合。此外，浙报传媒还在同行业中率先出台《互联网技术人才管理办法》，明确了互联网技术人才引进、管理、培养、使用的一系列制度、举措。

3.5.5 技术融合，创新传播方式

科学技术是第一生产力。新媒体诞生和革命的历程，实际上就是技术和内容相互结合、相互促进的过程。必须统一谋划、统一部署、统一推进。创新传播，融合发展，关键是顺应新媒体传播交互性、全息化、数字化、网络化等优势，研究前沿技术，并将其引入项目应用，深度挖掘资源整合潜力，以尽快在媒体融合发展上取得突破。

一是利用大数据和云计算技术助力全媒体建设。在媒体融合发展过程中，欲实现商业闭环就必须借力云计算与大数据技术，实现用户信息的个性化与用户需求的定制化。2013 年被称为大数据元年，这就要求传媒业和大数据进行有机融合，要求媒体向“视音频形态+信息网络传播”方式演进，最终形成“市场倒逼采编”的多媒体内容生产机制和业务流程。云计算和大数据可深入筛选、捕捉用户偏好和需求差异等方面的信息，挖掘和分析可贵的数据资源，为节目的传播决策提供全面、系统、准确、前置的参考数据，把新闻重新打包以适应新平台，有针对性地生产特色信息产品，做到主动推送和被动点播相结合，提高用户的关注度和参与度。在互动中参与、在参与中传播，提高新闻宣传的实效性。移动智能终端作为人类感官系统的延伸，可实现人与设备间更为自然的交

① 浙报集团媒体融合转型发展：居高声自远 非是藉秋风. http://media.people.com.cn/n1/2016/1130/c40606-28914338.html[2019-05-28].

互，让机器能够感知并预测到人的行为。[①]终端用户越来越多，一方面可将具有海量、异构、多维、多尺度等特性的用户数据从终端汇聚到云端并进行实时监测、分析和管理；另一方面无所不在、具备自我学习能力的终端又能不断地从云端汲取智慧，如此正向循环。未来，依托精准分发的个性化推送和全网推送，有望成为用户阅读新闻的常规方式，其既可以成为效率诉求用户的阅读工具，也可以成为沉迷诉求用户的消费引导。

二是利用移动互联技术实现弯道超车。随着高速无线网络尤其是 4G/5G 移动通信的部署、用户对智能手机的认知逐步增强，以及 App 应用爆炸式的增长趋势，互联网将从文字全方位过渡到语音和感知，从个人移动转变为服务移动和环境移动[②]，将催生全新的应用服务体系。就这一点而言，国内外基本处于同一个研究水平。因此，传媒从业者应加大在移动互联网方面的投入力度，发展 App 客户端、手机网站等新业态下的新应用，利用媒体优势资源建立“移动+社交+视频”浪潮下的“4G 手机电视集成播控平台”和“社交电视互动平台”，以新技术引领媒体融合发展、驱动媒体转型升级，“弯道超车”并非不可实现。

3.5.6　内容融合，增强竞争能力

无论技术、环境如何变化，马克思主义新闻观、新闻真实性都应该是遵循的基本原则。对于新闻媒体来说，内容既是其安身立命之本，又是决定其生存与发展的关键所在。但随着 Web 2.0 甚至是 Web 3.0 的产生与发展，传统的媒体组织越来越“失控”。从前作为受众的消费者能够很方便地参与内容生产，内容受众和内容生产者走向融合，使得内容源与传播方式悄然变化，也彻底改变以往传播格局和舆论生态。对此笔者认为，直接受到冲击的注定是媒体组织的变革，而非媒体、内容甚至新闻本身[③]，优质内容将是未来的核心竞争力。

一是应以互联网为中心，加快传统媒体及其网站，以及政府网站的并转与聚合，凝聚力量，创建一个超强的传统媒体与新媒体融合发展的集内容生产、产品包装、渠道占有于一体的全媒体传播平台，围绕内容生产全流程进行延伸经营和效益挖掘，实现所有未加工稿件、网络供稿、外部抓取数据、线索数据等所有资源高度整合，实现全媒体内容在采、编、存、管、输出等诸多环节上的有机融合，完成新闻线索、新闻编审、文艺创作、节目策划、影视剧采购、生产方式与流程，以及多通道发布渠道的融合，为用户有效过滤、集成，进而获得更加个性化、按需提供内容的“个众媒体”提供可能，探索跨媒体整合营销，实现 24 小时全媒体立体传播、全媒体矩阵经营、全媒体系统管理，形成新媒体产业链。[④]如今，传统媒体已经涉及几乎所有的基于不同媒介、不同接收终端、不同互联网应用平台的新媒体种类，做到了媒体形态多元化：电子报、手机报、报纸二维码、有声报纸、3D 报纸、iPad 终端媒体、电子阅读器、LED 显示屏、微博、微信、客户端、社区网站、社交网站、数字期刊、网络电视、数字广播……此外，传统新闻媒

---

① 许志强，何加亮. 基于用户思维的移动学习的应用及趋势研究//首都互联网发展报告 2014. 北京：人民出版社，2014：149-159.

② 张辛欣，王敏. 4G 开启中国互联网下一个 20 年. 新华每日电讯，2014-4-21.

③ 周健工. 主编行将消亡？. 新闻记者，2013，(4)：79.

④ 黄艾，曹三省. BBC 全媒体：理念变革与战略转型. 电视研究，2013，(12)：38-40.

体还应注重新闻内容与受众的互动性，探索具备“互联网思维”的新闻报道形式。

二是利用技术手段转型，形成包含移动互联网平台、内容运营生态、家庭互动娱乐生态等的平台型媒体。所谓平台型媒体（platisher）是对平台（platform）与媒体方（publisher）互相融合现象的大致的定性描述，是互联网与内容生产体系有机结合之后所产生的媒体界面，其包含两层意思：一是这种媒体让用户参与到新闻生产环节中，并提供公共信息及其他信息的传播、交流、互动；二是媒体通过开放内容出版平台改变内容生产和消费方式，使其在一个更大的互联网生态系统中存在。随着平台型媒体的不断进化，传统的传播权力结构发生了深刻变化，新的传播链条变得更加复杂和不可控：一是国家从此要承担双重职责，不仅要监管专业媒体，还要监管平台型媒体；二是平台型媒体一方面分享了监管媒体的部分“权力”，要对媒体用户进行规范引导，另一方面也承担媒体角色直接影响公众；三是专业媒体机构不仅要接受来自国家的监管，还要合乎平台型媒体制定的运营规范。例如，Facebook、微信公众号，以及微博都是典型的平台型媒体，但值得玩味的是，这些平台型媒体无一例外都声称自己只是科技公司而非媒体或平台型媒体；参考 Quora 为标准而创建的知乎就是一个主要由用户生产信息的平台，它致力于把高质量信息分享与获取的成本降低到每个人都可以参与其中，把人类大脑里的知识、经验、见解搬到互联网，让彼此更好地连接；湖南电广传媒股份有限公司就携手阿里巴巴，打造家庭娱乐多屏互动生态，该公司依托自身600万有线网络用户，与阿里巴巴进行全方位合作，共享阿里巴巴数字娱乐“影视+电商+音乐+游戏+教育”的庞大内容生态，全面提升湖南有线的用户体验。

3.5.7　运营融合，提升用户体验

媒体融合关键是以人为本，这就要求业界在媒体融合发展的过程中，既要注重技术创新，又要注重用户体验。在新一代信息技术的支撑下，用互联网的思维方式和方法论来运营管理新媒体，实现卫视、媒资、技术与数据的互联互通，实现从传统电视的直播屏到 IPTV、OTT、平板电脑、移动端等“一云多屏”，这既是突破当前媒体融合瓶颈的重要手段，也是未来深化媒体融合的必然趋势。应以用户体验为标准融合产品形式和内容，及时、准确、全方位提供跨网络、跨屏幕、跨平台、跨地区、跨行业的互联互通和融合服务，构建云挖掘平台、云媒体平台、云宽带平台和云服务平台，全面打通云与端，端带动云，云丰富端，进行全景式、多维度、立体化的内容供给。

一是建立动态用户数据库和舆情监测系统。海量的信息发布源头，让新闻的真实性和全面性更难获取，持续性迭代报道将超越一锤定音式报道，成为未来新闻操作的主要模式。大数据时代，要加强新闻宣传“供给侧改革”，应善于从网民视角解读严肃议题，发掘用户关注的点，从而引发用户的兴趣。主流媒体可利用自身专业权威的优势，挖掘内容生产力，激活内容生产，同时适应新媒体环境下传播规律及受众偏好，增加鲜活生动的故事讲述，让严肃的新闻宣传活泼起来，以接地气地传播，提高用户接受度并进一步激发其共鸣及分享热情。因此，相关机构通过互联网和大数据等技术与读者建立全面连接，建立动态用户数据库（性别、年龄、职业、兴趣爱好、媒体使用习惯、使用场景、消费习惯等），做好用户分析和舆情研判，强化数据深挖，实现“信息增值”，成为媒体生产内容、设计

产品、提供服务、延伸价值链和拓展营销渠道的重要依据和指南，是媒体融合的必经之路。例如，人民网舆情监测室自 2006 年起就开始探索智能搜索引擎和网络舆情研究，旨在通过及时、全面地对传统媒体网络版（含中央媒体、地方媒体、市场化媒体、部分海外媒体）、新闻网站、网络社区/论坛/BBS、微博、博客、网络"意见领袖"个人博客等网络舆情主要载体进行 24 小时监测，并在此基础上用海量信息采集、智能语义分析、自然语言处理、数据挖掘，以及机器学习等技术从浩瀚的大数据宇宙中发掘事件苗头、归纳舆论观点和倾向、掌握公众态度情绪，并结合历史相似或类似事件提供舆情监测、预警、研判、处置等个性化服务，以此来改进集团自身的报道计划，以进行正确的舆论引导。又如，中央电视台中文国际频道与央视网一体发力、融合创新，推出中国首档"融媒体"新闻评论节目《中国舆论场》，对 70 万个采集点和 3500 万个账号的互联网海量数据进行抓取分析，创新推出"中国舆论场指数"，创造性地引入"在线观众席"，线上与线下有机结合，观众与嘉宾充分互动，通过"融媒体"方式带动全民参与话题讨论，实现最新舆情、最热话题、明辨是非、凝聚共识的传播宗旨。[①]舆情分析功能架构如图 3-12 所示。

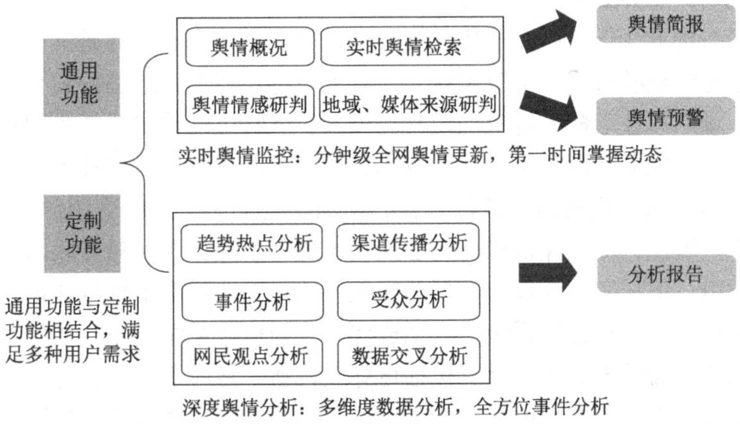

图 3-12　舆情分析功能架构

二是不断提升用户的内容获取体验。云挖掘可利用个人或对象的环境、行为、联网、偏好的信息，为内容的传播决策提供全面、系统、准确、前置的参考数据，这样可以实现由用户决定生产什么内容或由用户决定节目的走向，指导内容的创作和编排，探索为受众和用户提供分众化服务和体验的媒体发展之路，内容细分化、互动化、社交化，最直接满足用户对内容的体验感受。云媒体可获得更为详细的信息和数据服务，将大大方便和解决用户的体验，为用户提供强大的存储和计算能力，确保不同终端同时获得最佳内容体验效果，分析用户的偏好和需求，实现从一云多屏到以用户为中心的无界交互。基于云端的大数据分析和情境感知的终端相互结合，实现跨终端、跨时空、跨应用、跨行业、跨领域的整合，从而实现移动化、碎片化、个性化的需求和智能化服务，以及自然和谐的人机交互方式。

① 国家新闻出版广电总局发展研究中心. 中国广播电影电视发展报告（2017）. 北京：中国广播影视出版社，2017.

第4章 新智能时代与新内容革命

根据 Future Today Institute 的调查结果，69%的新闻机构对技术趋势，特别是未来 5～10 年的技术将如何影响新闻生产的关注并不够，58%的新闻机构未思考过未来 10～20 年的新闻界。未来学家埃米·韦布（Amy Webb）参加 2017 年网络新闻协会（online news association，ONA）大会时指出：Google、Amazon、腾讯、百度、阿里巴巴、IBM、Facebook、Apple 和微软这九大发展人工智能的公司将控制所有新闻传播，并预测未来 10 年新闻行业将迎来挑战期，业界必须适应新环境。①

技术升级、场景变迁、产品迭代、社交迁徙……媒体人面对的是一个真实而恍惚的时代，它似乎遍地充满希望，又时常让人充满无力感。在即将来临的新智能时代，媒体也必将发生一场颠覆性革命，这也促使具有极大扩张特征的传媒业新版图在激烈的角逐中逐渐形成。此时此刻，急需下一代的技术创新去破旧立新，对新技术和未来新闻业进行构想，通过搭建新一代的信息载体平台，从而实现下一层面的应用创新②，重塑场域中的权力关系。因此，新媒体机构首先必须是智能型企业，具备对互联网和物联网海量数据的搜集能力，依托实时处理大数据的智能系统，综合运用生物特征识别、计算机视觉、图像识别系统、自动翻译系统、自动成像与虚拟成像系统等新一代信息技术，以及大量用于新媒体革命的智能化工具，包括可穿戴设备、智能手机、智能汽车、服务机器人等，可提升人机沟通和互动的技术能力，这也将会在促进高效连接的同时，更多地突显出人际传播的重要意义。例如，一场类似博鳌亚洲论坛的大型论坛，完全可以用虚拟现实系统在网上组织，重要嘉宾和讲者不必亲临现场，而语音识别系统会将与会人员的发言自动记录成文字，自动翻译系统会翻译国际会议的发言，图像视频识别系统会根据论坛内容的关注度自动播放视频。如此，即使是两会这样的重大会议，媒体也不必出动 3000 多人进行现场报道，利用云计算、人工智能、智能服务，以及资源共享等形式，完全可以用五分之一甚至十分之一的人力、物力完成优质传播。

4.1 新智能时代

互联网的诞生推动了信息爆炸与全球化进程，其正在从比特回归原子，融合虚拟和

① 10 年后新闻工作者将消失？未来学家预测新闻界改变. https://www.sohu.com/a/209713691_257199[2018-05-08].

② 张璐. 2018 年科技创新趋势. http://www.sino-manager.com/73533.html[2019-06-06].

现实世界，步入波澜壮阔的第二波。未来的新闻动态，可能不仅来自人类活动，更多的可能来自机器和传感器对世界变化的感知。无人机、无人车、各种移动智能终端源源不断传输来的信息，既需要新媒体运用强大的搜集和处理工具进行分析，也需要高精尖的团队进行快速思考、梳理、判断和响应。而对于人类所处的虚拟环境，包括虚拟现实和社交网络等赛博空间，也同样需要若干媒体的报道和反馈。新智能时代的媒体，最核心的竞争力就是智能感知、智能搜集、智能处理和智能分析的能力，可以说人工智能是其突出标志，虚拟现实是其特色，万物互联是其外在表现，数据应用是其内在逻辑，人类和机器都将是新媒体的核心成员。未来的媒体组织，或将不再以机构的形式出现，而是由智能化系统+人类分析员等虚拟形式或其他网络自组织形式构成。

智能时代是通过智能化的转换和利用，彻底打破原有的媒介生态、利益格局和思维定式，促使人类文明史出现伟大转折并开创后文明史。在这一新的历史时期，人类最终脱离动物界，并以求发展的智力竞争取代生存竞争，不仅将明确没有发展就不能生存，而且将促使精神文明与物质文明同步发展。

4.1.1　智能电视

智能电视是基于互联网应用技术，搭载开放式操作系统与芯片，拥有开放式应用平台，可实现双向人机交互，并可通过自定义安装软件对功能进行补充和升级的，集影音、娱乐、数据等功能于一体的电视产品。智能电视打破了遥控器对传统电视的束缚，可实现带走看、分类看、多屏看和随时看四大功能，其重心落在电视系统的体验优化及智能化方面。智能电视作为家庭娱乐经济的入口，连接着用户、视频、应用、广告主等，处于整个大屏生态流量入口的位置，主要通过视频内容（付费视频、付费直播、视频会员制、广告植入等）、视频购物、游戏内付费、在线教育等方式进行赢利。在整个电视领域，2017 年上半年智能电视的销售额达到 63.8%，这已经超过传统电视，电视像传统报纸一样，从受众的单方面接受变成了可以点播、回看的双向互动。[①]智能电视的消费成为主流不仅意味着电视行业的发展，而且也表现出用户从购买电视向购买互联网服务产品的消费观念的转变。智能电视消费成为主流，如图 4-1 所示。

图 4-1　智能电视消费成为主流（2017 年上半年）

2014 年是智能电视的爆发年，也是智能电视应用兴起的一年。电视终端智能化趋势显著，在大屏购物、直播等新兴模式的驱动下提升用户黏性，用户对智能电视应用的使

① 速途研究院. 2017 上半年智能电视市场研究报告. 2017.

用习惯正在逐步养成。当前，智能电视行业也正朝着三个显著趋势发展：尺寸增大，平均价格提高，整体市场减量平收，智能电视份额增加；硬件终端坚定不移地联手内容生产方；内容生产方在自制、购买版权等方面集中发力，打造差异化风格。曾经作为三大件之一的电视，依然在每个家庭占据着重要的位置，成为一家人饭后一起休闲娱乐的兴趣点。为了抢占客厅经济，来自不同行业的企业纷纷在智能电视领域跑马圈地，智能电视正呈现井喷式发展态势。以 BAT（百度、阿里巴巴、腾讯）为例：腾讯于 2016 年 1 月推出腾讯视频的 TV 版，智能机顶盒的软件解决方案，其内容版权引入华纳兄弟娱乐公司、华特迪士尼公司、环球影片公司、派拉蒙影业公司等国际一线营业公司大片，并依托微信、QQ 强大的社交属性，拓展游戏与音乐功能；阿里巴巴推出阿里云盒、天猫魔盒，搭载阿里 TV 操作系统，将支付宝、淘宝嵌入盒子系统，主打支付、线上购物功能；百度应用安卓平台的百度电视云，旗下爱奇艺与 TCL 合作推出智能电视 TV+，包含爱奇艺和 PPS 在内的众多视频资源。

在光纤普及、网速提升的环境下，智能电视作为客厅生态的中枢，拥有可显示信息的大屏幕，令用户在观看的同时也能进行更多操作，或成智慧家庭的生态入口，使得用户可将日常消费行为逐渐融入智能电视中。智慧家庭控制将集成于智能电视版面，无须在不同智能家居版面分别控制，通过智能电视的屏幕即可控制所有的智能家居，实现互联网与物联网结合，大大提高人类生活品质。资料显示，三星公司 2018 年在美国销售的智能电视均搭载智能助手 Bixby，可支持从询问天气到寻找新的电视节目的应用。数据显示，预计到 2020 年，中国智能电视存量超过 2.8 亿台，占市场比例近 60%，智能电视到达率将逐步攀升到 70%。[①]

4.1.2　无屏电视

无屏电视是相对于电视而言，可以实现与电视相同的信号输入画面和声音，是最近几年安卓系统与投影相结合的产物。其通过投影内置安卓系统连接网络 U 盘内存卡等可直接投影成像，除具备传统电视的所有功能外，还具备可随身携带、屏幕尺寸随时调节、无屏但是又可以多屏互动等主要特点。目前，按照光源和使用场所不同，无屏电视可以分为激光无屏电视、客厅无屏电视和便携无屏电视。无屏电视示意如图 4-2 所示。

图 4-2　无屏电视示意

① 财联社. 预计 2020 年智能电视存量将超 2.8 亿台 占比超 60%. https://www.sohu.com/a/212545793_222256[2019-05-30].

无屏电视并非真正无屏，而是将任何可供投影的地方变成屏幕，突破了传统电视画面大小受屏幕尺寸大小的限制。无屏电视最大的不同就是打破了应用场景的界限与区域，无论是在室内还是户外，无论是在客厅还是卧室……分辨率的提升、亮度的调整、系统的优化及视频资源的注入，使得无屏电视的内容越来越丰满。无屏电视正快步走入大众市场。以极米科技为例，其在业内率先提出无屏电视的产品概念，创新性地将投影技术和智能电视芯片技术相结合，开发出第一代极米无屏电视。自 2015 年第二季度以来，极米无屏电视一直以超过 50%的市场占有率稳居中国市场第一。2016 年极米无屏电视已可以连接市面上大多数品牌电视盒子，基本覆盖用户所需要的连接方式，还内置了芒果 TV、百度音乐、蜻蜓 FM 电台及游戏，并可应用于客厅、卧室、厨房，以及户外，如旅游、篝火晚会等诸多场景。此外，它还具备将普通 2D 视频源转换成 3D 图像的技术，让用户能随心所欲享受 3D 视频身临其境的震撼效果。其实，现在市面上有很多竞品包括老牌厂商 LG、海尔等，以及新创品牌坚果等，都在积极布局无屏电视领域，但各个品牌对产品的思考不一样。

实际上，在万物互联的智能家居时代，无屏电视的发展并不仅仅局限于投影看电视，其将代表未来电视的发展趋势，或可成为智能家居的中枢和核心设备。无屏电视的出现和迅猛发展，使得智能家居以大屏幕的显示终端解决智能家居互联互通的问题成为可能。同样以极米科技为例，极米无屏电视可以实现与指纹门锁和智能窗帘的联动，通过指纹识别身份后，还可使用极米无屏电视自动开关，调整光线、播放速度等，在解放用户双手的同时也让无屏电视应用于更多的智能家居场景成为可能。

4.1.3　程序化电视

程序化电视是基于技术自动化和数据驱动，在展示的基础上购买和投放电视广告库存。程序化电视并不完全依赖于电视内容，还包括通过网络、移动设备、联网电视提供的数字电视广告，以及通过机顶盒提供的线性电视广告等。程序化电视的远景是获取等同甚至超越基于收视率的目标受众数据信息（如年龄、性别、到达率，以及展示频次等），将更加精准化、个性化、实时化的广告内容推送给目标对象，为买方和卖方创造价值并提升运营效率。程序化电视广告示意，如图 4-3 所示。

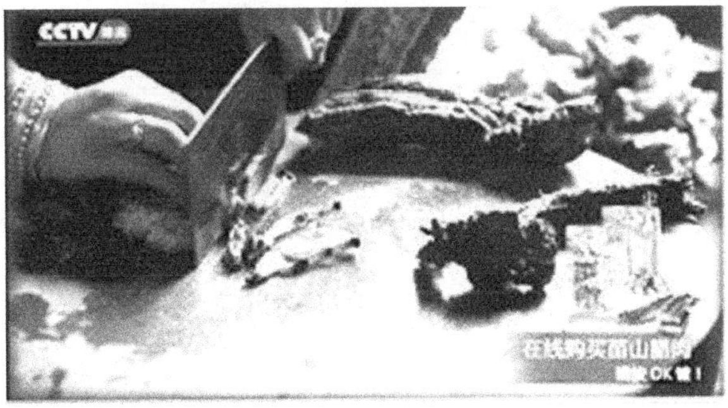

图 4-3　程序化电视广告示意

多屏时代，程序化电视购买的关键在于跨屏 ID 的识别和底层多屏数据的打通。过往互联网电视的用户分析只是单一针对用户收视习惯、内容偏好等进行粗略人群分析。海量的数字媒体资源面前，具有跨屏基因的程序化购买及基于大数据的场景化升级，渗透到海量用户的家庭场景中，可连接 PC、移动等设备数据，并结合 LBS、Wi-Fi 等场景化数据，完善整个大数据生态链，最大限度地立体覆盖目标用户。相比传统电视端，程序化电视拥有诸多核心功能——可定制化、流程化、自动化、跨屏多形式组合投放广告，并可实现最优营销策略推荐、效果预估、多维展现等。例如，某品牌香水的品牌标签是高端、时尚，目标用户锁定为中高端用户，广告将在所有与产品定位和用户定位相符的节目与影视剧中展示。因此，北京、上海、广州等城市具有较高消费能力的用户将会在《中国好舞蹈》《中国好声音》等视频内容中看到此品牌香水广告。通过内容画像、用户画像和广告画像的三者匹配，程序化电视可将特定广告精准推送给特定用户。未来，程序化购买或许会从线上走到线下，从原有的 PC、移动、视频、社交，触达到互联网电视、汽车乃至楼宇等任何一张屏幕。

4.1.4 智能互联汽车

智能互联汽车以汽车为载物，融合通信、软件、信息、分析、识别等多种技术跨界参与①，是一个集环境感知、定位导航、路径规划、运动控制、规划决策、深度学习、多等级辅助驾驶等功能于一体的综合系统。随着全触控车载操作系统、无线充电，以及远程遥控停车等技术的扩展，其智能化服务和数据化媒体服务给人们驾乘带来了更安全、更舒适、更便利、更轻松的感受。作为继电视、电脑、手机之后的“第四屏”，智能互联汽车将成为未来移动互联网应用的主要环境和发展的重要节点②。当业界用互联网的思维和方式来重新审视未来的汽车时，自然会发现它不再是一个代步工具而是一个高度移动的超级移动智能终端③，自动驾驶可以基于感知的信息做出应变，还能应对其他各方面的需求和任务。车联网将重新定义行业边界如图 4-4 所示。

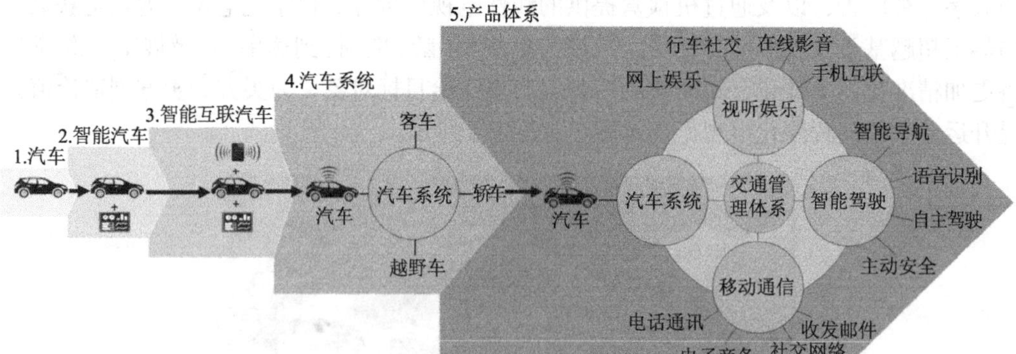

图 4-4 车联网将重新定义行业边界

① 上海证券有限责任公司. 引领下一个智能消费新革命——汽车行业研究报告，2014.

② 吕怡然. 新闻纸：在移动显示屏上落户——电子阅读器读报札记. 新闻记者，2010，(12)：68-72.

③ 陈力丹. 用互联网思维推进媒介融合. 当代传播，2014，(6)：1.

展望未来，汽车将从功能型电子（传统动力总成控制、车身控制、汽车安全控制等）逐步发展成信息服务交互型电子（视听娱乐、移动通信、智能驾驶、生活服务与安全防护等），未来甚至还将成为集 PC、互联网、云计算、大数据、车联网、人工智能、机器学习、场景识别等高端技术于一体的智能移动机器人①，实现“蛹化蝶”的蜕变。例如，工业 4.0 概念的提出，无疑将给汽车市场一个新的“在线化”制造的视角。驾驶者不仅可借助控制器或语音输入指令与车辆对话，实现空调控制、天窗控制、娱乐控制、舒适调节、导航等功能，避免视觉注意力分散所造成的危险；还可通过多点触控、体感动作识别等控制车辆的各项功能，如捏拉缩放、抚屏动作等，将驾驶员彻底从驾驶中解放出来，由此带来更加便捷、安全的驾控体验。此外，在互联网公司抢夺“第四屏”的路上，车载信息系统还承担着车与车、车与人，以及车内信息处理的重要功能，是智能汽车互联化、智能化发展的核心。车载信息系统是汽车联网化、智能化的核心，如图 4-5 所示。

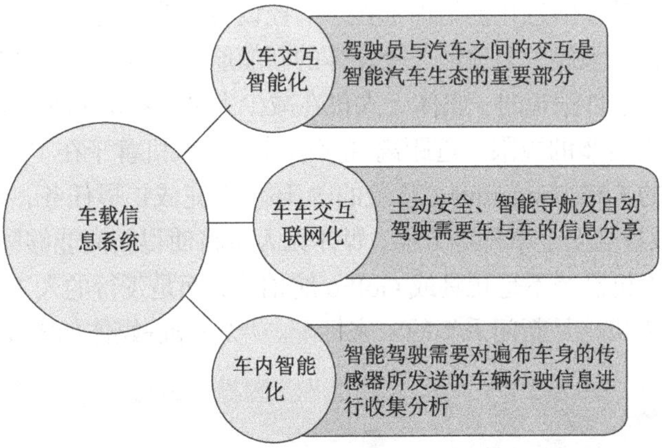

图 4-5　车载信息系统是汽车联网化、智能化的核心

2014 年以来，智能互联汽车领域的标志性事件不断发生：Google 公布其全功能无人驾驶原型车；Apple 成立秘密研发中心研发 Apple 电动汽车；乐视宣布打造超级汽车，要形成垂直整合生态闭环系统（平台+内容+终端+应用）及一云多屏、云端互通的生态架构，实现汽车、移动、电视、可穿戴设备等智能设备的多屏无缝衔接；2016 年 10 月，百威啤酒公司和奥托集团合作，用一部自动驾驶货车把五万瓶啤酒送到了近 200 公里之外；2017 年 7 月，百度在首届人工智能开发者大会上正式推出了 Apollo（阿波罗）开放平台——全球范围内第一个自动驾驶开放创新平台，旨在向汽车行业及自动驾驶领域的合作伙伴提供一个开放、完整、安全的软件平台，生态合作伙伴已超 50 家，成为全球最强大的自动驾驶生态；2017 年 11 月，沃尔沃卡车在 2017 沃尔沃创新峰会活动现场首次向大众展出了两款可以完美融入客户控制货物交付的整体运输解决方案而无须人工干预、适用于“枢纽到枢纽”货物运输的自动驾驶卡车；2017 年 12 月，全球首个开放道路路试巴士——阿尔法巴（Alphabus）正式在深圳福田保税区的开放道路进行线路的信

① 豆瑞星. 智能汽车产业格局“三重奏”. 互联网周刊，2010，(18)：38-40.

息采集和试运行；同月，北京市交通委员会联合北京市公安局公安交通管理局、北京市经济和信息化委员会等部门发布了《北京市关于加快推进自动驾驶车辆道路测试有关工作的指导意见（试行）》，首次对北京地区的自动驾驶路试做了规定，这也预示着自动驾驶的时代即将来临。未来，智能互联汽车的广泛普及，不仅将解决“交通”问题，其价值还将体现在商业开发上，在向未来交通生态系统转变中，将重新配置各行各业，对现有电信、公共部门、媒体等产生潜在影响，带动价值转移，并随着时间推移和认知盈余从而开启全新的产业，完全颠覆人类出行版图。

4.1.5 媒体无人机

媒体无人机，即把报社摄影师或电视台摄像师手中的照相机或摄影机延伸到高空中，使用户轻而易举地获得“上帝视角”，可以拍出更优美、更独特、更震撼、更珍贵的新闻视角。与传统的地面新闻拍摄相比，其具有突破空间限制、新闻视角独特、地形环境适应性强等优势；辅以信息化的地面遥控、播控设备，其能更快速甚至实时完成多媒体新闻采集，可以胜任全天候、多地形、全媒体的新闻航拍，轻松灵活地进行多视角、大场面展示。尤其在重大事件报道时，媒体无人机在减少人力负担的同时还能提高新闻的采集效率，甚至超越记者脚步的极限、近距离观察事件。无人机善于在“3D”[即 dull（阴暗的）、dirty（肮脏的）和 dangerous（危险的）]环境下完成拍摄任务，特别是诸如自然灾害、事故灾难，以及社会安全事件等方面，媒体无人机将使得新闻能够第一时间传播出去。可以说，今日的无人机已经不是玩具或 GoPro 航拍器，而是飞行的人工智能。一些业内人士甚至认为媒体无人机将是新闻采集的未来标配。[①]无人机+媒体如图 4-6 所示。

图 4-6　无人机+媒体

① 陈怡. 媒体无人机新闻采集的未来标配. 军事记者，2014，(11)：61-62.

未来 10～20 年无人机将进入黄金发展轨道。随着无人机作业逐渐向精准化、智能化、高效化等方面发展，“无人机+媒体”应用也呈现出多元化的趋势，将推进媒体行业的进一步发展。媒体无人机可变身为空中智能化装备，通过航拍、信息传输等，实现新闻数据采集；可成为大数据入口，将采集到的内容实时匹配到相应的内容库并实现碎片化的抽取应用，数据实时反馈，线索实时记录，实现虚拟演播；可与 VR 设备共享，用户可戴着 VR 眼镜操控无人机，身临其境，同步交互，实现实时实地体验新闻现场；可成为空中网络热点与资源节点，实现无人机间的连接与信息交换，并与新闻系统之间实现通信与对接；可构建无人机新闻信息采集规范，强化因私保护，实现信息安全与隐私保护虚拟演播；实现无人机群将如一个有机体般同步行动，实现 360 度视角的全景拍摄并支持 4K 视频。最新资料显示，无人机最长留空飞行时间已可近 5 小时①，将满足媒体机构应用的更多需求。展望未来，无人机将实现智能化和自主化作业，媒体无人机带来的信息爆炸或将推动媒体升级与转型，对未来的媒体形态和格局产生深远影响。

2015 年被称为无人机在媒体运用的元年。2015 年 1 月，美国联邦航空管理局（Federal Aviation Administration，FAA）与美国有线电视新闻网（Cable News Network，CNN）达成协定，CNN 可派遣无人机进行突发性新闻的报道。此消息一传出，美国联合通讯社（Associated Press，AP，简称美联社）、《纽约时报》、《华盛顿邮报》、Getty Images、美国全国广播公司（National Broadcasting Company，NBC）等 10 家新闻机构在华盛顿宣布，它们将设置出模拟现实新闻地区的场景，测试无人机安全高效捕捉新闻的可行性。在欧洲，BBC 在新闻报道中将无人机定义为新闻采集的“飞行相机”；2015 年叙利亚冲突，航拍数万难民大军穿越欧洲田间，队伍绵延数公里，画面令人动容；2015 年 6 月，新华网宣布成立中国首家新闻无人机编队，超前布局中国无人机新闻报道领域②，并在 2015 年天津港 8·12 重大火灾爆炸事故中拍摄到爆炸核心区域的高清图片，震撼人心；2016 年 1 月，新华网无人机频道正式上线。与此同时，Extreme Fliers、Avegent、大疆创新等企业都开始实现无人机与 VR 交互，这些都标志着“无人机新闻”时代已经到来。实际上早在 2011 年，美国密苏里大学和内布拉斯加大学就合作建立了“无人机新闻实验室”。未来，若发生大地震，可能有大量的“智能蜜蜂”飞至上空，它们会落在地面采访幸存者，同时它们也是救援者。它们将搜集的信息汇总起来，再由编辑部的中心计算机进行处理。

4.1.6　人工智能手机

智能手机的面世，已经彻底改变了人类的生活方式。但实际上到 2019 年初，大众所称谓的智能手机可以说都还处于被动智能阶段，它们能执行的多是被动式反应，而非主动反应或是提前预测。随着新一代信息技术及应用的广泛兴起与普及及在消费升级的大环境下，越来越多的领域开始不断用技术去打磨服务，用户对体验的要求已经上升到一个前所未有的高度——主动式反应，即能够提前预测用户需求并给出相应指导。而人

① 无人机最长留空飞行时间再次刷新：4 小时 40 分钟. http://www.sohu.com/a/213470878_506439[2018-01-03].

② 蔡名照. 新华网组建新闻网站首家无人机队 超前布局国内无人机新闻报道领域. http://politics.people.com.cn/n/2015/0615/c70731-27157742.html[2015-06-15].

工智能的深度学习与精准运算决定了人工智能能够提供人类无法企及的服务水平，在此背景下，普及率极高的移动手机将会成为搭载人工智能最重要的载体。人工智能与手机相结合，涉及用户认证、情感识别、自然语言理解、人工智能视觉、内容审查等方面，繁重的计算任务可通过无线网络交由功能强大的云计算负责，并为用户提供更好的数据保护和电源管理功能，用户行为将从被动执行跨越到主动感知，可在手机上实现全新的智能人格化、智能化、超态化乃至形成自身的“智慧”生态。有业内人士指出，评判是否是人工智能手机的标准要看是否拥有人工智能芯片，但再强大的人工智能技术，都需要与之匹配的硬件作为载体。因此建立起一个围绕自身人工智能体系的能够施加强大控制力并排斥其他巨头的生态圈手机，是当下的最优选择。通过人工智能手机的语音交互，人类的生活将变得更加智能、便捷，不用在手机操控下订外卖，可以直接语音呼订，与此同时，人类能够通过人工智能手机实现与家庭中智能家电、家具等产品的互动，实现远程控制设备、设备间互联互通、设备自我学习等功能。

从互联网手机到人工智能手机，信息处理方式从过去的数据处理模式演进成知识处理模式。可以预见，未来的人工智能手机，不但将开启人类真正的智慧生活，同时也将成为手机行业市场格局的最大变数。一场由人工智能手机掀起的颠覆性革命也真正打响。例如，Apple 推出的 iPhone X 搭载的 A11 仿生处理器就集成了一个每秒运算次数最高可达 6000 亿次的神经网络引擎，能够让 Face ID 对人的面部特征变化实现主动适应，并植入了更加智能的 Siri 语音服务，能提供提醒、查询等服务，并且可以直接帮用户发微信，彻底解放了用户的双手；三星推出了融入 Google Assistant 人工智能语音助手功能 Bixby2.0 与具备“指纹+虹膜+人脸”多种身份识别方式的全新旗舰手机，用户可通过 Bixby 操作手机，同时 Bixby 还能够对用户行为进行收集、分析和学习，从而为用户提供更多智能化服务；华为荣耀 Magic 搭载的 Magic Live 智慧系统将代表性智能算法的处理速度和性能功耗比提升一万倍，在移动端实时完成图像、语音和文本的理解和识别，拥有知晓用户“想做什么、要做什么，并主动提供服务与帮助”的能力，Magic Live 智慧系统还能提供通过外界感知反馈驾驶状态、识别主人的信息显示、靠近快递柜时自动呈现取件码等人性化服务（华为荣耀 Magic 可实现的部分功能如表 4-1 所示）。Gartner 预测，到 2022 年，搭载人工智能功能的智能手机将占出货量的 80%。①

表 4-1　华为荣耀 Magic 可实现的部分功能

功能	功能描述	模式
感知亮灭屏	拿起手机，眼睛看它的一瞬间，自动亮屏；放开手机，自动息屏	硬件监测—系统分析—硬软件反馈
智能锁屏	看屏幕时，屏幕不会自动息屏	
来电智能提醒	开车时来电，语音播报来电人，可直接语音控制接听/挂断	
手握来电	手握时来电，手机仅震动提醒，铃声静音	
Face Code	有新消息时，只有预先录入人脸信息的用户能看到详情；否则隐蔽	
Auto Light	感知到弱光环境时，手电筒自动处于待命状态	
Magic Auto	自动检测到用户处于驾驶状态时，提示切换为 Magic Auto 驾驶模式	

① AI 智能手机会是什么样？至少有这十个功能. http://tech.qq.com/a/20180108/001364.htm[2018-01-08].

续表

功能	功能描述	模式
快递跟踪	识别手机中的快递，全流程跟踪，快递柜前显示取件码	信息识别—系统分析—软件反馈
临时联系人	将手机内所有数据打通，如快递打电话来可显示快递名和物品信息	
智慧输入法	对聊天内容进行识别，定位位置或者查询天气信息，并被输入法的智能词组联想	
智慧推荐	识别社交软件中的关键词，提供扩展信息或购买渠道	
智慧比价	识别购物时，在全网对同一商品进行比价	
随行服务	如影随形的服务，可辨识环境，变形成为用户当下需要的功能界面	

4.1.7　服务机器人

根据国际机器人联盟的定义，服务机器人是一种半自主或全自主工作的机器人，它能完成有益于人类健康的服务工作，但不包括从事生产的设备，服务机器人的定位就是服务。服务机器人具有人机交互及识别、环境感知，以及运动控制三大模块。交互模块包括语音识别、语义识别、语音合成、图像识别等，相当于人的大脑；感知模块借助于各种传感器、陀螺仪、激光雷达、相机、摄像头等，相当于人的眼、耳、鼻、皮肤等；运控模块包括舵机、电机、芯片等。从机器人的功能特点上来讲，服务机器人与工业机器人的一个本质区别在于，工业机器人工作环境是已知和结构化的，而服务机器人工作环境是未知的，需要通过大量的传感器判断环境情况，从而做出反应。服务机器人需求场景根据市场化程度，可分为原有需求升级、现有需求满足与未知需求探索三类。服务机器人主要有专业服务机器人（特殊用途、国防用途、农业用途、医疗用途等）和个人/家庭服务机器人（家庭用途、娱乐休闲用途等）。目前，不同的行业应用产生了不同的服务机器人业态。未来，服务机器人将成为人类认知自然与社会、扩展智力、走向智慧生活的重要伴侣。数据显示，目前世界上至少有 48 个国家在发展机器人，其中 25 个国家已涉足服务型机器人开发。在服务机器人领域，发展处于前列的国家中，西方国家以美国、德国和法国为代表，亚洲以日本和韩国为代表；到 2030 年，全世界将有多达 8 亿工人因为机器人和自动化而失去工作，这超过今天全球劳动力的五分之一；在 2045 年的地球上，机器人和自动化系统将无处不在①。

服务机器人的核心技术包括人机交互、导航及路径规划、多机器人协调、人工智能、云计算等，其中人机交互是服务机器人场景化不可或缺的关键环节。在以机器人为中心的世界，用户体验从基于点击的行为转向会话（文本或者语音），以及互动从网络或面向应用转向消息或语音平台。人机对话中，尤其是多轮人机对话，涉及语音理解、语义分析、情感分析、动作捕捉等多个维度。随着语音交互、视觉图像交互、动作交互、脑电波交互等多模态人机交互技术的逐步发展和成熟，服务机器人正在酝酿一股可以彻底改善我们生活环境的力量，有望成为继电脑、手机之后的新一代移动智能终端，但跟智能手机相比有质的飞跃，是真正具有自动或者自主功能的平台，甚至具有“人格化”的

① Future Scout. Emerging Science and Technology Trends: 2016—2045. A Synthesis of Leading Forecasts Report, 2016.

特征，或将成为人的“替身”。服务机器人是人工智能从虚拟世界到物理世界的重要载体，人类辅助终端从 PC、智能手机质变成为“人格化”智能自主平台。PC 和手机的大发展依赖于操作平台的统一，未来服务机器人同样可能基于某几类平台，快速增加应用。而服务机器人的人工智能处理和深度学习则无须本体来完成，其可以通过云端服务器来实现计算。服务机器人有望成为新一代移动智能终端，如图 4-7 所示。

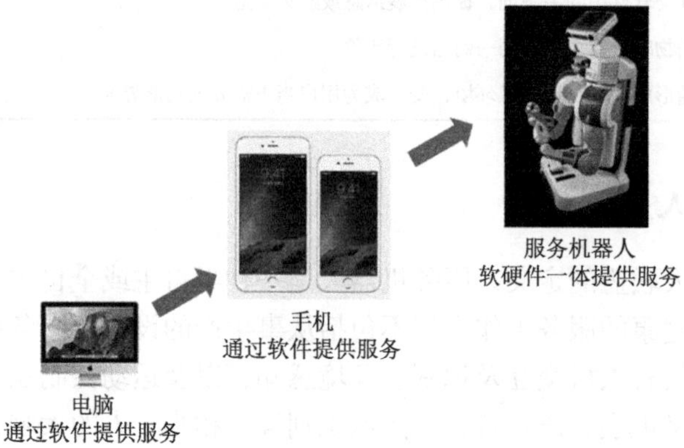

图 4-7　服务机器人有望成为新一代移动智能终端

服务机器人技术具有综合性、渗透性的特点，应用前景广阔。既可为用户提供日常服务（如照顾老人、买菜等）与工业中的服务（收获农作物、维护公共设施等）外，又可根据用户日常行为数据结合智能家居、智能硬件等设备数据，为用户推送个性化服务。以微软人工智能小冰为例，微软小冰已进入第六代，已成长为一款能够进行情感计算、面向情商方向发展的人工智能机器人，其可以根据对话分析人的情感并及时做出分析，生成下一轮对话，让对话更加顺利地进行。目前，全球微软小冰拥有超过 6.6 亿人类用户，占据了全球对话式人工智能总流量中的绝大部分。对用户而言，微软小冰已不只是一个人工智能机器人，更像是身边的伙伴或真人。实际上，微软小冰从中国出发，不断向全球扩展，目前已在中国、日本、美国、印度、印度尼西亚五个国家共 14 个平台上落地，并担任着电视栏目主持人、电台主持人、歌手等诸多社会角色。2012～2018 年上半年中国即时通信用户规模及占比情况如图 4-8 所示。

得益于即时通信平台的快速发展，以智能问答为主体的对话式机器人解决方案——平台级产品、应用程序接口（application programming interface，API），以及机器人商店等正陆续普及。以聊天机器人为例，2016 年 4 月，Facebook 推出了自己的应用程序接口；同月，kik（2014 年就有了初级的聊天机器人）也推出了自己的机器人商店。截至 2016 年 9 月共有 33 000 个 Facebook Messenger 的聊天机器人，10 亿 Facebook Messenger 的月活跃用户数，10 亿 WhatsApp Messenger 的月活跃用户数，市场营销领导者中有 80%的人表示有计划在 2020 年前使用聊天机器人方案或（和）人工智能解决方案。但是，拥有数十亿用户的即时通信平台或将成为全球消费者使用最多的一类 App。大规模的一对一通信是不可能的，这就正好给聊天机器人带来了机会，基于聊天机器人的信息分发可以调动读者参与，因而具备交互属性，这也是其积极之处所在。Facebook Messenger 的机

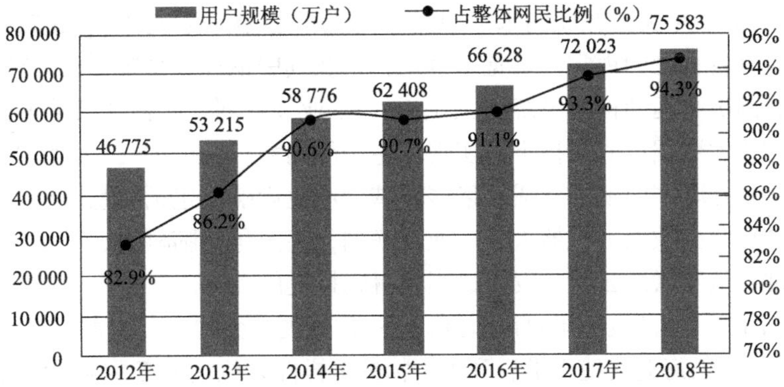

图 4-8　2012～2018 年上半年中国即时通信用户规模及占比情况①

器人正在推动面向用户的营销活动的高速增长。现在，有成千上万的聊天机器人，无处不在，并已从文本型过渡到了语音互动型，传媒机构应考虑如何和用户进行互动。未来，客户的服务需求呈多元化、指数级增长，如网上在线客服，短信、微信、QQ、其他 App 等即时客服等，客户服务也将向多元化、智能化和自动化的方向发展，传媒机构应考虑如何和用户互动并提供全方位的服务平台满足用户需求，以协力打造系统与环境交换能量的能力。全渠道多媒体智能交互联络中心如图 4-9 所示。

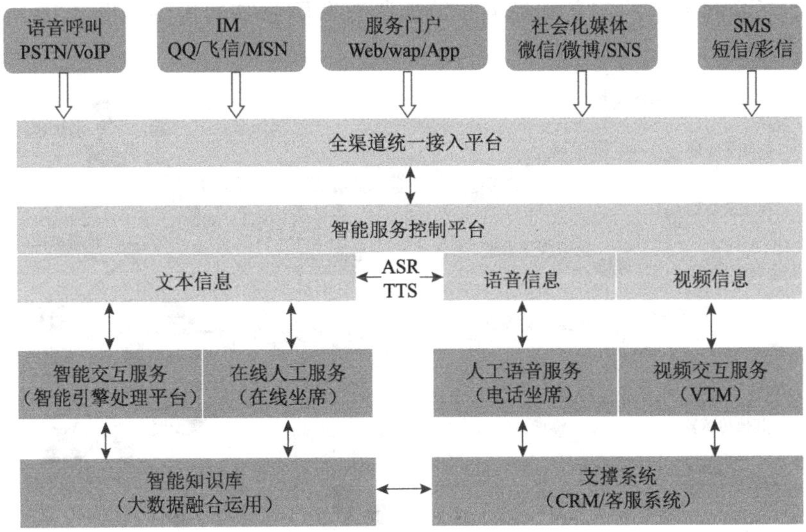

图 4-9　全渠道多媒体智能交互联络中心

4.1.8　互联网云脑

云脑是指具有云计算处理系统特征的在 IT 网络设备基础之上多用户参与，按照特定规则进行数据交流、分析统计的信息交流和决策系统。互联网云脑（Internet Cloud Brain）

① 智研咨询. 2018—2024 年中国即时通信行业市场供需预测及投资战略研究报告. 北京：北京智研科信咨询有限公司. 2018.

的产生是基于 2007 年关于互联网未来的判断：互联网正在向着与人类大脑高度相似的方向进化。其将具备自己的视觉、听觉、触觉，并在其中枢神经系统（云计算）、感觉神经系统（物联网）、运动神经系统（工业 4.0、工业互联网）、神经末梢（边缘计算），以及数据基础（大数据）的支撑下，实现自主神经网络（城市大社交网络）和云反射弧的建设与运转。互联网云脑的形成对诸多领域会产生影响，包括智慧城市、人工智能、物联网、云计算、大数据、机器人、工业互联网，甚至包括脑科学、科学技术哲学、生物的进化论都会从互联网云脑的发展过程中得到推进的动力。

实际上，回顾科学的发展史可以看到，每一次人类社会的重大技术变革都会导致新领域的科学革命。大航海时代使人类看到了生物的多样性和孤立生态系统对生物的影响，工业革命使人类无论在力量还是观察能力上都获得了极大的提高。互联网革命对于人类的影响已经远远超过了工业革命，与工业革命增强人类的力量和视野不同，互联网极大地增强了人类的智慧、丰富了人类的知识。2015～2020 年，云计算、大数据和人工智能成为互联网云脑中枢神经系统发育的重要方向，边缘计算的兴起，深度学习、人机交互、空气触觉、脑机接口、生命基因、太空探测、生物感知、智能环境等应用让人类与互联网云脑的连接更为紧密。2020 年之后，以人类群体智慧和互联网人工智能为代表的两大智能方式在互联网（城市）云脑中将不断融合和互补，形成互联网（城市）云脑的左右大脑架构，驱动互联网（城市）云脑不断向前进化，并在结构上形成了类脑的巨系统架构，继而建立了互联网大脑的定义和模型。第四版互联网云脑架构图如图 4-10 所示。

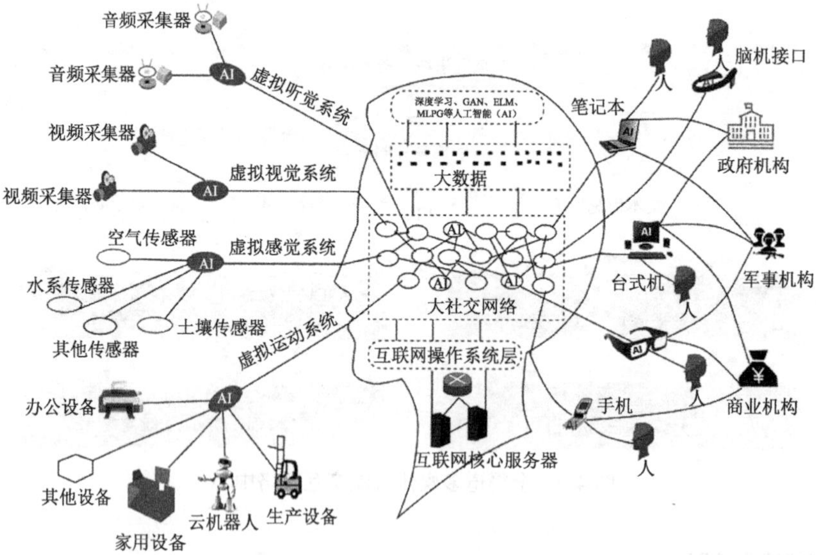

图 4-10　第四版互联网云脑架构图[①]

如今，人工智能的新技术和新应用不断与互联网结合，正促进着互联网云脑各神经系统的发育。人工智能与互联网中枢神经系统的结合，产生了 Google 大脑、百度大脑、

① 刘锋. 互联网进化论. 北京：清华大学出版社，2012.

阿里云、Amazon 云、腾讯云等云计算系统；人工智能与互联网听觉神经系统的结合，产生了诸如科大讯飞和云知声等公司研发的新声音识别产品；人工智能与互联网视觉神经系统的结合，产生了北京格灵深瞳信息技术有限公司、北京旷视科技有限公司、北京市商汤科技开发有限公司等研发的新图像识别产品；人工智能与互联网运动神经系统的结合，产生了智能制造、智能驾驶、云机器人等新应用领域；人工智能与互联网神经网络的结合，产生了度秘、小冰等智能虚拟助理产品；人工智能与互联网感觉神经系统的结合，产生了边缘计算的创新应用。无论计算速度如何，无论网络如何泛在，智能、云脑及脑计划才是下一阶段最重要的蓝图，这里不仅指对人脑的探索，更指对网脑、智脑、云脑的连接成形、日益进化和效能提升。未来互联网大脑架构图如图 4-11 所示。

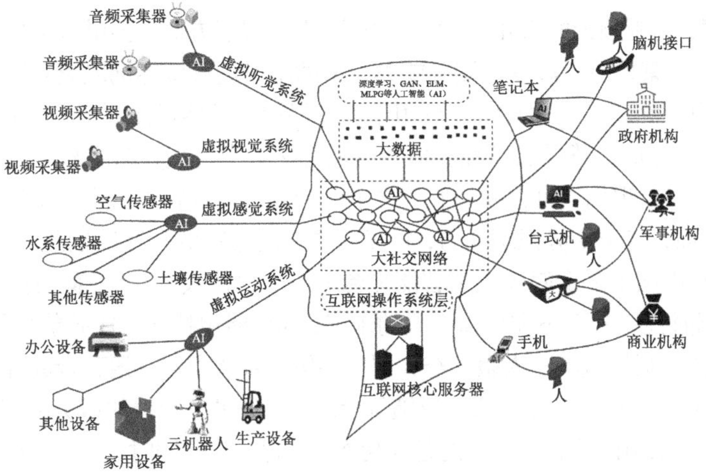

图 4-11　未来互联网大脑架构图

4.1.9　智能媒体

智能媒体是可以自行认识用户、学习用户、简化用户搜索行为的信息客户端与服务端的总和，具有智能感知（猜测）、数据挖掘（分析），以及数据推送（更新）等特性，包含了移动智能终端上的软件、所传播的内容，以及联系两者的人工关系。今日的传统媒体，仅仅从人口属性、消费能力来为用户做定制内容的年代已经过去；今日的智能媒体，具备三动（互动、联动、自动）特性，将“单向广播+双向交互+智能引擎”三种特点合一，可帮助用户更好地搜集、整理信息爆炸时代随时随刻产生的浩如烟海的信息，让用户在轻松接受媒体信息的同时能够参与到媒体中并与其进行交互。

智能是以数字化、网络化为基础，以云计算、大数据、移动互联网、物联网、人工智能等智能化技术的广泛应用为主要驱动，以网络软件化、功能虚拟化、硬件通用化、能力平台化的云网深度融合为重要前提，以企业内外部数据资源的深度挖掘、价值呈现为常态，以内容、用户数据和服务为核心资源，以“传统媒体+App+SNS+O2O+LBS 等”为主要的产品业态[①]，以多元智能化终端为载体，实现跨界拓展，其核心是依靠技术和

① 胡正荣. 智能化：未来媒体的发展方向. 现代传播（中国传媒大学学报），2017，39(6)：1-4.

算法的力量，去贴合人性需求、协助人们工作、促进人类社会发展①。在此基础上提供的综合智能信息服务包括智能连接、智能平台、智能应用，以及三者深度融合形成的业务生态。智能硬件/可穿戴设备是天生的个人终端，其生态体系日渐成熟，将对信息传播、媒体呈现带来巨大变数：一方面，从内容到跨屏智能设备的传播，需要无缝衔接和差异化并重。而新的设备交互方式，可能倒逼媒体内容生产方式变革；另一方面，智能硬件所带来的用户实时信息采集，通过记录用户的浏览行为及兴趣图谱等，对其阅读习惯、方法等进行定量分析，并以不同的角度、深度与维度进行信息的筛选与整合，反哺媒体内容的生产，最终不断优化个性化和精准化推荐。由此可见，媒体的智能化，在消融传统传媒业固有边界的同时，也正在对传媒业的原有生态进行重塑。②

以腾讯云为例，其基于声纹+人工智能、语音+人工智能、视频+人工智能三大方面提供了智能+方案，为视频云的进化赋能。在声纹+人工智能方面，腾讯云可提供语音文字互转、广告过滤、违禁检测、涉政检测等能力，帮助用户进行敏感词隔离和舆情监控；强大的音频鉴黄能力，准确率超过99%，可用于版权保护、敏感过滤及游戏角色标注等情况；在语音+人工智能方面，腾讯云可在直播、点播等场景中实现实时字幕和视频内容自动翻译，基于语音及声纹识别，可在视频鉴黄之上，针对语音内容进行内容鉴别、过滤；在视频+人工智能方面，基于手势识别能力，可发布更多动态特效和互动玩儿法等。2017年12月，新华社发布中国第一个媒体人工智能平台——“媒体大脑”③，向海内外媒体提供服务，探索大数据时代媒介形态和传播方式的未来，其功能包括2410（智能媒体生产平台）、新闻分发、采蜜、版权监测、人脸核查、用户画像、智能会话、语音合成等，并提供覆盖报道线索、策划、采访、生产、分发、反馈等全新闻链路的八个模块服务内容，中国各媒体机构均可在认证后使用“媒体大脑”的各项功能和产品。与此同时，新华社还发布了国内首条MGC（Machine Generated Content，机器生产内容）视频新闻，这条时长2分8秒的视频由“媒体大脑”中的2410（智能媒体生产平台）系统制作，计算耗时只有10.3秒。④

随着计算机算法+机器学习、人工智能、脑机接口、生物特征识别等先进的技术手段进步，全世界各个角落的智力资源被聚合在网络上，形成强大的“全球脑”。无论是从工业化的角度（资源利用的最大化）还是从用户的角度（获取及时的、见解深刻的文章），智能媒体的发展都将朝着媒体与受众交流平台的智能化、媒体内容生产设备的智能化，以及媒体发布内容涉及的数据智能化方向演化⑤，还将打通人与人、人与物、物与物、人与媒体乃至人与信息之间的时空间隔，带来新的组织形式、生产方式、产品形态，形成万物互联的泛在网络，促进人类社会由E（electronic，电子的）时代加速过渡到U（ubiquitous，无所不在的）时代⑥，实现知识与智能的全球化流动和利用，颠覆并

---

① 王泽华. 智媒时代媒体传播者的职能转向. 青年记者，2018，(5)：11-12.

② 苏涛，彭兰.“智媒”时代的消融与重塑——2017年新媒体研究综述. 国际新闻界，2018，40(1)：38-58.

③ 媒体大脑. https：//www. shuwen. com/[2018-12-04].

④ 新华社发布“媒体大脑”中国首个媒体人工智能平台. http://media.people.com.cn/n1/2017/1227/c40606-29730486.html [2017-12-27].

⑤ 漆亚林，陆佳卉. 人机协同：媒体智能演化路向. 中国报业，2015，(23)：24-26.

⑥ 赵立兵. 平台化+智能化：未来媒体发展总趋势. http://www.cssn.cn/zx/bwyc/201512/t20151217_2786515.shtml[2018-06-09].

重构媒体生态。人类也可通过组合更简单的事物来解释智能媒体：单独来看，一个单一、线性的媒体形态，用户仅仅是一个打开或关闭其他媒体形态的简单程序；从外部看，作为智能媒体，用户可以通过互相帮助，完成它所有下级媒体能完成的事，从而实现从智能体到智能组的技术跨越，打造具备多维感知、全局洞察、实时决策、持续进化等类脑认知能力的超级智能体。智能体与智能组如图 4-12 所示。

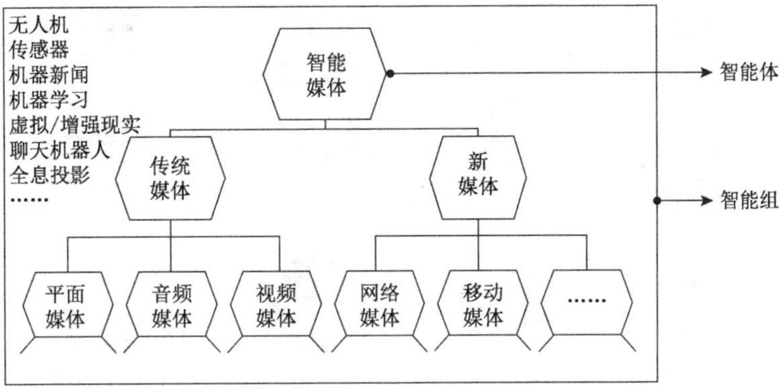

图 4-12　智能体与智能组

4.1.10　智能家居

智能家居是以住宅为平台，利用综合布线技术、网络通信技术、安全防范技术、自动控制技术、音视频技术将与家居生活有关的设施集成，构建高效的住宅设施与家庭日程事务的管理系统。智能家居是在互联网影响之下物联化的体现，是智慧城市进入用户家庭的最好路径，其通过物联网技术将家中的各种设备（如音视频设备、照明系统、窗帘控制、空调控制、安防系统、数字影院系统、影音服务器、影柜系统等）连接到一起，利用各种移动智能终端（如智能遥控器、移动触摸屏、电脑、手机、Pda 等）提供多种功能和手段（智能灯光控制、智能电器控制、安防监控系统、智能背景音乐、智能视频共享、可视对讲系统、家庭影院系统、系统整合控制、遥控控制、电话远程控制、全宅手机控制、可编程定时控制等）；产品分类涵盖照明、安防、供暖、空调、娱乐、医疗看护、厨房用品等。当前，智能家居消费者呈现出消费者模糊化、细分产品丰富化与购买路径趋同化三大特征。站在发展的角度来看，智能家居将分为三个形态：一是“互联设备+App”的初级形态，二是“互联设备+多元化控制”的中级形态，三是“互联设备+多元化控制+智能服务”的高级形态。由此可见，“连接+人工智能+智能服务”是精准智慧生活场景中的三个核心元素。研究机构预测，到 2022 年，全球智能家居连接设备市场规模将达 1220 亿美元，2016～2022 年年均增长率将达 14%；[①]连接设备数量将达 10 亿台，2017～2022 年年均增长率将达 18.5%。[②]智能家居产业的覆盖范围如图 4-13 所示。

---

① 2022 年全球智能家居市场规模将达到 1220 亿美元. http://www.mofcom.gov.cn/article/i/jyjl/k/201608/20160801375120.shtml[2018-03-18].

② IDC 预计智能家居设备出货量 2017—2022 年均复合增速将达 18.5%. https://36kr.com/newsflashes/112155[2018-05-16].

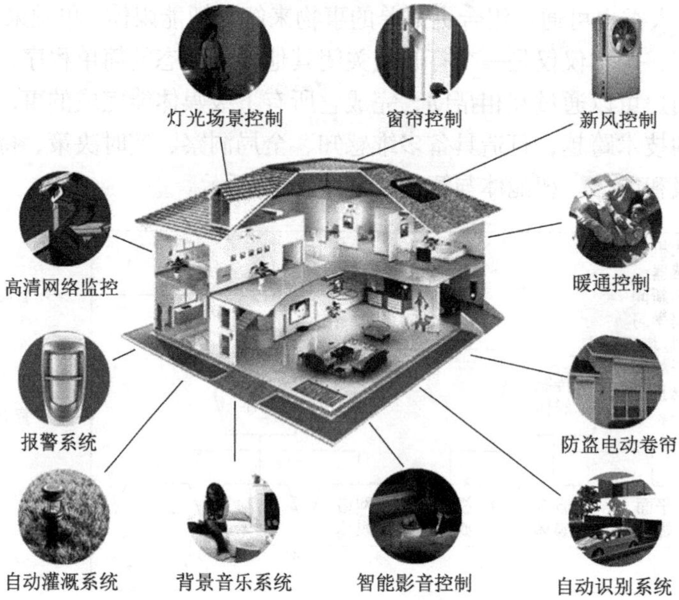

图 4-13　智能家居产业的覆盖范围

站在数据信息的视角来看，智能家居系统中的信息，大部分处于“孤岛”状态，除非能对其整合运用，否则难以产生价值。在移动互联网与物联网时代，人工智能与智能家居的结合将分为三个阶段：控制、反馈与感知互动。随着人工智能、语音识别、深度学习等新技术涌现出来并与智能家居深度融合将产生强大的合力，云服务与大数据平台驱动生活服务平台产生，通过人与物、人与环境的“对话”，如通过智能冰箱可以获取用户的饮食、健康等需求，通过空调或空气净化设备可以获取用户生活环境的空气与健康等数据，将智能设备提供给用户的孤立的数据和信息进行整合，得出最适合用户的家居环境数据，从而为用户的生活带来舒适和便利。同时，通过应用程序编程接口，将各个智能家居平台、云服务平台的能力开放给第三方开发商/开发者，将更多的产业链中的合作企业聚集到平台中，将线上线下的资源进行整合。如此，各种智能设备在其中便扮演着媒介的角色。未来，可以智能家居产品为触角，获得用户的生活习惯数据，进行数据挖掘和分析，将分析结果与第三方服务商对接以转化为其他服务需求，并向消费者提供个性化线下服务。随着越来越多的公司加入智能家居行业的竞争当中，智能家居品牌也越来越多。例如，海尔、京东微联以平台为主，基于各自的智慧生活平台连接家庭生活设备；华为、小米以生态为主，布局智能生态，拓展智能硬件产品；阿里巴巴、美的以提供解决方案为主，推动智能家居落地，推动行业更加成熟化；杜亚、柯帝、九彩鹰皇以制造为主，是领先的智能产品生产企业。实际上，无论以平台、生态、提供解决方案还是制造为主，都推动了智能家居行业的前进，可为用户提供更优、更全的智慧生活体验。

以当前智能家居中最火爆的智能音箱为例：智能音箱通过机器感知实现声音采集、语音识别、语义理解等信息处理，利用自然语言理解等技术来进行分析，从而实现人机对话、智能剖析和决策，具有互联化、自动适配、云端同步、语音交互等功能。从本质上看，智能音箱只是人工智能家庭终端的一个突破口，其背后真正的较量是如语音交互等人工智能技术和所依靠的平台生态。对于用户而言，需要的是能够将众多繁杂的应用和接口进行封装的工具，不再需要自己主动到每一个具体应用上获取服务，而是借助语音交互统一的入口提供，实现远距离语音操控并完成天气咨询、信息搜索、产品订购、付账等功能，甚至还可以帮助用户线上订 pizza 或呼叫 Uber。2014 年底，互联网巨头 Amazon 推出 Echo 智能音箱，构建智能生态，随后 Google（Google Home）、京东叮咚（DingDong）、微软（小冰）、腾讯（腾云）、百度（度秘）、天猫（天猫精灵 X1）等国内外巨头纷纷跟进推出了自己的智能音箱设备或语音助手。2017 年是智能音箱元年，国内外互联网企业广泛布局智能音箱，掀起新一代风潮，如图 4-14 所示。例如，2017 年 6 月，Apple 在第 28 届苹果全球开发者大会（Worldwide Developers Conference，WWDC）上发布“压轴大戏”——HomePod 智能音箱，其除了可以改善家居音乐播放体验，还可以实时唤醒，获取天气、新闻和交通等热点信息，也可以利用语音指令控制连接到 HomePod 上的其他 HomeKit 人工智能家居终端产品；2017 年 7 月，阿里巴巴人工智能实验室在北京时间博物馆发布了首款消费级人工智能音箱天猫精灵 X1，其能够听懂中文普通话语音指令，具备音乐音频内容的播放、听故事、讲笑话、查运势、玩游戏、查天气、找手机、问百科、设闹钟/定时器、查食物热量、充话费、查快递、查价格、天猫魔盒控制、天猫超市购物、智能家电操控等功能，带来了崭新的人机交互新体验。资料显示，智能音箱比智能手机的早期增长更快[①]，加上互联网巨头的投入及抢占市场、用户认知度提高、产业链成熟、产品体验及价值提升等推动 2018 年中国智能音箱市场的火爆，并称 2018 年是智能音箱普及的决定性年份。

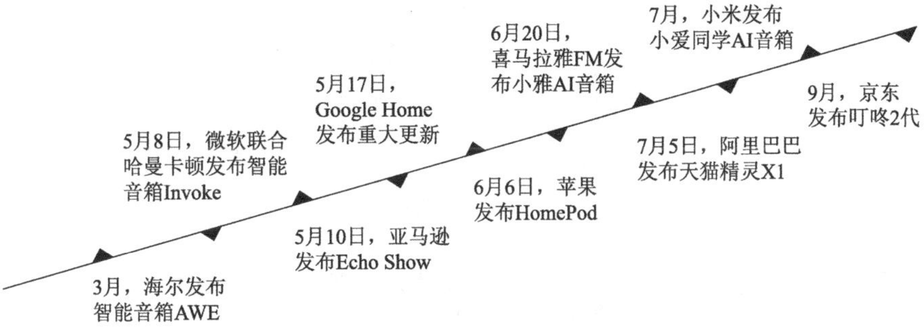

图 4-14　2017 年智能音箱元年

4.2　新内容革命

在过去，媒介平台的差异，使得不同内容在不同媒介平台上的呈现方式上会有所侧重。但新一代信息技术及应用的广泛兴起与普及，必会逐步融合这种区隔，从而使得判定媒体的标准不再是产品形态，而是目标用户群，由此可以推断，未来所有的媒体都将

① Edison Research. The Infinite Dial 2018，2018.

转为内容服务商。实际上，能够在未来取得一席之地的媒体都必然是融媒体，这不仅将超越传统媒体（例如广播、电视等）相对狭隘的功能定位，还将兼具多形态的制作能力（例如音频、视频等），而在新一代信息技术平台支撑下的内容产品（例如网络直播、个性化新闻、机器新闻、虚拟现实新闻等）也会彻底突破惯性的结构边界，并将呈现出多元形态的智能化深度融合。

4.2.1　可穿戴设备：人的延伸

在今天众媒时代开启的时刻，业界看到的是，一切“人”（机构或个体），都有可能成为信息生产者与传播者；在众媒视野下，业界将望向更远的未来，可以看到的是，一切“人”与“物体”都可能成为信息的生产者与传播者。传播学家麦克卢汉曾说，媒介即人的延伸。从这个意义上看，把计算机的绝大部分功能（计算、通话、定位、上网、播放音乐和视频等）集成到一个轻量级上的智能眼镜、智能手表、智能镜子、智能头盔、智能服饰、智能戒指等可穿戴设备将成为人体的延伸，同时更像是一种有机结合体，将最大限度地试探人类的生理、心理及各类感官延伸的极限。从可穿戴设备本身来看，这是一种新的计算范式，不仅仅带来设备硬件形态上的物理变化，也将带来新的人机交互方式。传感器、语音操控、骨传导、手势控制、眼球追踪等一系列技术的新集成应用，将会带来自触摸屏多点触控操作之外又一次人机交互的重大变革。更重要的是，正如“可穿戴设备”这个词的字面意义揭示的那样，计算机将不再作为一种独立设备形态而存在，而是越来越与人随身佩戴的工具紧密结合起来，这势必会带来整个计算—网络服务形态的变化，乃至商业模式的变化。可穿戴设备：人的延伸，如图 4-15 所示。

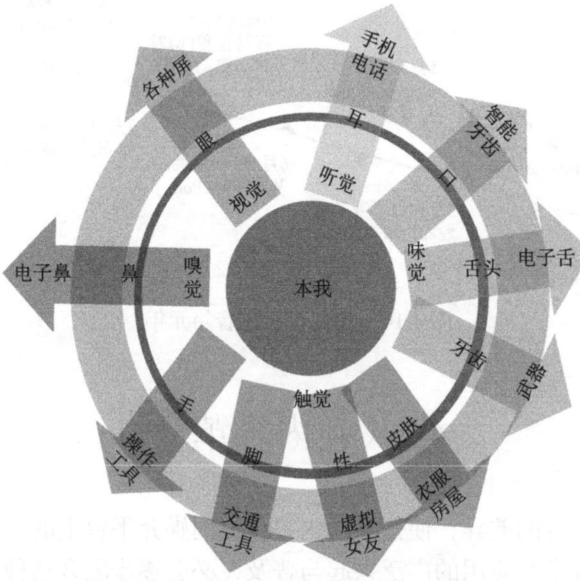

图 4-15　可穿戴设备：人的延伸

英特尔对未来世界提出了三大构想：感知化、一切互联、计算延伸。[①]目前，智能可穿戴设备正从小众走向大众，并朝着愈加轻便、功能强大、智能化、人性化趋势演变。根据摩尔定律，智能可穿戴设备在很短时间内就能突破前一阶段的发展水平而增加几倍战斗力，由此可以预见，这些逐渐演化为人的肢体的智能设备将逐渐集所有终端于自身，成为信息生产和分发的微移动平台，如互动娱乐、远程办公、医疗保健等，智能手表或者眼镜将成为新的生态中心，成为人类感知社会的“皮肤”。而各类智能感知应用会进一步催生可穿戴设备的创新与繁荣，再结合云平台、大数据、人工智能、物联网、数字家庭、可穿戴设备，构建更为多元的信息传播、处理、展示、交互、反馈的生态环境，人类将更进一步感受到由新兴科技引发的媒介变革对生活的影响。数据显示，目前智能手表与智能手环两者数量共占据了可穿戴设备产品形态 90%以上。[②]

大数据时代，可穿戴设备是未来的新型终端，社交媒体的广泛应用使得互联网上的数据（个人状态、场景等）叠加在一起就足以勾勒出“你”的轮廓。要想把这个轮廓变得更清晰，就需要可穿戴设备提供更加翔实的数据来填补其中的细节。未来，可穿戴设备将取代手机、Pad 等移动智能终端，实现人、机、云端更高级、无缝的交互，并将“数字自我”连接到互联网，让其拥有“智慧”，成为媒体传播的一种新载体和新介质。

【典型案例】

Apple Watch Series 3：智能手表的独立战争[③]

2014 年 9 月，Apple 的首款可穿戴设备 Apple Watch 和 iPhone6 一同发布。三年时间，Apple Watch 一共更迭了四款产品，2017 年 9 月发布了 Apple Watch Series 3（如图 4-16 所示）。2017 年 11 月，知名调研公司 Canalys 发布了第三季度全球可穿戴设备出货量报告。报告显示，2017 年第三季度，全球可穿戴设备出货量共计 1730 万部，Apple 以 390 万部重回榜首。Apple Watch Series 2 增加了 GPS 模块，可以独立于手机记录运动轨迹，出门跑步的时候可以安心把手机放在家里；Apple Watch Series 3 则内置蜂窝网络功能，使它可以独立于 iPhone 实现通话、数据同步等功能，就像一部戴在手腕上的小手机。与此同时，Apple Watch Series 3 补足了续航的短板，再加上更快的处理器和更好用的系统，这都让它趋于完美。Apple Watch Series 3 意味着用户在运动中可以解放口袋和双手，解除信息焦虑。Apple Watch Series 3 搭载了全新的双核处理器 S3，官方表示性能提升了 70%，加快了 App 的启动速度。为了更高效的连接性，Apple Watch Series 3 还搭载了 W2 无线芯片，官方表示这一功能使得无线网络速度提升了最高 85%、蓝牙和无线网络的电力效能提升了最高 50%。

① 腾讯科技. 英特尔对未来三大构想：感知化/互联/计算延伸. https://digi.tech.qq.com/a/20150819/012748. htm[2017-08-19].

② 中国 SMT 在线.可穿戴设备市场回暖，智能手表与智能手环仍是主流.http://www.sohu.com/a/221830506_463973 [2019-04-18].

③ 极客公园. 年度可穿戴设备|Apple Watch Series 3：属于智能手表的「独立战争」. http://www.sohu.com/a/210533098_413980[2019-05-18].

图 4-16　Apple Watch Series 3

Apple Watch Series 3 具备完整的 LTE 和通用移动通信系统（universal mobile telecommunication system，UMTS）蜂窝无线功能，具备全新的运动模式界面和全新的同步方式，即使 iPhone 不在手边，也能顺畅切换至蜂窝网络。手表与 iPhone 共用同一个号码，因此无须另外告诉家人、朋友或同事别的号码。对着它喊一声“Hey Siri，打开音乐”便可启动音乐播放；由于支持蜂窝网络，它可直接在线播放音乐；设定目的地开始导航将同时开启运动健身里的户外跑步；快到路口处，它便会震动提醒是否需要转向，同时 AirPods 里也会降低音乐音量，播报导航信息；当收到电话时，它会发出振动和铃声，点击接听便直接可以通过 AirPods 进行通话；它还能收到微信的推送，用户可以快速回复表情、快捷短语，也可以回复语音消息，甚至通过手写或者语音转文字的方式进行回复；在街角便利店购物，它还可直接完成 Apple Pay 支付等。音乐+运动+导航+通话+微信推送+支付，这就是 Apple Watch Series 3 在没有手机时可带来的一切，它以一个高度集成的腕部设备，充当了音乐播放器、运动手表甚至部分智能手机的角色。未来，Apple Watch 将支持全天的心率监测，并有效识别和预测用户的心律不齐，从而提供及时的健康提醒等服务。

4.2.2　全景视频：多维度视频化社交

全景视频是一种继互联网、智能手机之后通过一个能同时录制一个 360 度场景画面的特殊相机系统为用户提供沉浸感、现场感并改变收看方式的高新技术。与传统视频相比，全景视频具有更广阔的视野、更丰富的视角，不受空间和地域的限制，让用户产生身临其境的观看体验，已经越来越多地应用于互动娱乐、户外运动、城市景观、大型活动会议等内容的摄制。全景视频具备全景、3D，以及交互三个特点，其 3D 摄像设备进行的全方位 360 度全景拍摄的设备可以捕捉超清晰、多角度的画面，每一帧画面都是一个 360 度的全景，用户可以使用鼠标点击、手指触碰，或者手势变化，从任何角度观看视频。全景视频促使用户从围观者变成参与者，拉近了现场与观众的距离，跳出了传统平面视频的视角框定，可为用户呈现前所未有的视觉盛宴。全景视频中，视频还可以通过模拟来自不同方向和距离的音效的“空间音频”技术实现增强，能够让用户在沉浸式体验全景直播的同时感受更加立体的音效，垂直领域纵深的优质内容将成为全景视频产品流量的堡垒和护城河。

如果说在线视频让用户的观看方式焕然一新，那么 360 度全景视频技术带来的沉浸式观看，无疑让用户的收视体验天翻地覆，将是继普通视频后的下一个风口。2015 年 9 月，乐视视频 App 率先推出 360 度全景直播功能，成为全球较早上线这一创新功能的视频客户端——通过 360 度全景录制设备，乐视视频的用户可以通过滑动或旋转手机屏幕，或者跟随直播画面旋转手机，即可在视频播放中变换角度和空间，体验堪比现场的震撼视觉感受；2016 年 3 月，央视新闻精心搭建“一 V 一云一平台”，通过独家微视频和在两会主会场架设的 29 个云直播摄像头，带领网友全方位领略两会会场内外；2016 年 4 月，YouTube 宣布推出 360 度视频的流媒体直播服务，并在科契拉音乐节上利用该技术进行直播；2016 年 8 月，腾讯通过全景+社交的直播方式报道里约热内卢奥运会，几乎垄断中国网民资讯获取入口，让里约奥运进行真正意义上的直播；2016 年 12 月，Twitter 在其直播平台 Periscope 上推出全景直播服务，用户能 360 度无死角直播；2017 年 3 月，Facebook 则面向所有用户开放了 Live 360 全景直播服务，所有用户都能进行 360 度全景直播，让观看者能够享受身临其境的浸入式直播。

【典型案例】

Facebook 全景直播服务 Live 360

2017 年 3 月，Facebook 面向所有用户开放了 Live 360 全景直播服务，在这项服务的帮助下，用户不仅可以看到 Facebook 直播的视频内容，还能通过鼠标或者移动智能终端的角度，与视频直播者一起 360 度感知现场画面，享受身临其境的浸入式直播。Live 360 使用了 Facebook 的流媒体视频直播技术，支持 1080P、30fps 视频拍摄，最长可进行 4 小时直播。为了确保直播的流畅性，用户需要获得适当的网速支持。Facebook 建议至少需要 4Mbps 的频宽才能正常进行直播，而且最好是离开主要被摄物体大概 6 米到 10 米的距离。

视频直播能够将用户调整到正确的时间，而 Facebook 开通的 360 视频功能则能带观众到达一个新的空间。与控制用户的景框相反，360 视频让用户的移动智能终端变成一扇探索新世界的窗户，用户可以随意移动探寻那个新世界。不用离开 Facebook 的页面，用户就能和奥巴马一起游览山川美景，或者去到《星球大战》的塔图因星球。用户使用相机的专用应用进行直播时，只需打开 Facebook Live，登录 Facebook 账号，设置好隐私选项，在为实况信息撰写描述之后，便可开启直播，通过旋转手机，用户观看任何角度的风景，同时也可听到逼真的音效。同时，应用界面还会显示多少观众正在看用户的直播、点赞和其他互动的数量，以及观众的评论。

2016 年 12 月，Facebook 还和美国国家地理协会进行合作，美国犹他州火星沙漠研究站提供 360 度环景影像直播，让用户体验 8 名来自世界各地的太空科学家完全与外界隔绝的生活。《国家地理》（美国国家地理学会官方杂志）希望通过直播为观众呈现科学家生活场所之外适合“太空漫步”的画面，以及探测车在火星运动的视频，在问答环节，工作人员将综合世界各地的 Facebook 用户的问题对科学家进行提问。①火星沙漠研究站 360 度全景直播如图 4-17 所示。

---

① Facebook Live 360 发布，环景直播 8 名科学家在“火星”上的 80 天. https://www.leiphone.com/news/201612/dnhvP6AKVcVv82il. html[2019-06-06].

图 4-17　火星沙漠研究站 360 度全景直播

4.2.3　网络直播：后风口时代驱动力

网络直播是指用户通过网络直接收看到远端正在进行的现场音视频实况，如会议、教学、赛事等，主要由直播客户端、直播网页端，以及管理后台构成。网络直播可产生真实、即时、互动的内容，并结合不同特色主播，创生出多领域、多文化的内容，呈现出媒体属性；网络直播还采用真实性、即时性、互动性更强的视频直播媒介进行互动，增强现有社交关系或创造新的社交关系，也使其呈现出社交属性。网络直播具备多方异地实时互动、插播、暖场、一键参会、问答审核、在线抽奖，以及文字直播等主要功能，提供体育直播、真人聊天秀直播、游戏直播和演唱会直播等内容服务，其用户以年轻人为主且偏好娱乐社交生活类应用，传统媒体应该将其作为努力覆盖的对象。实际上，在直播平台的布局上，腾讯的布局最为疯狂，涵盖游戏、体育、明星、泛娱乐、教育、生活等多个维度；阿里巴巴则开启“直播+电商”商业化探索，将视频、商品和购物结合，在官方旗舰店中直接插入视频，为用户提供边看边买的体验。数据显示，截至 2016 年 6 月，在直播行业现存平台中，有 44%为泛娱乐直播平台，34%为秀场直播平台，16%为游戏直播平台，6%为其他类型直播平台。其中，泛娱乐直播包括多话题移动直播、体育直播、电商直播、财经直播、宠物直播、演唱会直播等。[①]截至 2017 年 12 月，网络直播用户共 4.25 亿人，占网民总体的 53%，其中体育直播和游戏直播用户规模分别占网民总体的 27.8%和 26.85%。[②]

目前，用乱象丛生来形容网络直播市场毫不为过，以暴露、挑逗等方式来吸引眼球的做法早已是行业普遍现象，中国网民对网络直播的内容评价较低。为此，2016 年 7 月文化部还出台了《文化部关于加强网络表演管理工作的通知》（文市发〔2016〕12 号），对于网络直播行业做出了相关规定。未来，垂直化、场景化的特色内容是留存用户的基础，直播平台将优势资源集中于专业生产内容（professional generated content，PGC），使得网络直播内容的精品化成为未来行业发展的必然趋势。与 2016 年有所不同的是，网络直播行业在快速发展过程中专业化程度逐渐提高，直播平台对于 PGC 的

---

① 北京智研科信咨询有限公司. 2016—2022 年中国网络直播市场运营态势及行业发展趋势研究报告，2016.

② 中国互联网络信息中心. 第 42 次中国互联网络发展状况统计报告，2018.

资源倾斜力度加大，使得非专业的 UGC 很难再与之抗衡。节目特色、媒体资源与运营能力将成为未来网络主播的三大核心竞争优势。腾讯旗下 NOW 直播和 YY 旗下虎牙直播均在 2017 年上半年推出激励原创内容生产者的生态扶持计划，设立了专项基金并投入媒体资源对主播的内容创作、曝光、运营等各环节进行支持。视频直播产业生态版图，如图 4-18 所示。

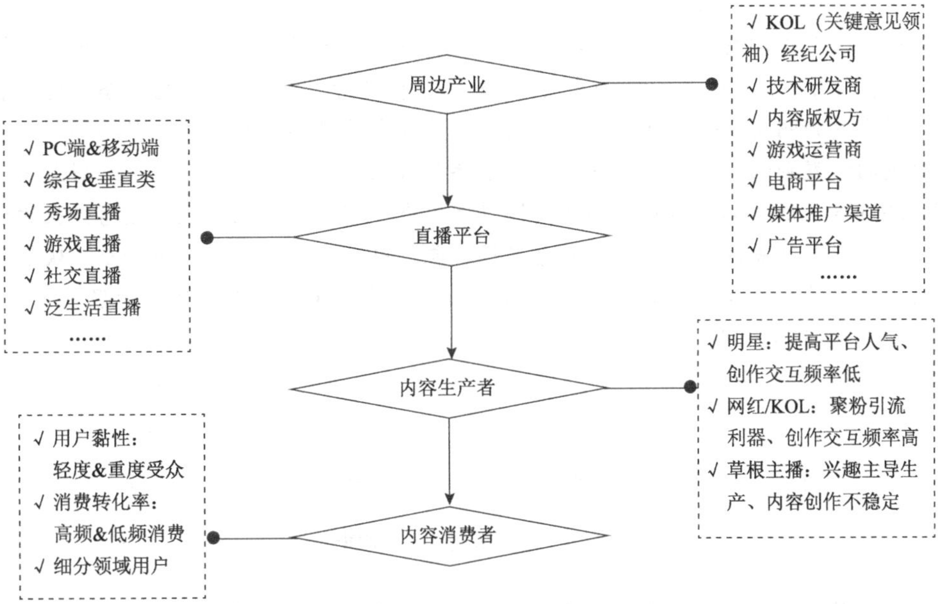

图 4-18　视频直播产业生态版图

网络直播具有移动化、全民化、垂直化、平台化和社区化的特点与需求，使得用户随时随地看直播、随时随地进行直播变成了可能，极大程度降低了个人用户进行直播的门槛，应用场景也由此不断被拓宽，而受益于移动直播，全民直播与移动场景下的泛生活直播将成为未来趋势之一。与此同时，各大直播平台通过“直播+”的方式和其他领域，如电商、教育、体育、医疗等进行融合发展，“直播+”成为各平台与其他垂直领域融合发展的关键，直播会因此发展为一项产业，产业链复杂度、平台承载的内容和造星能力将全面提升。直播产业化后将催生大量内容，用户选择成本也相应增加。这将带来至少两项变化：一是直播社交化，借助用户社交链筛选内容，过滤低质量信息；二是实用性内容越来越重要，用户愿意为这些内容付费。

【典型案例】

花椒直播：内容+社交，强明星属性的社交平台[①]

自 2015 年 6 月成立以来，花椒始终致力于从强明星属性和社交属性入手打造一款涵盖明星、主播（含网红和普通主播）和普通用户三大族群的直播产品，目前已有超过

① 艾瑞咨询. 2016 年中国移动视频直播市场研究报告，2016.

百位明星入驻花椒，用户可以通过直播拉进与明星的距离；同时，还有大量普通用户通过花椒创造 UGC 直播内容。花椒上活跃着大量的人气主播，其中既有独立主播，也有经纪公司签约主播，都能对所在垂直领域的粉丝形成独特影响力。从文字到图文，再到语音和视频，直播改变了社交的方式，未来花椒还将继续向精细化内容发展，并向“UGC+PUGC+PGC”（用户原创内容+专业用户生产内容或专家生产内容+专业生产内容）共融的生态方向探索。

花椒通过直播间的用户数量、打赏、留言、分享、点赞等互动指标综合计算直播内容黏性，寻找用户黏性较高的主播及内容，提供推广支持，推动全民直播生态稳健发展。同时，花椒的强明星属性为其带来了更高的关注度和更多的用户，并吸引品牌方入驻，而用户量的爆发则吸引了更多明星和优质主播加入，进而再次提升用户数量，形成主播、用户、品牌方良性循环与增长，构建良性直播生态，增加多元化收益。直播行业的火爆吸引了各行各业的关注，目前使用触电直播的包括电商、娱乐、旅游等行业，从发展方向来看，其与直播的跨界合作将为行业带来新的可能。花椒直播所体现的强明星属性+社交属性，如图 4-19 所示。

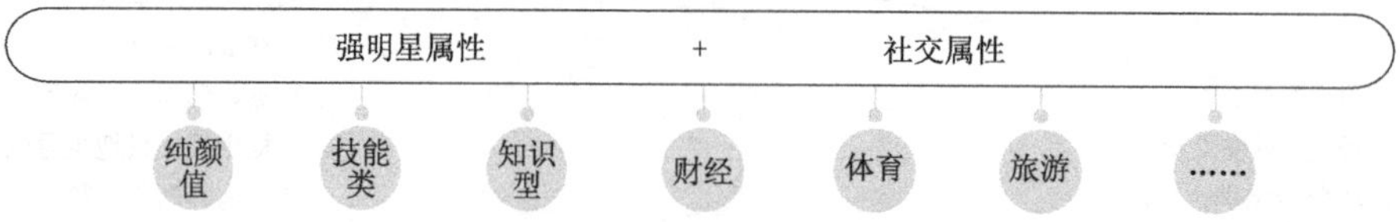

图 4-19　强明星属性+社交属性

明星：作为头部资源，有着巨大的吸睛能力，粉丝可以在直播中看到偶像最真实、最接地气的一面。花椒设有明星栏目，定期邀请各界各类明星与用户进行互动分享，引爆直播狂潮。

网红/KOL：能够通过强互动、高频次的直播内容聚集大量粉丝关注，并且对于所在垂直领域的粉丝具有独特影响力。

素人直播：在富有创造力的意见领袖与大众用户间建立联系，促进用户消费内容和创造内容。此外，花椒拥有百万校园主播，平均每天开播的校园主播近 10 万，覆盖全国 98.7%的院校。

4.2.4　短视频：为移动而生

短视频，即短片视频，是指通常以秒计数的通过移动智能终端实现快速播放、拍摄及美化编辑等，可在社交媒体平台上实时分享和无缝对接的新型视频形式，包含记录短片、微电影、视频剪辑等，内容以明星、网红等生产的内容及 PGC 和 UGC 为主，其融合了文字、语音和视频，可以更加直观、立体地满足用户的表达、沟通需求。短视频平台是集制作、发布、传播社交于一体的综合性平台，主要划分为以秒拍、快手、美拍等为典型代表的综合性社交平台，以小咖秀、逗拍等为典型代表的摄影工具型平台和以梨视频、头条视频等为典型代表的短视频聚合类平台。短视频行业特点是短视频时长短、信息承载量高、生动形象；生产流程相对简化，制作门槛更低；广泛的参与性，社交媒体属性加强。短视频不是视频网站的缩小版，而是一种互联网内容生态演进的连续性机会，其社交属性满足了用户对人际交往的需求、短小精炼的内容满足了用户碎片化阅读的需要，已成为一种新的信息承载方式。传统视频内容是以电影、电视剧、卫视综艺节目、网综网剧类为主，时长在 30 分钟以上，版权购买为基础运营方式；短视频则从内容形式、创作者属性上与传统视频区别开来，被誉为“未来的图文”；与此同时，短视频制作并没有像微电影一样具有特定的表达形式和团队配置要求，又比直播更加真实和生动，现场感更强，更具有传播价值。短视频的出现将进一步改变用户获取信息的渠道方式，其在内容丰富度、用户交互度等方面的全面提升，可有效提升用户获取信息的体验。也有业界专家在进行系统研究与分析的基础上提出：短视频的能量是长视频的 9 倍，其测算的依据为短视频在内容生产（生产成本、生产人群、生产工具、产出等）、内容消费（消费人群、消费场景、消费意愿、消费总时长等）、内容分发（编辑分发、关系分发、算法分发等）等多个维度上都明显优于长视频，因此把其提升系数假设为 3；而其在内容感染度（感染力、共情度等）方面弱于长视频，因此把其衰减系数假设为 1/3。短视频与长视频的能量关系如图 4-20 所示。

图 4-20　短视频与长视频的能量关系

短视频内容是电视观众需求向移动端转移的产物，秒拍视频播放量的猛增是内容观看者和创作者用户数量双重增长、社交渠道内容分发、内容质量提升共同作用的结果。随着移动智能终端的普及、网络速度提升及电视在年轻用户群体中的地位持续降低，用户时间碎片化加剧，沉浸手机时间加长，短视频短而小，可以充分利用碎片化时间，“有图有真相”的内容更容易吸引眼球、符合大众胃口，为短视频带来了巨大的流量，视频行业逐渐崛起一批优质 UGC 制作者，微博、秒拍、快手、今日头条纷纷加入短视频行业，募集一批优秀的内容制作团队入驻。2017 年，短视频行业竞争进入白热化阶段，BAT（百度、阿里巴巴、腾讯）三大巨头纷纷入局，短视频开始成为视频平台和资讯端的流量扶持重点。例如，腾讯推出芒种计划 2.0、阿里巴巴文娱布局原视频网站土豆转型为 PUGC 短视频平台及百度投资人人视频并引进海外优质短视频。此外，快手、火山小视频等力压映客、斗鱼，代表点播将超过直播趋势；今日头条宣布全资收购美国短视频应用 Flipagram，并在内部孵化出火山小视频；各大资讯端，如网易新闻界面、搜狐新闻界面、凤凰新闻界面等在首页均有短视频。数据显示，移动短视频用户规模不断扩大；98.1%的短视频时长控制在 60 秒以内，47.88%的短视频集中在 10～15 秒；与此同时，短视频应用的用户月均使用时间达到 765 分钟，远远超过了长视频应用与直播应用。数据显示，2018 年，资讯类短视频、电商视频、5～10 秒超短视频集中爆发，并全面吞噬本就不属于用户自己的碎片时间；移动视频流量每年增长约 50%，到 2023 年将占据全部移动数据流量的 75%。[①]

① 爱立信：在线视频已占移动流量 50% 五年内将达到 75%. http://tech.qq.com/a/20171203/004024.htm[2018-05-09].

【典型案例】

一下科技——移动视频生态矩阵分析①

一下科技成立于 2011 年 8 月，旗下拥有秒拍、小咖秀和一直播三款视频应用，以及 Vitamio（多媒体开发框架）和 Vplayer（Android 平台全能视频播放器）两项技术服务。秒拍通过与新浪微博进行独家合作的方式，打通流量入口，目前已成为中国最火的短视频平台之一；小咖秀则采用与原声娱乐 IP 进行捆绑的模式，开创了泛娱乐视频的先河；一直播则定位在直播平台领域。这三种移动视频社交模式，构建起一下科技公司移动视频生态矩阵，缓解了平台流量的持续性与再生性问题。同时，由一下科技推出的 Vitamio 视频播放开放平台（中国免费）覆盖用户数量已经达到 5 亿人，包括猎豹浏览器、CNTV 等，而海外用户则占比达三分之二以上。一下科技——移动视频生态矩阵分析，如图 4-21 所示。

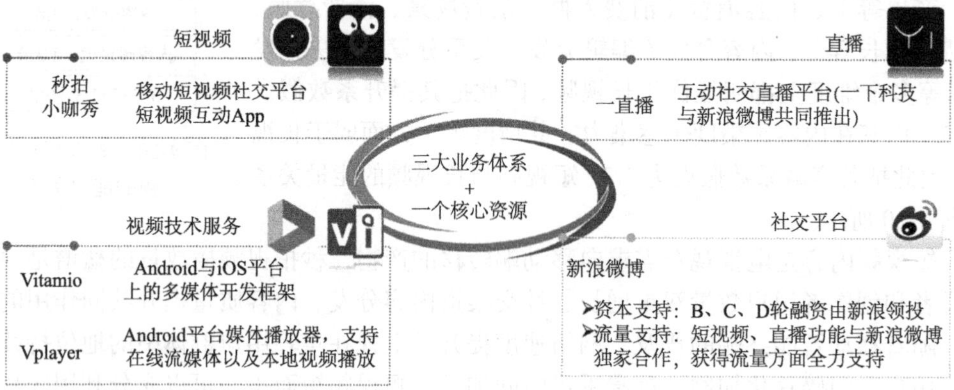

图 4-21　一下科技——移动视频生态矩阵分析

具体以中国最大短视频平台秒拍为例，其是时下最火的短视频社区，在秒拍上可以看到明星大咖的日常生活、网红达人的时尚创意和 UGC 用户的卖萌搞笑。功能方面：内置多款拍摄特效滤镜、智能变声及个性化水印功能，确保用户可以随时随地拍摄出自己喜欢的视频效果。作为短视频领域头部阵营领头羊，秒拍通过打造多维短视频内容生态，吸引用户，从而构建起平台护城河。目前，秒拍日均上传视频 150 万个，播放 17 亿次，人均日均使用时长 20 多分钟（包括微博部分播放）。在合作资源方面，千余明星及超过 3000 人“大 V”入驻秒拍，其中绝大多数的主要受众均为“95 后”人群；入驻媒体机构则有 10 000 多家，典型的包括：联合国、丹麦驻华大使馆、央视新闻、央视财经、央视综合、《人民日报》、新华社、人民网、《广州日报》等。此外，秒拍还推出一系列内容创作者扶持计划，在流量扶持、商业收入、视频生产环节等方面对原创作者进行资源倾斜，让短视频创作者更垂直化、知识化、圈层化发展，帮助原创作者领域内深层发展，产生更多优质原创短视频内容。

2014 年 7 月，秒拍率先发起旨在让更多人知道被称为渐冻人的罕见疾病，同时也达

① 艾瑞咨询. 2016 年中国移动视频直播市场研究报告，2016.

到募款帮助治疗目的的“肌萎缩侧索硬化（amyotrophic lateral sclerosis，ALS）冰桶挑战赛”，该活动获 128 位明星参与及 20 亿人关注，成为年度娱乐盛事与重要社会事件；2016 年 6 月，雪佛兰携手秒拍，推出了与曼彻斯特联足球俱乐部（简称曼联）球星面对面的互动营销活动“雪弗兰#把 7 号交给我#”。网友通过秒拍上传任意姿势、任意动作、任意风格的踢球短视频参加评比，即可有机会赢得曼联传奇球星亲自授课的机会。活动迅速在球迷中风靡，此次合作共征集到网友短视频多达 1 812 条，视频播放量超过 7 000 万次，并获得网友 400 万点赞数。ALS 冰桶挑战赛概况，如图 4-22 所示。

图 4-22　ALS 冰桶挑战赛[①]

4.2.5　竖视频：短视频的垂直化探索

竖视频（vertical video）就是竖版的视频，是根据用户使用习惯而改变的、以不同于过去 16∶9 的横版视频画面比例来呈现、并可贴合手机移动端显示屏的竖式视频播放形式。过去几年，用户无论是发微信还是刷微博，都是竖着拿手机，但是每到看视频的时候，一定又会把屏幕横过来。然而随着使用习惯的改变及移动智能终端在世界范围内的普及，宽屏的霸主地位正在被取代。竖视频作为下一个短视频风口上的视频播放形式，或许正在成为未来移动端视频格式的主流。竖视频具有如下优势：一是不会丢失三分之二的屏幕，不用翻转手机，符合懒人理念；二是可以突出拍摄主体，带来更沉浸式的观看感受，并通过重塑叙事方式来打动用户，拉近与观众之间的距离；三是更适合人物和品牌的推广宣传，有利于聚焦用户的兴趣点。目前，大多数移动端 App 都是采用竖式信息流的方式呈现布局，用户只需上下滑动手指即可。同样，用户越来越习惯于竖式握持习惯，竖视频糅合在信息流中，能给用户更流畅的阅读体验。用户 94%的时间竖持手机，如图 4-23 所示。

Snapchat 和 Facebook 等社交巨头，在业界率先尝试竖视频形式，以更好地触达年轻用户和移动端用户。与此同时，社交平台逐渐成为主要内容入口，并且这种模式正渗透到整个移动应用的生态系统中，包括新闻、游戏、直播等领域。到现在，好像在任何地方都可以看到竖视频，并且这种势头还在快速蔓延。电影也开始运用竖视频讲故事，甚至成立了竖视频电影节（vertical film festival）；美国 MTV、娱乐与体育节目电视网

① 胡勇.“冰桶挑战”和它记录的社交史. http://www.sohu.com/a/220823002_116132[2018-02-07].

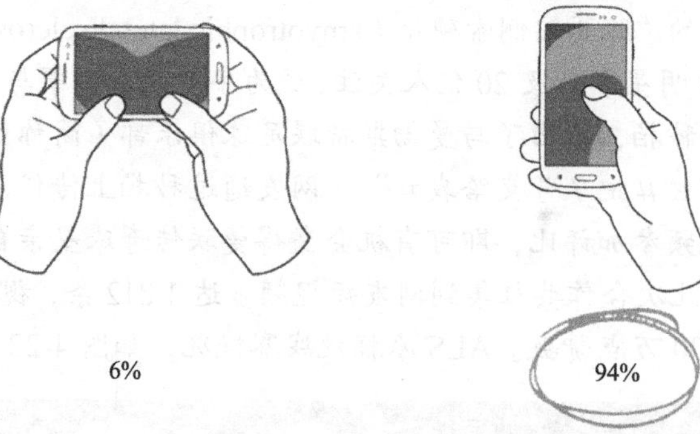

图 4-23　用户 94%的时间竖持手机

（Entertainment and Sports Programming Network，ESPN）及国家地理杂志，也都开始用竖视频与用户建立联系；从中国来看，手机淘宝网官方微博"淘宝二楼官微"，定期更新介绍各种商品的"好物故事"短视频，均为竖视频的形式；快手的人工智能系统对每天 6000 万用户的每一个行为进行判断归纳，在当前的用户行为、技术和市场下，"竖屏、57 秒"的短视频产品将成为短视频行业的工业标准；Quartz 推出了创新项目 Machine with Brains，侧重于生产与人工智能相关的垂直内容，首次促成了全景扫描的竖视频的生成等。报告显示，Snapchat 全屏竖屏视频广告的播放完成率比横屏视频广告高 9 倍；全球移动竖视频的活动互动率是普通横视频的 6 倍；2017 年以来，75%的短视频在移动端播放，而 52%的手机用户习惯把屏幕方向锁定，微信朋友圈一年内竖屏广告投放比例增加了 46%。[①]横竖屏视频观感对比如图 4-24 所示。

图 4-24　横竖屏视频观感对比

【典型案例】

竖屏为 BBC 视频开启新模式[②]

2016 年末，BBC 将竖视频引入到了其国内和国际新闻 App 中，同时还在一段时间内相继推出了各个栏目的竖视频广告。自那开始，访问该 App 的人数增加了 30%，同时

① 爱立信：在线视频已占移动流量 50%　五年内将达到 75%. http://tech.qq.com/a/20171203/004024.htm[2018-05-09].

② BBC 开创"竖视频"，会改变行业方向吗？http://m.sohu.com/a/208704514_650995[2019-05-20].

每个用户观看视频的数量增加了 20%。此外，用户的忠诚度也有所提高，观看竖屏版视频的用户比不看的用户访问的次数多了三倍。BBC 方面没有透露具体的数字，但 BBC 新闻 App 是目前用户范围最广的新闻应用之一。数据显示，2017 年 10 月，BBC 新闻 App 的独立用户已经在全球范围内超过了 2000 万人。BBC 竖屏视频如图 4-25 所示。

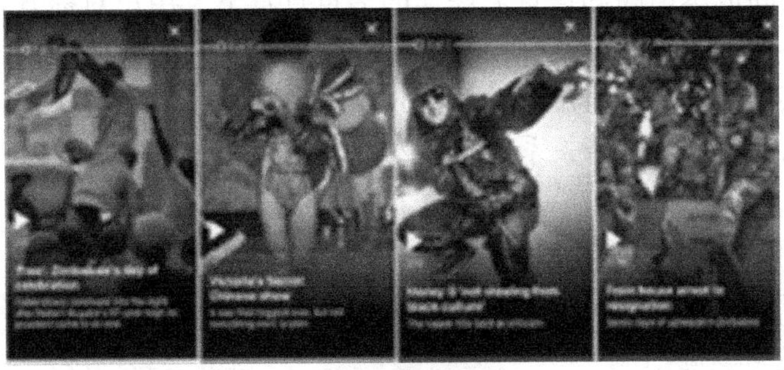

图 4-25　BBC 竖屏视频①

相比于纸媒，BBC 更容易获得大量视频资源，但在最开始时，BBC 新闻应用主要是将以前的视频重新制作成竖视频的形式。而随着时间的推移，越来越多的竖视频会在一开始就竖着拍摄，而不是事后再来转换。因此，BBC 新闻编辑部成立了一个 20 人的采编团队，为 BBC 网站、App 和第三方平台制作提供内容。BBC 也试图在竖屏视频中保持独特的风格，与其他 App 有所区别，以吸引年轻用户。用户可以在 App 内的“每日视频”栏目查看视频，由于用户在观看移动视频时经常会不开声音，因此所有的视频都会嵌有字幕。“每日视频”部分包含 BBC 编辑精选的 7 个竖视频故事，根据新闻周期的不同，这些视频故事会全天候更新。例如，2017 年 11 月 22 日报道了两个发生在津巴布韦的故事——罗伯特·穆加贝（Robert Mugabe）辞去总统职务和一位母亲在恐怖主义指控中为儿子辩护。此外，同时更新的视频中还有在上海举行的维多利亚的秘密时尚秀。

BBC 目前准备将其他形式的视频制作成竖屏模式，如直播和 360 度视频。它还在测试，如何让那些不看竖屏视频栏目的用户也对这个栏目感兴趣。在未来，BBC 还会将竖屏视频带到它的移动网站上。根据 BBC 新闻数字发展主管 James Montgomery 的说法，提供竖屏视频也可以获得更多的外部合作机会。Apple iOS 11 允许 Apple 新闻中有竖屏视频内容。而竖屏视频的支持者则认为，未来是个人视频的时代。由此可见，竖屏视频为艺术、媒体提供了新的内容呈现形式。

4.2.6　知识付费：优质的知识有价值成为共识

知识付费是指内容创造者将书籍、理论知识、信息资讯等知识与自身认知积累融合，并对其进行系统化和结构化的梳理后将其转化成标准化的付费产品，借助知识付费平台所搭建的付费机制与业务模式传递给用户，以满足用户自身认知提升、阶层归属、丰富谈资等需求的创新产业形态。知识付费对于用户来说得到的是优质的内容及从信息垃圾

① Lucinda S. 竖屏为 BBC 视频开启新模式. https://www.sohu.com/a/206842252_257199[2017-11-27].

中解放出来的时间，是内容娱乐消费的一部分。其经历了静态知识获取 1.0 与动态知识更新 2.0 后，在知识冗余与粉丝经济的双重作用下，进入付费问答与订阅的知识共享 3.0 阶段，这将成为一种信息筛选机制，同时也激励着优质内容的生产，正打造出可持续发展的知识生态链。近年来人均 GDP 保持增长势头，用户消费能力逐年增长，在竞争愈发激烈、时间成本增高和信息大爆炸的多重背景下，用户对提升自身素质和为知识付费的意愿不断增长。认知冗余与知识专业化的冲撞及流量变现模式的难以为继，催生了大批连接用户和内容生产者的知识付费平台，这将彻底解放知识拥有者和知识市场化价值。认知经济的供需关系如图 4-26 所示。

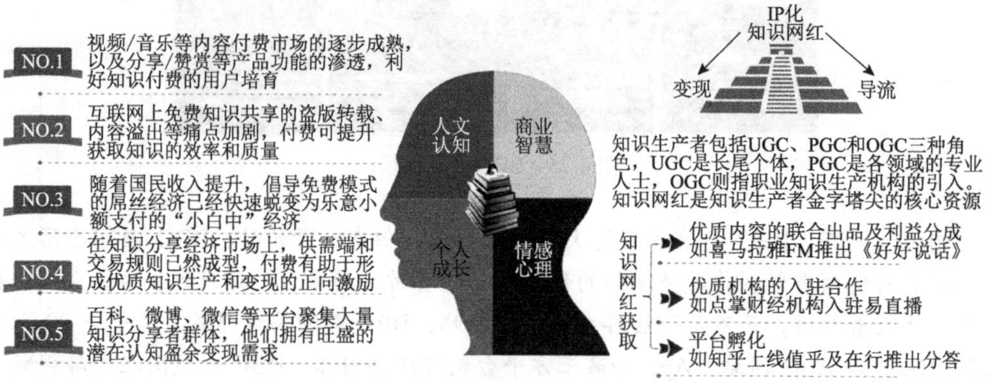

图 4-26　认知经济的供需关系[①]

知识付费，以人作为交易主体，是交易的一个升级，本质上是一种有价值的学习服务。比起为信息付费，用户更愿意为自己投资，与此同时知识付费是知识的有偿分享，也是一种按需服务，正促进人们稳步迈向一种网络世界所特有的、数字化的“社会主义”。知识付费最浅度的服务是资讯，是把优质的信息、新闻帮用户筛出来，以缓解用户对未来的失控感和焦虑感，如通过筛选、付费得到的《李翔商业内参》等；再深度一点的称之为知识，知识相对资讯来说，更加体系化，是介绍一个领域的入门知识或方法，满足的常常是我们对未知的恐慌，所以关键是给用户提供启发感，如《薛兆丰的北大经济学课》等；更深度一些的是课程，其实课程也是包含知识的，但课程是高度结构化的知识，而且课程很重要的一部分是练习，如英语学习课程等；最深度的就是一对一咨询服务，直接索取个性化的解决方案，如在行等。随着支付宝、微信支付为代表的移动支付工具在线上线下的持续渗透，新的货币手段已经形成，让支付变得轻而易举，打赏、收费、广告、电商等愈发成熟，彻底引爆了“知识付费”。新的传播渠道已经形成，催生了一大批内容传播平台，用户不再只能通过电视、广播进行消费。与此同时，随着用户对于知识付费平台的内容和体验要求不断提升，知识付费平台在完成平台内容生态布局之后，将重点构建服务用户学习全过程的服务链条，为用户提供深度的知识吸收场景，全面提升平台用户的满意度和复购率。

继直播和短视频后，知识付费已经变成商业市场追逐的焦点，其解决了过去静态知

① 易观智库. 中国知识付费行业发展白皮书 2010. https://www.analysys.cn/article/detail/1000416[2019-06-08].

识难以量化、变现难的痛点，是平台追求变现的合理路径，并成为各大平台你争我夺的战场。2016 年是知识付费行业爆发的元年，知乎、果壳网、喜马拉雅等平台分别推出知识付费业务，其产品形态可以分为问答类（社交化的轻知识）、互动类（较高水平用户深入学习）及音频课程类（有声阅读及广播，长期的轻知识学习）三大类。2016 年 5 月，两大知识内容平台知乎及果壳网，相继推出付费问答服务“知乎 Live”及“分答”，上线 42 天后，“分答”付费用户超 100 万人，交易额超 1800 万元；2016 年 12 月，喜马拉雅 FM 首届“123 知识狂欢节”最终以知识消费破 5000 万元完美收官。随后，“罗辑思维”脱口秀创始人罗振宇全力打造“得到”App、米果文化《好好说话》原班人马打造付费音频节目《好好说话》等。进入 2017 年，这一趋势丝毫没有减速的迹象。2017 年 3 月，豆瓣网推出了首款付费产品——“豆瓣时间”；随后腾讯 CEO 马化腾表示，微信公众号正加快上线付费订阅。《李翔商业内参》，两周获 5 万订阅用户，收入过千万元[①]……由此可见，在专注力和优质内容越来越成为稀缺资源的时代，这些敏感的机构和个人仿佛嗅到了远处传来的风信，准备拎着知识迎风而起。根据《知识付费经济报告》的数据，55.3%的网友有过知识付费行为，这里的知识付费不是传统意义上的花钱买书、参加培训班等，而是指知识经济时代，购买知识付费平台上的知识产品。2018 年，知识付费市场更加理性和繁荣，其平台或将通过深耕专业内容、强社群关系维护，为用户提供深度的知识吸收场景，使其从“平面化”模式走向“纵深化”、从冲动付费变为理性付费。未来，知识付费或将集中在可以标准化的局部领域如律师咨询按时收费，或将建立一个让非标更大程度上标准化的机制。知识付费行业的发展历程如图 4-27 所示。

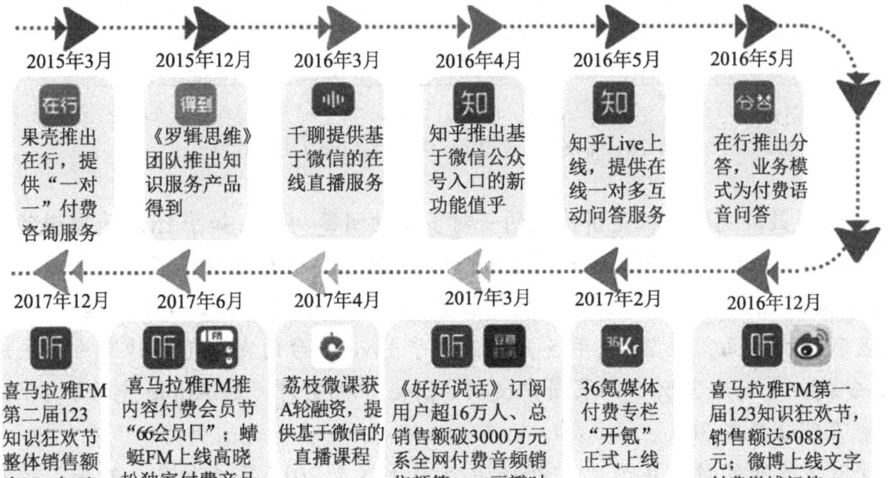

图 4-27　知识付费行业的发展历程[②]

① 这个媒体人转型，光卖订阅就卖出过千万. http://finance.sina.com.cn/roll/2016-06-21/doc-ifxtfrrf0731774.shtml[2018-03-08].

② 易观智库. 中国知识付费行业发展白皮书 2017. https://www.analysys.cn/article/detail/1001061[2019-05-20].

【典型案例】

内容平台——知乎 Live[①]

（1）以直播讲座的形式将知识分享给付费观众，满足多样化内容需求

知乎创立于 2010 年 12 月，是目前中国最大的网络知识分享社区。除了免费的问答平台之外，其还提供实时语音互动（即知乎 Live）、电子书及线上咨询等付费内容供用户选择。2017 年 1 月，知乎获得来自今日资本领投，腾讯、搜狗科技、启明创投、创新工场等跟投的 1 亿美元 D 轮融资。

作为知乎最核心的知识付费形式，知乎 Live 是以直播讲座的形式将知识分享给付费观众，内容覆盖生活方式、音乐、影视、游戏、体育、互联网、旅行等用户生活和工作的多个方面。以形式划分则可将 Live 分为单场 Live、Live 课程（多课时）和 Live 专题。Live 课程分期讲授，内容可根据 Live 参与者的需求设计和调整。Live 专题则是由知乎的官方运营团队将已有的 Live 按照专题理出的 Live 合辑。单场 Live、Live 课程及 Live 专题的特征，如图 4-28 所示。

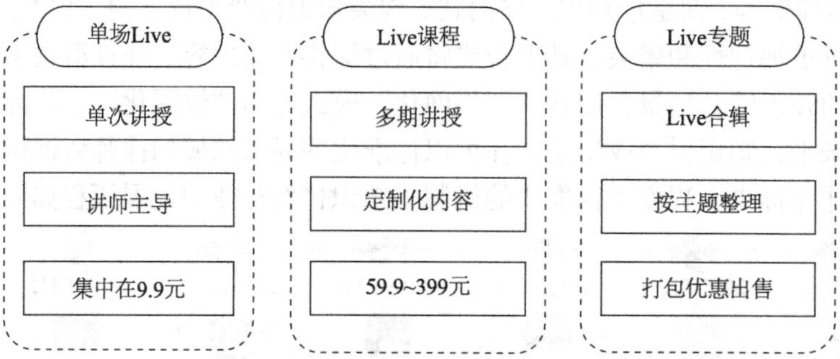

图 4-28　单场 Live、Live 课程及 Live 专题的特征

知乎 Live 最鲜明的特征是讲座式的一对多互动问答。初期，知乎 Live 采取邀约模式，仅对社会知名人士和平台头部 IP 开放 Live 讲师权限，不过现已放低门槛至普通用户。

（2）提供 Live+电子书+付费咨询等服务，知乎正在向着知识平台转型

在盈利模式方面，从 2017 年 5 月起，知乎 Live 平台由完全免费转变为向主讲人收取 Live 分成，比例为 30%。如果用户使用 Apple 手机支付，则 Apple 先收取 30%提成，知乎在余下部分抽成 30%。

知乎官方发布的数据显示，从 2016 年 5 月上线至 2017 年 4 月底，知乎已经举办了约 2900 场 Live，平均每位主讲人每场讲 65 分钟，平均时薪超过 11 000 元。按此数据计算，在这近一年的时间里，Live 的收入应超过 3100 万元。

近期，知乎 Live 还推出了 7 天无理由退款功能，升级了评价体系并提供更高效的版权服务，尝试搭建起标准化知识付费市场。

---

① 36Kr. 知识付费研究报告，2017. https://www.36kr.com/p/1721690112001[2019-03-03].

结合知乎在知识付费领域的一系列动态，可以看出知乎正在由问答社区向知识平台转型，通过邀请社会知名人士、平台头部 IP，以及机构用户入驻，推出 Live、专栏、电子书等模块，打造一个内容丰富的知识共享平台。

4.2.7 会员订阅：尽享从 0 到 1 的盛宴

会员订阅通常被认为是商对客（business to customer，B2C）模式在网络小说产业中的延伸，实际上泛指通过线上或线下的支付途径（通常是在线支付）来阅读一些通常被运营商加密或隐藏的文字图像内容。会员订阅的关键是稀缺的优质内容、数字阅读用户的体量及付费意愿。会员订阅通常包含两种方式：一是按阅读量计费，具体按本（1～10 元/本）、按章（0.08～0.12 元/章）支付；二是按时间计费，VIP 用户行使权力进行月付/季付/半年付/年付，每月一般 5～20 元，订阅时长越长，单位边际成本下行。会员订阅模式下，数字阅读平台向作家和版权机构购买内容版权并支付版权费用，在获得内容后，平台向读者提供阅读服务并收取订阅费用或会员费用，形成完整的变现模式。会员订阅的模式如图 4-29 所示。

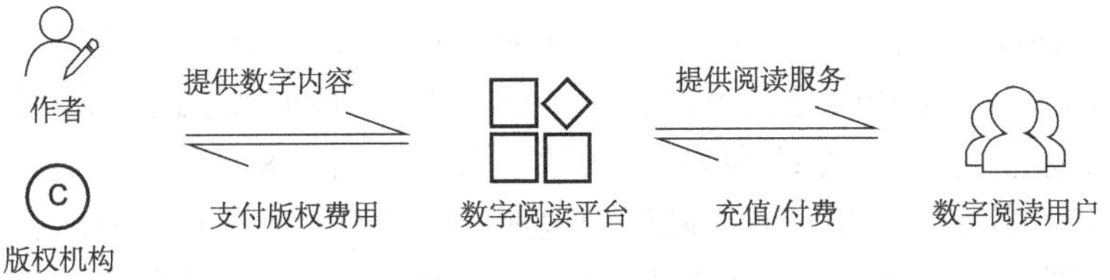

图 4-29 会员订阅的模式

互联网开创了免费模式，因具有规模效应和边际成本为零的基本特征，长期以来互联网企业往往对 C 端用户免费，通过后向收费实现盈利。随着信息资源的日益丰富和消费升级的加快提速，用户对品质的需求与日俱增，一个规模庞大的高端用户群迅速形成。会员订阅在资讯量爆发的大背景下为用户找到了省时间的双赢消费模式。目前，多方面因素导致互联网内容付费市场在不断延伸，拓展到图片、阅读、音乐等各个领域。站在供给侧的视角来看，国家对版权保护的力度不断加大，版权资源越来越稀缺，盗版成本越来越高，为付费模式提供了保障，此外也包括媒体内容的碎片化；站在需求侧的视角来看，媒体内容的差异性刺激消费者愿意主动为线上内容付费；站在长期的视角来看，天然付费群体壮大是付费市场规模不断扩大的根基；站在信息技术发展的视角来看，移动支付的便捷，也大大推动了内容付费的发展。因此，很多媒体机构为实现内容变现均彻底放弃了免费阅读模式，建立了完全基于会员订阅的赢利模式，以有效满足用户在内容过载时代获取精准服务的需求。从免费到付费，互联网内容盈利模式迎来了根本性变化，数字订阅正处于从 0 到 1 阶段的前向收费阶段。数据显示，截至 2017 年，有 16%的美国民众愿意为在线新闻付费，报道内容的重要性是促使美国用户决定付费的首要因素，占比超过 40%[①]；预计到 2020 年，50%的发达国家成年群体会订阅至少四种线上媒体。

① Reuters Institute for the Study of Journalism. Reuters Institute Digital News Report，2017.

如果说“付费墙”将部分用户挡在门外的方式有些粗暴，那么“会员制”则可以视为在此基础上从惩戒式机制向鼓励式机制的变现方式升级。不仅如此，会员制本身就蕴含了社区建设的野心，是一个洞察用户、增强黏性、制造参与感、表达平台关怀并实现核心用户培育及持续变现的系统性工程。在付费用户平均收入（average revenue per user，ARPU）及付费转化率提高、用户黏性扩大用户规模的共同作用下，作为一种前向收费模式的会员订阅的变现渠道具备长期发展的基础，并且将持续扩大收入规模，已成为互联网的主流赢利模式。会员订阅服务在新闻媒体领域的应用出现最早，也最为常见。《纽约时报》早早尝试“付费墙”，其在 2012 年就宣布其付费订阅收入超广告收入，希望到 2020 年时数字收入可达到 8 亿美元的运营目标，同时确立了自己的经营理念为“以订阅为主，广告为辅”；《卫报》以费用多寡决定会员等级，并在此基础上分配不同等级的福利，如线下沙龙、公开课、免广告等；《华盛顿邮报》则以积分制打造其会员体系 PostPoints，积分活动延伸到了日常生活场景中，在商场、药店、生鲜店等地方购物也可以获得积分；《华尔街日报》推出高大上的 WSJ+会员制，以俱乐部方式存在，其中最常用的福利形式是私密高端活动的入场券；《泰晤士报》成立了一个 8 人小组，专门检测能够提升用户注册数的优质文章，以便在社交平台上重点推广，吸纳粉丝；电商巨头 Amazon 重磅推出数字订阅服务 Subscribe with Amazon，一举跻身全球第三大平台内容直销平台；Netflix 是应用会员订阅模式最早、最彻底、最为成功的企业之一，其提供基础、标准、高级三个级别的会员服务，月费分别为 8 美元、10 美元和 12 美元，订阅会员可以在其影视库里任意、随时随地观看所有节目，并且没有广告；因为“相信新闻的力量”。财新网则于 2017 年 10 月宣布全面付费，在盛行“免费午餐”的时代里，将手直接伸到了用户面前。实际上，无论是“粉丝养成”还是“会员制”，代表的都是媒体的运营思维从单一提供内容向提供“内容+服务”转变，媒体通过提供更加开放、更加个性化的内容和服务，塑造与读者之间的强关系连接，从而取得全新的营收增长。

【典型案例】

《卫报》会员制：提升忠诚度[①]

拥有了用户之后，如何提升其忠诚度、实现持续变现，是值得业界关注的重要问题。《卫报》推出数字付费会员计划，尝试通过细分会员层级和提供强知识属性的附加服务来实现这一点。

《卫报》在 2014 年推出了数字付费会员计划，并收集了 10 多万份一次性捐款；此后于 2016 年 1 月加大宣传力度，以抵消广告收入下降；《卫报》会员数量从 2015 年初的 1.2 万人到现在 30 万人的飞跃，这得益于其会员计划的转变——由简单的交易转变为情绪化的呼吁。

① 邹晓宇，王亿本.《卫报》数字化转型的经验研究. 青年记者，2018(9): 96-97.

《卫报》的付费会员大致分为支持者、好伙伴和老主顾三个等级，并根据付费多少分别给予不同的特权。作为会员主力的支持者，每月支付 5 英镑，对应入会礼物、应用免广告、加入全球读者俱乐部、获取会员定制邮件等服务；好伙伴和老主顾则分别需要支付 15 英镑和 60 英镑，就能享受手机 App 的无广告体验，并增加了获得 Guardian Live 的入场券或者《卫报》出版物的特权；老主顾还能接触独一无二、幕后的新闻事件，并参与其他高端专属沙龙，而且额外享受折扣。《卫报》会员订阅付费页面，如图 4-30 所示。

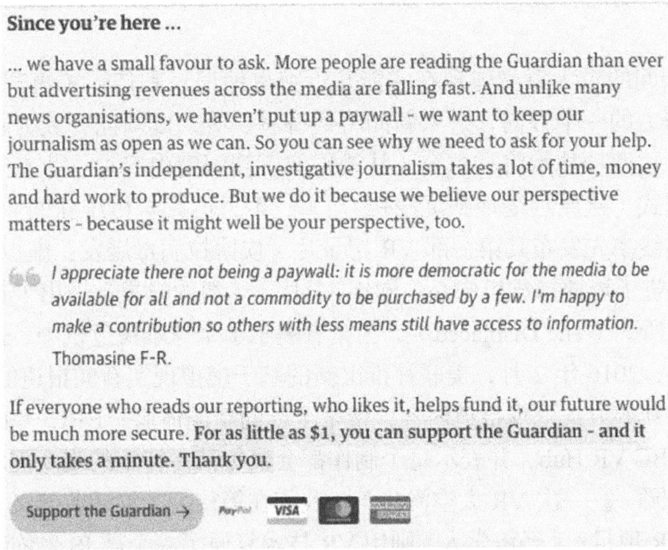

图 4-30　《卫报》会员订阅付费页面

《卫报》一直致力于推动支持者级别的用户数量增长，这也是大多数新注册用户的来源。虽然按照最低标准来计算的话，支持者每月支付最低 5 英镑，20 万人一个月能带来 100 万英镑的收入，一年能带来 1200 万英镑并不算多，但拓展这一层级的用户能带来更多的关注。《卫报》里有大约 50 名员工时刻负责会员工作，工作内容包括数据分析、会员开发、市场营销等，其重视底层的战略迅速扩大了订阅基数。

《卫报》所提供的附加值服务，也有极强的知识属性，如赠书和开办高阶沙龙等。此外，还有大师课堂（masterclasses）项目，邀请业内专家开设课程和工作坊。

4.2.8　虚拟现实与增强现实：沉浸体验与深度交互

2010 年，南加州大学安纳伯格传播与新闻学院高级研究员罗尼·德拉佩纳，首次用沉浸式新闻（immersive journalism）（VR+新闻）的概念来定义使用虚拟现实技术制作的新闻：一种使用户能够对新闻中的故事或场景，获得第一人称视角体验的新闻生产方式。当这一概念出现在新闻传播领域后，新闻媒体的报道思路和制作流程都发生了巨大的变化。虚拟/增强现实下的新闻创新，赋予了传统新闻更为有趣的沉浸感虚拟互动模式，这一技术的运用打破了传统新闻在距离和空间上的局限，用户可借助 VR 技术瞬间抵达新闻现场并进行 360 度全景审视，使得用户不再是局外人，而是目击者。虚拟/增强现实下，媒体使信息从二维向三维跨越，让用户从与文字、图片、影像互动转换到与虚拟世界互动，可大大提升新闻报道的广度、深度和维度，重构新闻与用户的关系。业界还可以发现虚拟增强现实，使媒体变得可读、可感、可预知，将延伸受众对世界的感知阈。据人民网舆情监测室最新统计数据,2016 年上半年,仅 VR 新闻领域的相关报道就有 10.5 万余篇，微博、微信文章 8 万余篇，相关手机应用近百个。数据显示，2016 年 Google 发售了 500 万套 Cardboard 虚拟现实眼镜，YouTube 的用户观看了超过 35 万小时的虚拟现实内容、超大型的内容发布商，如 Sky TV、Netflix 和华纳兄弟，也推出了各自的虚拟现实内容。[①]

虚拟现实新闻的重大意义体现在它能几近穷尽地记录和传输（再现）新闻时间[②]，是传媒业正在努力的一个方向，进入新闻将代替看、听、读新闻，成为新闻消费的新趋势。VR 和 AR 这两项技术将在内容（从浅层叙事到深度内容）、业态（从各自为战到跨界融合）、样式（从原画复现到沉浸+参与）三个方面影响传统新闻业的转向。[③]2015 年 9 月，美国前线率先发布其第一部 VR 纪录片《埃博拉病毒爆发：虚拟之旅》，用 VR 技术带领观众走进了埃博拉危机中心；同年 11 月，《纽约时报》推出了其首部 360 度全景视频《流离失所》（The Displaced），为读者展示了全球难民危机中，饱受战争蹂躏的三个孩子的故事；2016 年 2 月，美联社推出新的基于虚拟现实新闻报道的 Web 门户，用直观、沉浸和交互的方式呈现报道内容，带来全新的新闻体验；BBC 专门成立了虚拟现实制作工作室 BBC VR Hub，并表示每个制作都会聚焦某一特定的观众需求和场合，已经制作了包括《家园——一次 VR 太空漫步》《我们在等待》《复活节起义：反抗之声》等在内的一系列 VR 项目；《经济学人》则用 VR 技术复原了一个被 IS 恐怖组织破坏的伊拉克博物馆。在中国，VR+新闻大致起步于 2015 年，《人民日报》全媒体平台（中央厨房）首次引进全景 VR 设备全程记录激动人心的阅兵盛况，全方位展示阅兵式的精彩瞬间；新华社制作了《带你“亲临”深圳滑坡救援现场》的 VR+新闻；2016 年 10 月，《中国日报》通过整合人工智能技术，采访真人而制作虚拟视像面世，这一人工智能所虚拟出来的新闻人物的影像可全天改变表达方式；央视在 2016 年 9 月直播了天宫二号发射特别节目——《筑梦天宫》，其中介绍神舟十一号的时候，演播室让虚拟的神舟飞船从屏幕里“飞”了出来；2017 年 10 月，多家媒体记者使用 VR 图片、VR 直播、VR 视频等技术拍摄了新闻发布会、会议记录、现场采访等，更结合闯关游戏、公众号等，增强网友的参与性，为读者展示了十九大的盛况。《人民日报》720 度全方位体验 9.3 盛大阅兵式，如图 4-31 所示。

虚拟现实的社交和沉浸体验将使社会化媒体出现一番新的、更具吸引力的景象，并促使其成为电视和视频的重要组成部分之一，也成为网络时代的新潮流。用户在社会化媒体上的对话和分享将变得像玩游戏一样生动有趣，从而进一步摆脱被动阅读、观看的

① 财联社. 预计 2020 年智能电视存量将超 2.8 亿台 占比超 60%. https://www.sohu.com/a/212545793_222256[2019-05-30].
② 邓建国. 时空征服和感知重组——虚拟现实新闻的技术源起及伦理风险. 新闻记者，2016，(5)：45-52.
③ 史安斌. 作为传播媒介的虚拟现实技术——理论溯源与现实反思. 人民论坛 · 学术前沿，2016，(24)：27-37.

图 4-31　《人民日报》720 度全方位体验 9.3 盛大阅兵式[①]

受众角色，更为主动地体验、参与技术制作的真实现场。未来，虚拟/增强现实技术将笼罩现实，其与电影嫁接，可为用户带来环幕电影、球幕电影及 4D/5D/6D/7D 电影等；与电视嫁接，可为用户带来虚拟演播室技术、虚拟广告技术系统、虚拟转播技术等；与互联网嫁接，可为用户带来电子商务产品演示、远程教育、虚拟游戏等；与纸媒嫁接，可为用户带来同步切换、场景切换、浸入式新闻等。

① 720 度转起来！你试过这样看阅兵吗？http://politics.people.com.cn/n/2015/0904/c395920-27544775.html [2015-09-04].

【典型案例】

VR 全景看“砥砺奋进的五年”大型成就展

2017 年 9 月，为迎接党的十九大胜利召开，经党中央批准，中共中央宣传部、国家发展和改革委员会、中央军委政治工作部、中共北京市委在北京联合主办“砥砺奋进的五年”大型成就展。展览安排设计了“序篇”“践行新发展理念引领经济发展新常态”“坚持中国特色社会主义政治发展道路　推进国家治理体系和治理能力现代化”“坚定文化自信　创造中华文化新辉煌”等 10 个主题内容展区和 1 个特色体验展区，全面宣传展示党的十八大以来党和国家事业发生的历史性变革。

该作品创新性地将 Unity 3D 引擎技术、虚拟现实、增强现实、动作捕捉、立体环幕等先进科技相结合，打破了传统展出方式在时间和空间上的限制，并以静态三维效果模拟实体展馆，将其展馆、陈列品移植到互联网上进行展示。用户可通过鼠标或各种传感设备，随意缩放、全方位调整视角，沉浸在一个逼真的场馆环境中，犹如进入真实的展馆，足不出户就可借网络平台接触党的成长变革。VR 全景看“砥砺奋进的五年”，如图 4-32、图 4-33 所示。（演示网址：http://politics.gmw.cn/2017-09/27/content_26351142.htm）①

图 4-32　VR 全景看“砥砺奋进的五年”（正常视角）

图 4-33　VR 全景看“砥砺奋进的五年”（小行星视角）

① VR 作品 | 全景看“砥砺奋进的五年”大型成就展. http://politics.gmw.cn/2017-09/27/content_26351142.htm[2017-09-27].

4.2.9　传感器新闻：新闻源的再定义

传感器新闻（sensor journalism）的早期研究源自美国哥伦比亚大学的托尔数字新闻中心。2013 年 6 月，该中心为传感器新闻做出定义：利用传感器生成或收集各类数据，然后对数据进行分析、可视化处理，将其以一定的方式融入新闻报道，进而完成“讲故事”的新闻生产模式。从以上定义可以了解到，传感器新闻使用数据来讲述新闻故事，而数据的捕捉来源于传感器，这就意味着万物都可能成为新闻源。

从传感器新闻作品的案例可以看出，目前数据收集渠道主要包括：利用现存的公共传感器网络加工整理，或申请政府公开相关公共传感网络的数据；利用现存的专业化行业传感技术网络通过相关专业终端（手机 App）采集新闻素材；专门布置面向新闻报道的针对性参数传感器，直接采集相关数据；也可以采用“众包”的形式，让社会公众参与布置传感器，并提供数据。[①]可以说，传感器新闻的基石就是用传感器收集数据，拥有采集环境、交通、健康、人流与物流等数据的传感器，就将拥有未来的核心媒体资源。

传感器新闻主要集中于以下几个领域：即时新闻、环境新闻、调查新闻、“公民参与”式新闻和无人机新闻。传感器新闻可拓展人的感知能力、探测未来动向并传导个性需求，在互动性、解释性、调查性、突发性报道中作用凸显。例如，利用精准的传感数据，可提升新闻报道的权威性；让受众参与到新闻发现与制作中，可提升新闻的互动性；可在突发性报道中及时反馈信息；根据用户定位传感器，可定向推送本地化新闻及服务；利用生理传感器，可实现对广告、视频效果及用户体验的前期监测。

传感器具有感知环境的细微变化、采集海量数据的强大能力，摆脱了与人的物理关联，成为更自由的“人的延伸”。未来，传感器的种类和应用领域将进一步丰富，而把各种对象产生的数据输送给媒体，又可不断拓展新闻生产的思路与空间，使得传感器新闻成为新闻生产的新方法。例如，《华尔街日报》借助用户手机上的 GPS 定位及记录运动轨迹，根据用户提供的公共数据创作了“看图猜城市”的可视化互动新闻；BBC 探索频道为证明猫头鹰飞行时的声音是非常轻的，利用声音传感器将录音转化为频率，把传统视听内容报道的形式转化为数据报道；《休斯敦纪事报》为了探测当地一些化工厂是否释放有害物质，通过在化工厂周围设置传感器来探测土壤污染情况；美国犹他州安装了一种带传感器的交通信号灯，能够识别交通流量，并通过自动改变信号灯来控制交通堵塞。

【典型案例】

《太阳哨兵报》“超速警察”[②]

2013 年，普利策新闻奖评委会把“公众服务奖”颁给了佛罗里达州《太阳哨兵报》（*The Sun Sentinel*）关于当地警察违法超速行车的报道。该报记者为了获得具有可信度的调查结果，选择与运营该州高速路收费站传感系统的“阳光通”（SunPass）公司合作，

① 许向东. 大数据时代新闻生产新模式：传感器新闻的理念、实践与思考. 国际新闻界，2015，(10)：107-116.

② 刘胜男. 实战案例:借助公共设施中的传感器进行新闻调查——以《太阳哨兵报》“超速警察”报道为例.中国传媒科技，2015，(6): 33-34.

调取了 2004 年以来系统里记录的 110 万条警车过收费站的记录。正是由于每辆警车都有一个自动识别器，当车辆穿过高速自动收费站就会被记录，而驶入到驶出高速期间，至少会被自动识别仪记录两次，结合两个收费站之间的距离、行驶时间、地点等进行详细的数据分析，发现了 5100 起警车违法超速驾驶的案件。其中，96%车辆的时速在 90 英里到 110 英里（即时速约在 145 公里到 177 公里）。该报道引起了社会大讨论，迫使佛罗里达州警务部门进行内部大整顿。一年之后，当地超速个案较 2011 年同期的 3179 件下降到 495 件，降幅达到 84%。

4.2.10 数据新闻：释放可视化报道的力量

数据新闻（data journalism）是新闻业不断适应当下信息环境变化不断探索而孕育出的新成果。数据新闻又称数据驱动新闻（data driven journalism），是对数据（公共数据、媒体资料数据、社交媒体、受众的个性化数据等）进行分析与过滤，利用丰富的、具有交互性的可视化传播（图表、图解、图形、表格、地图和列表等），创作出新闻报道的新方式。[①]数据新闻的生产过程如图 4-34 所示。数据新闻要求记者“通过使用社会科学的方法和手段，例如调查法、内容分析法、田野调查等，以保证新闻的准确和客观”。[②]数据新闻是可视化与媒体结合的产物，其设计步骤一般如下：梳理分析信息内容，剔除多余数据，保留最有价值的信息；将指标值图形化；将指标图形化；将逻辑关系可视化；插入音乐和解说词。[③]而根据数据新闻的信息图交互程度，通常又可将数据新闻分为静态信息图、单向动态信息图及双向互动动态信息图三类。

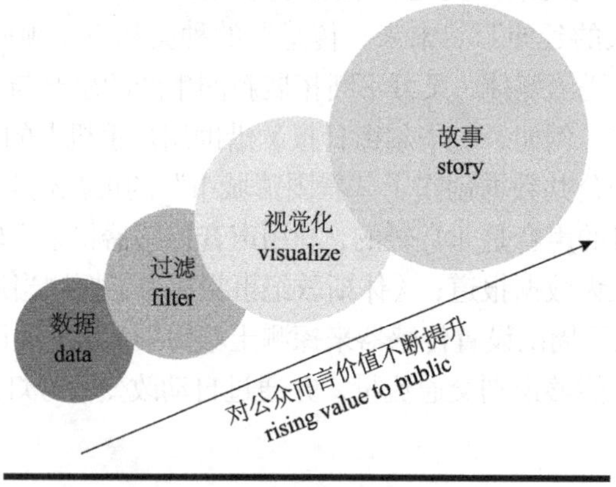

图 4-34 数据新闻的生产过程

在生态系统中，生物食物链连接有机生物之间的关系，维持生态平衡。而在大数据时代，新闻的生产方式基于数据食物链——数据闭环。数据闭环指的是从数据的生产、采集、编辑、存储、发布、检索、交换、聚合、集成到数据挖掘和分析的过程中，由各

① 章戈浩. 作为开放新闻的数据新闻——英国《卫报》的数据新闻实践. 新闻记者，2013，(6)：7-13.
② 沈浩，谈和，文蕾. “数据新闻”发展与“数据新闻”教育. 现代传播(中国传媒大学学报)，2014，(11)：139-142.
③ 宋国强，徐剑. 数据可视化在电视新闻中的运用. 视听界，2013，(6)：84-86.

种数据来源、数据采集方式、数据库、数据挖掘技术、数据模型和数据产品组成的一个环状数据运营体系。随着大数据在各行各业的广泛应用，更多本来与数字无关或者关系不大的新闻也逐渐采用数据新闻的报道形式，进而揭示新闻人物的复杂关系、呈现新闻背后的故事，从而在探求新闻事件本质的基础上达到预测其未来发展趋势的目的，这也是发展数据新闻的真正意义。这不禁让人类开始对逻辑思维，以及分析、解读大数据背后含义的能力如饥似渴。如何用易被用户吸收的方式呈现信息，变成了高悬内容生产者头顶的“达摩克利斯之剑”。于是，适合人类信息接收特征的可视化表达、更加客观可信和支持结论的数据、简化甚至让读者免于筛选信息的过程，让数据新闻以通向未来世界的诺亚方舟的形态，出现在技术风暴中饱受肆虐的媒体孤岛之上。

如今欧美数据新闻已经发展得较为成熟，尤其是美国，业界实践早于学术研究。《卫报》、《纽约时报》、《华盛顿邮报》、BBC、CNN 等在内的多家国际知名媒体及部分独立项目都在力图打造“新闻+服务”战略，而数据能够为此战略提供强有力的支撑。2009 年 3 月，英国《卫报》成为全球第一个成立数据新闻部的报纸。《卫报》的数字新闻部针对新闻选题搜集分析海量数据，在收集、过滤、分析数据后，通过图表、地图或互动效果图等形式进行数据可视化转化，从而完成视觉化新闻叙事过程；2012 年 12 月，《纽约时报》推出《雪崩》，该作品用令人身临其境的文字、音频、视频、动漫、数字高程模型（digital elevation model，DEM）、卫星模型联动等技术，记叙了滑雪者罹难的整个过程，并讲解了雪崩的科学原理，获得 2013 年普利策奖；2015 年《华盛顿邮报》推出了 9 篇涉及警察开枪致人死亡案的系列深度调查报道，以数据库为基础，从不同角度深入揭示了此类案件发生的原因及此类现象的现状、背景等，获得普利策新闻奖国内新闻报道奖。

这些报道引起了中国新闻业界的极大关注，随后中国媒体也开启了数据新闻可视化进程。例如，2012 年 8 月，央视综合频道和新闻频道同步推出了近 60 期的中共十八大宣传报道重点节目《数字十年》，其紧紧围绕中国经济、社会、文化等领域的一系列具体数字，以可视化的表现手段，展示十年来国家取得的辉煌成就和人民生活发生的巨大变化，引起社会广泛关注和好评；2017 年 10 月，中共十九大期间，山东广播电视台——闪电新闻携手今日头条联合打造的《砥砺奋进 走在前列》，重点推送数据新闻《数说山东这五年》等，日均阅读量过百万，专题吸引了 50 余万网友查看，其以独特的角度、新颖的内容、出彩的策划为大会开幕营造了良好氛围。此外，中国四大门户网站也分别推出了自己的数据新闻平台，包括新浪《图解天下》、网易《数读》、搜狐《数字之道》和腾讯《数据控》。

【典型案例】

财新传媒《2016 · 洪水暴至》

2017 年 6 月，全球编辑网络（Global Editors Network）在奥地利维也纳举办了年度峰会并在期间揭晓了第一个旨在表彰全球数据新闻领域杰出工作的国际性大奖——数据新闻奖。2017 年的“数据新闻奖”共有来自 51 个国家的 573 件作品参赛，最终由组委会评选出 12 件获奖作品。值得一提的是，2017 年的“数据新闻奖”中，中国就有 24 件作品参赛，其中一件由财新传媒提交的作品《2016 · 洪水暴至》（After the Flood: Never Let Bygones Be Bygones）（网址：http://datanews.caixin.com/mobile/flood/）还入围了最终获奖提名名单。

2016 年是中国有记录以来雨量最大的一年，不少地区由于平日疏于防范而深受洪涝灾害。《2016 · 洪水暴至》聚焦了历年来中国洪水灾情，使用 VR 元素、短视频、解释性交互图表并融合交互地图等可视化手段，加上摄影图集、深度报道等传统新闻形式。报道透过现场图片和视频，向读者讲述了受灾地所承受的一切，增强了代入感。财新网的《2016 · 洪水暴至》，如图 4-35、图 4-36 所示①。

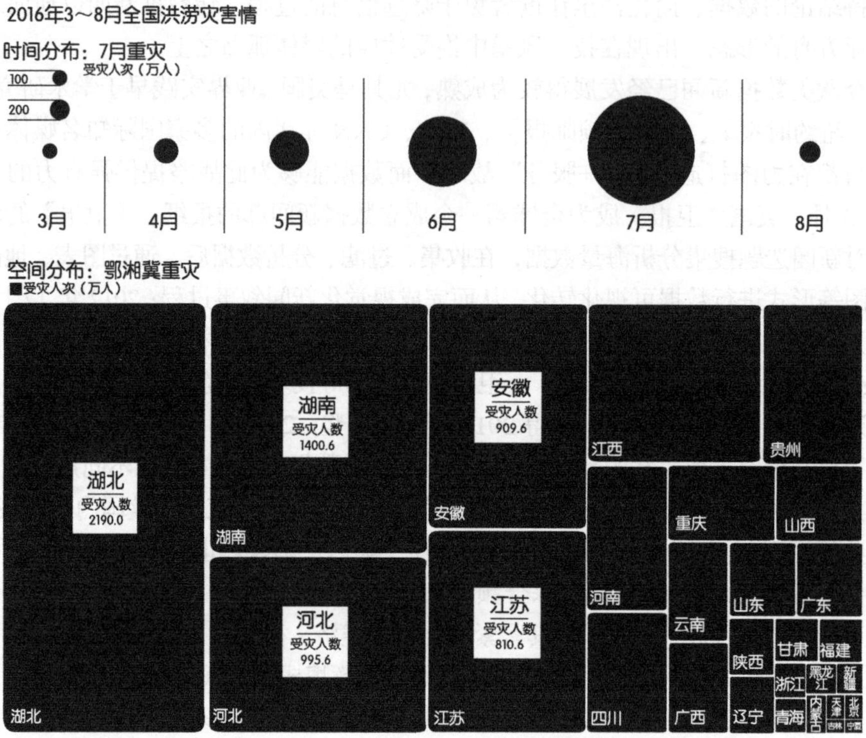

图 4-35　《2016 · 洪水暴至》图一

4.2.11　机器新闻：比我们想象的来得更快

机器新闻（robot journalism）是拟人化的称谓，它是通过软件或算法语言（algorithm）对搜集和输入的数据信息进行自动化的分析，并借助人工智能实现从数据到认识、见解和建议的提升和跨越，从而生成一篇较为完整的新闻报道的计算机程序，其最大的特征就是新闻生产的自动化。实际上，“自动化新闻”应该是更为贴切的称谓。业界专家沈阳教授从数据、知识、观点和整合的关系角度理解，认为机器新闻是“按照一定的格式和结构标准对观点进行故事化叙述”；喻国明教授认为，“机器新闻写作”显性特征之一是“对于海量的内容生产实现智能化标签、聚类、彼此匹配”。目前，机器新闻

① 财新网. 2016. 洪水暴至. http://datanews.caixin.com/mobile/flood/[2017-12-08].

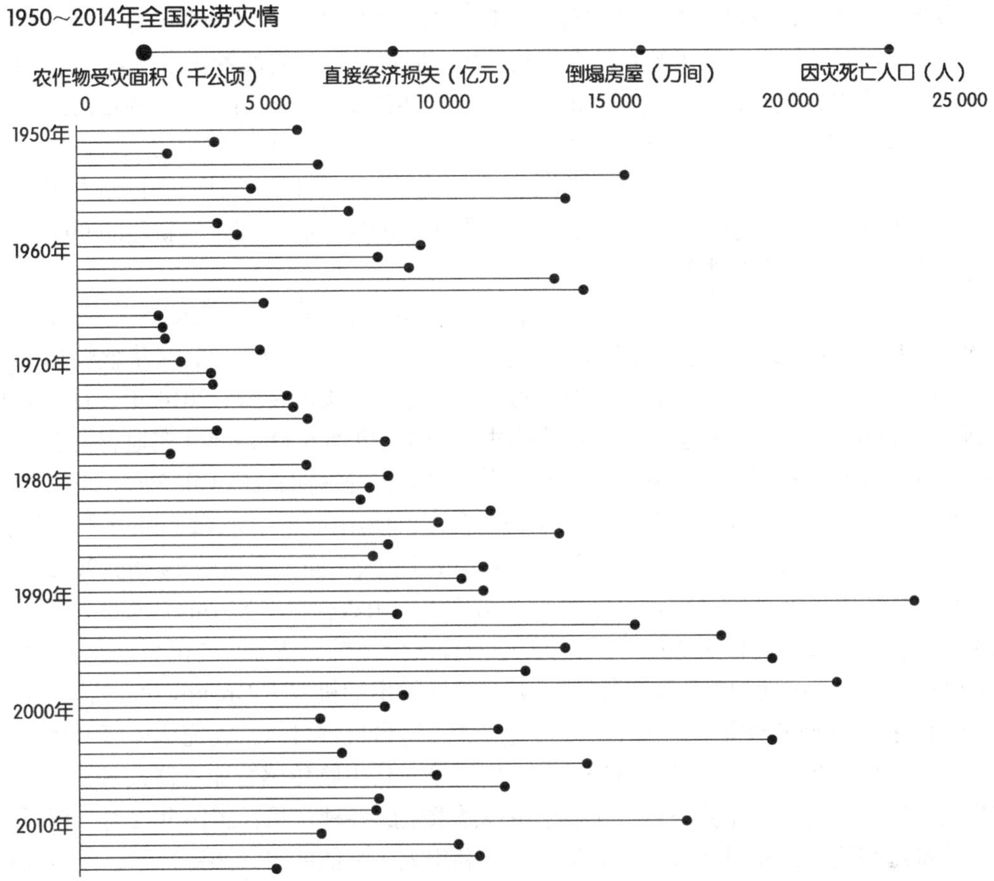

图 4-36　《2016 · 洪水暴至》图二

资料来源：水利部. 2014 中国水旱灾害公报，2014.

基本采用一种“人工模板+自动化数据填充”的模式，可节省大量人力成本、提升写作效率、7×24 小时不间断工作、优化对数据和资料的使用、实现对受众精准且个性化的传播等。自然语言理解（natural language understanding，NLU）、自动翻译、群智形式的修正反馈等技术日益成熟，可通过机器人提取概念、梳理人物关系、分析情绪等多种方式来量化文本，新闻的选编、写作甚至思考不再是人类的特权。其带来的根本变革是，新闻业的模式已从 PGC 到了 UGC，正在向算法生成内容（automatic generated content，AGC）转变。智能化时代，机器人可在几分钟甚至是几秒钟的时间内迅速地分析和总结大量的数据信息，正在越来越多的领域解放人的体力和脑力，传媒业也不例外，新闻传播领域的自动化革命正在开启。

著名科幻作家艾萨克 · 阿西莫夫（代表作品包括“银河帝国三部曲”）曾为机器人设定了行为准则：一是机器人不得伤害人类，或因不作为使人类受到伤害；二是除非违背第一法则，机器人必须服从人类的命令；三是在不违背第一及第二法则下，机器人必须保护自己。根据阿西莫夫的理论，可为新闻机器人设下三大准则：一是新闻机器人不得用信息误导读者，不得对客观硬新闻发表意见，在事件进展后也必须修正信息；二是除非违背第一法则，新闻机器人必须尊重来自人类记者的指令；三是在不违背第一及第二法则下，新闻机器人必须了解自己存在的理由，那就是一直向读者发布新闻。实际上，从内容创作到内容生产，这种措辞上的改变，已经传递出某种让写作走下神坛的意味。美国 Narrative Science 公司（美国一家提供自然语言处理服务的科技公司）曾声称，由于运用独特算法，该公司大约每 30 秒就能够撰写出一篇新闻报道，其联合创始人兼首席技术官克里斯蒂安·哈蒙德甚至认为，未来机器生成的新闻将占到媒体新闻的 90%，并且有可能获得普利策新闻奖。

如今，国内外媒体都在积极尝试机器新闻。2010 年，Narrative Science 公司开发出一款自动写作软件 Quill，它可以将数据转化为描述性文字；2012 年，《华盛顿邮报》Truth Teller 撰写了第一篇机器新闻，机器写作开始进入人类的视野；2014 年 3 月，美国加利福尼亚州发生了 4.4 级地震，《洛杉矶时报》通过机器人 Quakebot 在地震发生三分钟后自动生成和发布了报道，成为第一家报告这次地震的媒体；2014 年 7 月，美联社开始与自动化洞察力（Automated Insights）公司合作，使用机器人 Wordsmith 采写财经新闻，每个季度可撰写 3000～4000 篇财报文章，相当于人工同类报道的 14 倍；2015 年 9 月，路透社利用名为 Open Calais 的智能解决方案，利用数据核实文字的真实性，帮助编辑进行写作和核查。同样于 2015 年 9 月，中国首次出现机器新闻，腾讯财经发表的《8 月 CPI 同比上涨 2.0%创 12 个月新高》便是其自身开发出的机器人 Dreamwriter 所写；2015 年 11 月，新华社迎来机器人新员工——快笔小新，这台机器可以快速完成体育财经类的新闻自动写作；2015 年 12 月，新华网发布中国第一代生物传感智能机器人 Star，可通过生物传感器采集用户体验信息，并根据用户需求生成各种产品；2016 年 2 月，搜狐宣布正式推出智能股市播报系统“智能报盘”，利用人工智能的自动跟踪技术，及时捕捉股市动态，自动化生成并发布资讯；2016 年 8 月，今日头条使用机器人张小明报道巴西奥运会，平均每天发布 30 多篇稿件，6 天发布超过 200 多篇稿件。更值得一提的是，2017 年 8 月 8 日晚，四川阿坝藏族羌族自治州九寨沟县发生 7.0 级地震，机器人仅用 25 秒就发布了包括震中简介、地震参数图、热力人口和地形图等在内的全球第一条关于这次地震的速报，随后又连续推送了 14 条关于地震的速报，均为机器人操盘，最快出稿速度为 5 秒。可见，从《华盛顿邮报》Truth Teller 写作的新闻开始，到美联社的 Wordsmith、《洛杉矶时报》的 Quakebot、腾讯财经的 Dreamwriter，再到新华社的快笔小新、今日头条的张小明等，机器人写作似乎正从概念变为现实，其适用范围主要集中在财经新闻、体育新闻、灾害报道、犯罪新闻、房地产和医疗卫生资讯等方面。这些题材的共同点是内容通常涉及大量数据，经过量化分析，可以数据可视化的方式呈现。此外，从内容到结构有相对固定的标准和模式，易于生成新闻稿件。国内外主要新闻机器人一览如表 4-2 所示。

表 4-2　国内外主要新闻机器人一览

地区	名称	所属机构	时间	领域	功能
国内	Dreamwriter	腾讯	2015.09	财经	写稿
	快笔小新	新华社	2015.11	财经、体育	写稿

续表

地区	名称	所属机构	时间	领域	功能
国内	DT 稿王	第一财经	2016.05	财经	写稿
	张小明	今日头条	2016.08	体育	写稿
国外	Truth Teller	华盛顿邮报	2012.06	体育	写稿
	Quakebot	洛杉矶时报	2014.03	地震预报	写稿
	Wordsmith	美联社	2014.07	财经、体育	写稿
	Blossombot	纽约时报	2015.05	新媒体	写稿

机器新闻是目前人工智能技术在新闻传播领域的一个现象级应用。业界可能更注意它在“写”，其实人工智能对新闻生产和传播格局的改变是全方位、全环节的。未来，机器新闻将发生智能演化——获取各种形式（APIs、XML、CSVs、spreadsheets 等）的相关数据后，分析数据内在关联和变化趋势，挖掘深度知识，通过数据分析和相关背景材料匹配，提炼观点和建议，并按照一定的格式和结构标准生成叙述性的长短文章、报表、可视化图形等，最后借助云服务，通过 API、JSON、XML、Twitter、E-mail 等渠道实时推送文章。未来的媒体竞争将越来越多的是数据平台与数据采集、处理能力的竞争，算法在极大程度上帮媒体人完成数据化工作，将带来未来“人机共生、人机协同”的融合局面。机器人程序负责数据挖掘、分析等枯燥无聊的程序化工作及可以设置固定模板的突发短讯，而记者可以从中解放出来从而有更多时间从事那些需要大量情感、情绪和情商等更高维的创造性生产和创意发掘的心力劳动，同时能为客户提供可以尝试的多种报道类型，来达到提升经营效果的目的。未来理想的报道方式可能将是机器人记者和记者配合，前者负责快速、全面、准确地发消息，后者负责后续跟进和深入分析。

【典型案例】

今日头条新闻机器人张小明（xiaomingbot）①

在 2016 年里约热内卢奥运会上，今日头条的一个名叫“张小明”的新闻机器人让用户眼前一亮。其通过对接奥组委的数据库，可以在极短的时间内完成消息撰写、赛事汇总等工作，其工作原理是结合最新的自然语言处理、机器学习和视觉图像处理的技术之后，通过语法合成与排序学习生成新闻。同时，它还可以通过两种文本生成技术产出新闻：一是针对数据库中表格数据和知识库生成自然语言的比赛结果报道，即简讯；二是利用体育比赛文字直播精炼合成比赛过程的总结报道，即资讯。

张小明属于第二代写稿机器人，比起它的前辈们，写稿速度更快——2 秒内完成稿件并上传至媒体发布；拟人化程度更高——根据比赛选手的排名，赛前预测与实际赛果的差异，比分悬殊程度，可以自动调整生成新闻的语气，使用如“笑到了最后”“实力不俗”等词语；发布稿件类型增加——不仅可以发布赛事消息，还可以生成整

① 邓浩然. 新闻写作机器人现状与发展研究. 兰州大学，2019.

个比赛的赛事简报；图片识别筛选——可以识别图像，在文章中选取插入赛事图片，图文并茂更加生动形象。数据显示，张小明以 2 秒的生成时间发布着赛事报道，平均每天发布 30 多篇稿件，6 天发布超过 200 多篇稿件。今日头条机器人张小明新闻应用，如图 4-37 所示。

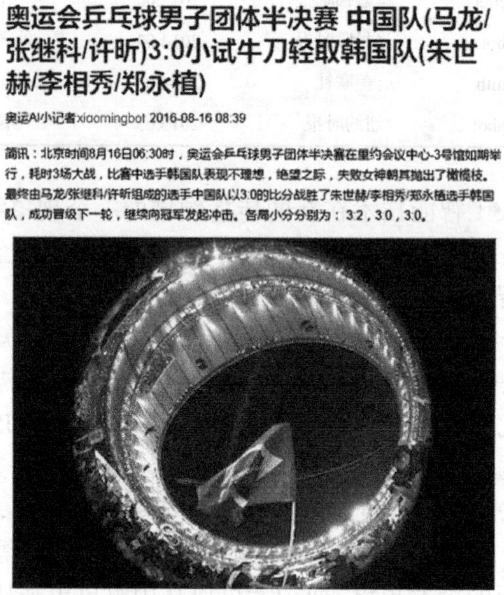

（a）

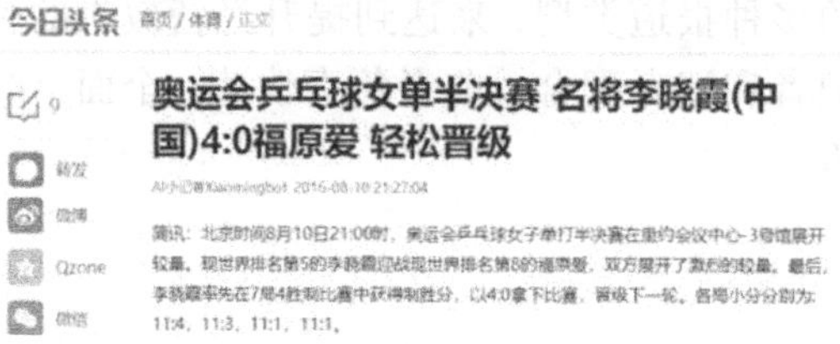

（b）

图 4-37　今日头条机器人张小明新闻应用

4.2.12　个性化新闻：私人定制的资讯客户端

个性化新闻也称定制新闻，是指新闻机构、资讯平台向用户提供个性化的新闻资讯订阅服务，并通过数据挖掘和机器学习分析用户浏览、收藏、转发、评论新闻的行为，同时结合用户地理位置信息、阅读时间和使用习惯、所订阅的栏目和兴趣点、用户关联和社交媒体数据，实现精准的信息推送。用户可设置自己关心的相关主题关键词，如足球、度假、教育等，还可以选择关心的地区新闻，完全由用户自己做主。个性化新闻推送是互联网大数据应用的一个典型案例，其主要目的在于以互联网聚合用户个性化、多样化需求，以大数据实现供需精确匹配，以柔性生产满足低成本约束，从而通过大规模定制使低成本差异化成为现实，普通用户能够以较低廉的价格享受到中高端定制化、个性化服务。在这个系统中，所涉及的技术主要有：网络爬虫技术、Web 页面内容提取、文本内容处理、新闻分类器的构建、预测分类方法等，还会运用到大数据平台的存储能力、云服务器构建和实现整个原型系统。个性化新闻整个模式的任务是通过关键词来标识新闻信息，并结合用户的行为属性来完成对新闻和用户的分类，同时对于新出的新闻信息，通过归类分析，将其准确恰当地推送给需要的用户；而对于新用户，由于没有其使用信息，无法对其进行分类，就需要将最近的热点事件推送给该用户供其选择并记录其信息使用情况，以便后期对其进行归类分析。在软件服务为硬件增值的时代，个性化互联网服务不只是服务内容，还包括服务手段；个性化新闻不仅提供一种个性化新闻阅读体验，更从根本上推进了新闻资讯从聚合类到定制类的转变，精准个性化或将是新闻服务的趋势。尤瓦尔·赫拉利（Yuval Harari）（《人类简史》的作者）在进行系统研究与分析的基础上，也提出人工智能将记下每个个体对内容的兴趣和数字足迹，会对其进行智能化分析，如哪章慢读（意味着很可能喜欢）、哪章跳过（意味着很可能不喜欢）等，并在用户阅读完一本书之后初步构建用户画像，再由此向用户推送潜在的信息消费需求。赫拉利甚至还笑称，未来人工智能将根据用户的数字足迹为其匹配上与年龄、性格、兴趣相配的对象。由此可见，人工智能和数据的交融为用户参与、变现与个性化消费提供了新机会，将进一步推动体验式与定制化阅读的发展，如咪咕阅读提供的新功能便可使兴趣偏好不尽相同的用户选择其习惯的语音、语调完成阅读，让 1000 个读者就有 1000 个哈姆雷特。Pew Research Center 的调查研究数据显示，55%的美国智能手机用户曾使用过新闻推送功能，当被问及收到新闻推送后的下一步行动时，47%的用户表示会点击查看全文获取更多信息。[①]信息处理流程图如图 4-38 所示。

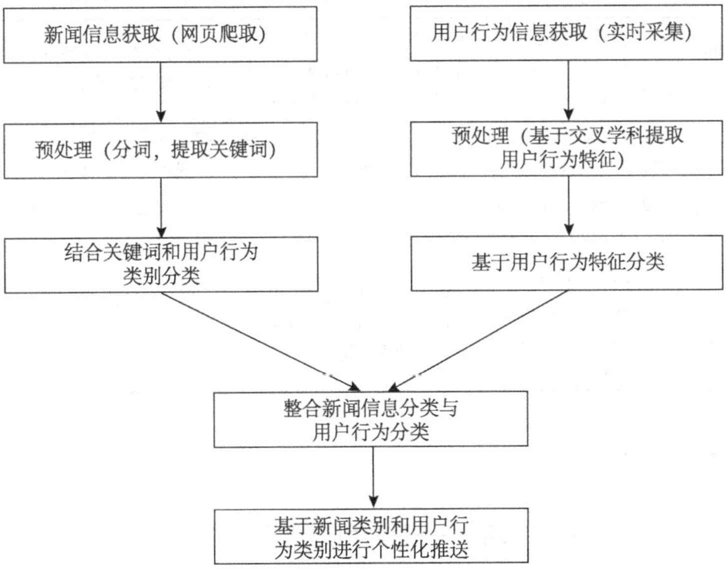

图 4-38　信息处理流程图

① Pew Research Center. News Use Across Social Media Platforms 2016，2016.

在整个 PC 时代和移动智能终端初期，新闻资讯类阅读表现出一种聚合的趋向，但信息过载的现象越来越明显；尤其是移动互联网时代，移动应用的本质都是通过应用去聚合用户、扩大市场。而新闻和个性化功能的结合，解决了信息爆炸和媒体承载页面有限的难题，可实现高价值的垂直定制化内容生产，并有助于打造基于兴趣相近读者的垂直社群，从而满足其个性多元的新闻消费需求。2013 年，独创兴趣引擎智能推荐的一点资讯问世，该应用加入聚合类新闻客户端的用户争夺战中；今日头条因采用聚合资讯和算法推荐的方式一举成功，让之前的聚合类新闻客户端感受到巨大的压力和威胁；2015 年下半年，主打兴趣阅读的天天快报上线，累计下载量跻身前列；2016 年 3 月，UC 头条 App 正式上线，加入移动资讯市场角逐，并推出订阅号“W+”量子计划；与此同时，腾讯、搜狐、新浪等新闻客户端为增强用户黏性并更好地“沉淀”用户，相继增加了智能推荐的页卡，进行个性化新闻推荐，唯一不同的是实现个性化的路径。今日头条侧重根据阅读记录进行推荐，这也是其多为人诟病的低俗死循环狭隘算法；天天快报则除阅读记录外，同时侧重用户自选标签和腾讯关系链推荐内容，凭借腾讯强大的社交关系链，推荐给用户的 QQ 好友、微信好友喜欢看的内容；一点资讯主推兴趣引擎，主打满足用户的兴趣资讯需求；UC 头条则提出根据阿里巴巴大数据进行的精准推荐和用户人群泛阅读推荐。此外，每个资讯平台都需要高质和海量的内容，把控产业链条的上游内容生产源便成为平台的运营核心之一，于是扶持负责内容生产的自媒体正成为个性化资讯聚合平台不约而同的选择。主流个性化新闻 App 定位分析如表 4-3 所示。

表 4-3 主流个性化新闻 App 定位分析

应用	标语	定位	差异化	内容策略	变现
今日头条	信息创造价值	通过机器算法进行个性化精准推荐的新闻聚合应用	根据用户阅读历史和订阅行为推荐内容；拥有约 5 亿用户，开始重视用户社交建立自生态	爬虫内容+头条号自媒体+短视频+图文直播	广告、商城
天天快报	关心世界，更关心你	一款个性阅读、快乐吐槽的新闻阅读产品	根据用户自选标签和腾讯关系链推荐内容	爬虫内容+企鹅号自媒体+短视频+专题+图文直播	广告（腾讯广点通）
一点资讯	你的一点更好看	搜索引擎和兴趣引擎相结合，打造兴趣阅读平台	根据用户主动搜索和兴趣标签推荐内容	爬虫内容+头条号自媒体+短视频	广告
UC 头条	给的再多不如懂我（从兴趣发现乐趣）	借助 UC 浏览器强大内容源和阿里巴巴大数据进行人群兴趣推荐的内容平台	根据阿里巴巴大数据、用户人群特征、阅读行为进行的精准且广泛的推荐机制	爬虫内容+UC 自媒体+短视频+专题	广告、电商

【典型案例】

今日头条——探索用户个性化需求①

今日头条是一款基于机器学习的数据挖掘与引擎推荐产品，旨在为用户提供个性化的新闻资讯，实现内容与用户的精准连接。数据显示，于 2012 年 8 月上线的今日头条，

① 李雪松. 今日头条 APP 用户体验及优化策略研究. 河北大学，2017.

截至 2017 年 10 月，头条日均发文量从 18 万字增长到 50 万字，日均内容消费从 20 亿流量增长至 48 亿流量，步步紧逼业内第一名的腾讯新闻。[①]截至 2018 年 6 月，累计激活用户数已达 6 亿人，日活跃人数超过 1.2 亿人。[②]今日头条产品结构示意图，如图 4-39 所示。

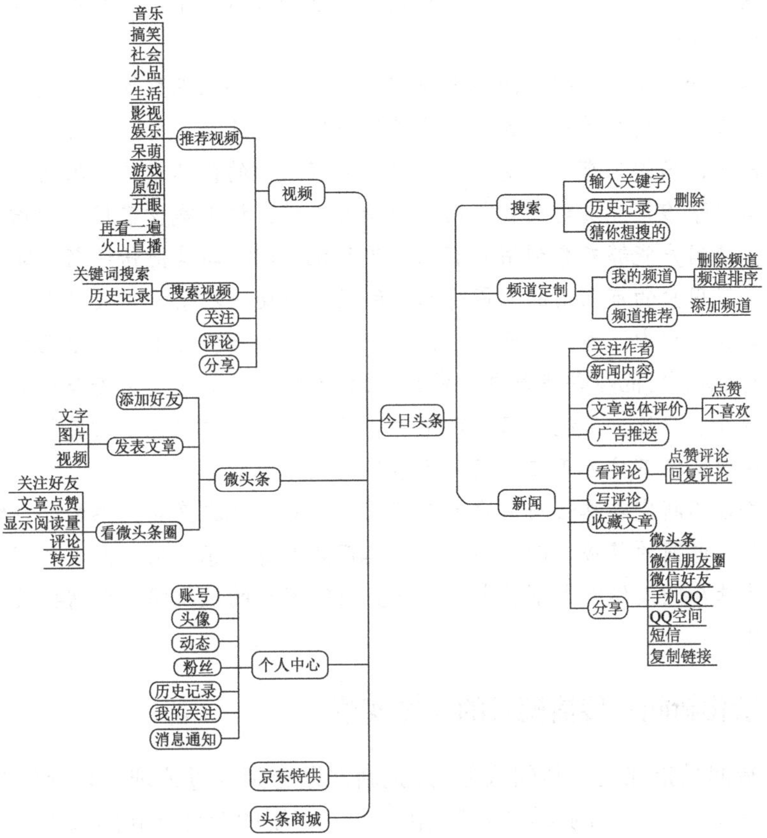

图 4-39　今日头条产品结构示意图

以技术为壁垒，以海量数据为依托，通过机器学习感知、理解、判断用户的行为特征，如用户在新闻客户端的滑动、搜索、查询、点击、收藏、评论、分享等动作，综合用户具体的环境特征与社交属性判断用户的兴趣爱好，为用户推荐个性化的新闻资讯，塑造因人而异、千人千面的阅读场景。

今日头条主要有两大特色。一是个性化的内容推荐机制，根据用户的喜好为其推荐个性化的媒体信息，让用户在信息过剩的互联网时代迅速获取自己所关心的内容，而不是千人一面；二是庞大的内容创业者群体，早期的今日头条将自身定位为内容平台，不做新闻生产者，只做新闻的搬运工，通过爬虫抓取第三方媒体网站信息，这样的做法让

① 头条号扶持优质原创内容 每月流量分成过亿. http://www.chinanews.com/business/2017/11-24/8384901.shtml[2020-03-30].

② 巨量引擎商业算数中心. 今日头条内容价值报告. 2019.

今日头条获取了海量的媒体信息，但也引来了版权之争。而后，今日头条为了减少版权纠纷与加强平台的内容把控能力，创办了头条号，吸引了大量传统媒体与自媒体内容创作者的加入。

“信息创造价值”，意味着今日头条不再单以“流量思维”作为主要推荐因素，而更加重视信息的优质，其中最重要的一点就是信息的客观、中立，更加符合社会主义核心价值观，传播正能量。

生活节奏的加快使人类的时间越来越趋于碎片化，移动互联网的普及给用户提供了利用碎片化的渠道，用户对移动新闻客户端的依赖性也逐渐上升。碎片化时间的特点在于时间长度较短，场景具有不稳定性，用户所能够吸纳的信息量是有限的。今日头条通过数据挖掘与引擎推荐，实现内容与用户的精准连接，极大减少了用户的信息筛选时间与隐性成本，使用户能够充分利用其有限的碎片化时间。与其他传统新闻客户端相比，今日头条增加了用户的可利用的闲暇时间。假设一个使用场景，某天早上，一个白领在等待交通工具的过程中，当他打开某个传统新闻客户端后，却不知道自己该看哪一条，在快速滑动的过程中，他在寻找着自己感兴趣的新闻。而他旁边使用着今日头条的用户，当该用户一打开客户端，系统就根据该用户的喜好向该用户推荐了相关新闻，该用户的筛选时间在理想情况下接近于零，用户体验将远远优于前者。

今日头条在不断完善算法与用户大数据收集，同时也在产品中添加今日特卖、淘宝导购等，有涉及电商的趋势。回归到新闻阅读产品本身，想让用户产生更好的体验还应在阅读内容筛选与阅读体验上下功夫，而一直纠纷不断的版权问题也需要妥善解决，才能稳步地发展。

4.2.13　场景化新闻：传播模式的关键变革

场景化新闻是指在提供新闻服务时，把新闻贴合到经过梳理和划分后的各类场景中并以此为基础结合用户的实际需求提供综合、定制的个性化新闻服务，实现实时互动，是移动互联网一种全新的基于用户场景的信息连接方式。移动传播的本质是基于场景的服务，即对场景的感知及信息适配。[①]场景具有移动（基于移动互联网用户思维的设计理念，拖拉拽的体验方式符合用户使用习惯）、体验（通过艺术和技术结合的手法，将小而美的用户场景与产品功能价值相融合，触发用户的使用和参与感）、互动（通过社会化媒体互动分享，让用户主动传播，最具信任力的社交营销）、高效（通过小而美的场景让新闻与用户信息高效连接，让用户更便捷、更精准地获取新闻）与智能（智能云后台操作可视化，提供强大的智能数据支持）等诸多特点。具有产品即场景、分享即获取、跨界即连接、流行即流量四大表征的场景应用将以个人社交体验为逻辑起点，体验作为底层逻辑主导着这场革命的发生、发展、衍化与变迁，将带来一场从兴趣精准到需求精准的关乎未来的思维变革。2014 年，美国记者罗伯特·斯考伯和专栏作家谢尔·伊斯雷尔在《即将到来的场景时代：大数据、移动设备、社交

① 彭兰. 场景：移动时代媒体的新要素. 新闻记者，2015，(3)：20-27.

媒体、传感器、定位系统如何改变商业和生活》一书中大胆断言“未来的 25 年，互联网将进入新的时代——场景时代”，基于大数据时代的背景，他们认为互联网时代的“场景”应该是基于移动终端、传感器、社交媒体、大数据、定位系统提供的应用技术及由此营造的一种“在场感”，五种技术原力正在革新着消费时代人类的行为体验。[①]

在当代数字社会中，得注意力者得天下。随着新一代信息技术及应用的广泛兴起与普及，各式各样的传感器或智能设备将可以轻松地探测或描述人的空间位置、心理反应等[②]，内容提供商可不断地根据用户场景的变化调整内容生产与推送，以更好地获取注意力。可根据用户时间（早晨、午后、下午、晚上等）、情境（公交地铁、开车走路、咖啡厅、眼睛疲劳、其他特殊环境等）、渠道（手机、平板电脑、电脑等）、活跃度等维度对用户分群，从数据去提炼用户需求和使用场景，对不同的用户群推送不同的内容以提供更丰富立体、便利和有价值的新闻体验，解决用户的多场景需求，同时不断优化、提升新闻的到达率和受众认可度。例如，UC 头条有声版内置了场景化卡片功能，分早晨、午后、下班和晚上四个时段，在信息流推荐相应的音频内容，如早晨或搭车时，可以听 UC 早头条等资讯了解重要新闻；午后则推送搞笑、音乐类帮助提神醒脑；下班后的红人调侃或脱口秀节目偏轻松，有助减压；晚间的情感故事则更有助睡眠。未来，人与人、人与物、物与物的连接不再局限于时间、地点或状态，基于碎片化的新闻服务或将以场景的方式连接并成为核心逻辑。

【典型案例】

从“看”新闻到“聊”新闻，百度改变新闻阅读[③]

互联网时代，最不缺的就是新闻和信息，最缺的是精准获取所求信息的办法。市面上的新闻资讯客户端多如牛毛，既有传统媒体转型的迁移之作，也有在新环境下应运而生的新兴媒体。但无论是什么来头，这些新闻资讯客户端都摆脱不了同一种展现形式——资讯流。

2016 年 11 月，百度新闻上线的最新版本中，推出的“聊新闻”功能，一场人工智能与用户聊天场景下的新闻传递机制诞生。在新版百度新闻中，“聊新闻”功能按钮位于首页底部位置。点击进入交互界面，就能收到感兴趣的重要新闻——通过“对话体”的形式直接呈现内容，提升阅读的效率和质量。而智能选项，则引导用户进行交互，拓展阅读深度。此外，用户还可以向机器直接提问，查找所需新闻。在这里，从繁多内容的资讯流中挑选信息的方式已被取代，用户只需沉浸于内容本身，凸显“人性化”的特征。相比于传统的资讯流，聊新闻一次只解决一个新闻内容，用户可以在一屏之内把感兴趣的话题“聊透”，在此前不会收到一堆文章链接或者长达数千字的

① 罗伯特·斯考伯，谢尔·伊斯雷尔. 即将到来的场景时代：大数据、移动设备、社交媒体、传感器、定位系统如何改变商业和生活. 赵乾坤，周宝曜，译. 北京：北京联合出版公司，2014：1.

② 彭兰. 未来传媒生态：消失的边界与重构的版图. 现代传播（中国传媒大学学报），2017，(1)：8-14.

③ 任晓宁. 从“看”新闻到“聊”新闻. http://data.chinaxwcb.com/epaper2016/epaper/d6397/d6b/201612/73306.html [2019-05-21].

全文，而是人工智能提炼出的最重要的内容。使用聊新闻获取实时快讯，这种对话阅读形态将形成普遍习惯，业界或许将进一步摆脱人工编辑推荐模式，从内容表面获知到更深层次的认知、理解。从这个意义上审视百度新闻的未来，对话模式获取新闻带来的不仅是信息获取方式变革，更是人类透过新闻背后的认知变革，实现“我的新闻我掌控”。实际上，聊新闻功能依托于长期的搜索引擎爬虫和页面分析技术，智能新闻系统真正做到了“亿级”收录、“百万级”新闻理解计算、“毫秒级”推荐，真正实现以交互完成新闻内容的交流。聊新闻背后是强大的自然语言处理技术，这是一种强大的人工智能，机器对每一篇新闻的内容、段落逻辑进行深度理解，再对同一话题下的不同新闻观点进行聚类及关联度计算，提炼出新闻的核心内容及其相互之间的关系。百度“聊新闻”，如图 4-40 所示。

思考当下的新闻信息流动模式，即便在移动互联网时代，用户获取新闻很大程度受制于以单篇新闻为粒度的人工编辑推荐或资讯客户端主动线性的传输。所以，新版百度新闻的突破意义在于实现从读新闻到聊新闻的升华，将会给用户带来更智能、更便捷的资讯体验，在人工智能技术的支持下，新闻阅读模式最终有可能进入无屏化时代。

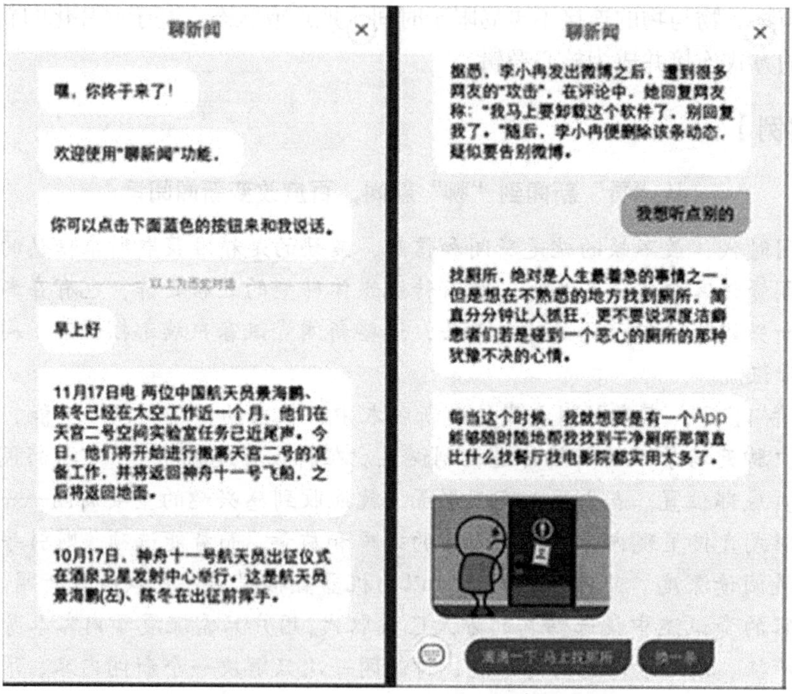

图 4-40　百度“聊新闻”

4.2.14　分布式新闻：集大成于一身

分布式新闻是信息与知识生产领域的共享经济，意味着新闻生产进一步去中心化。随着社交媒体、人工智能等新一代信息技术及应用的广泛兴起与普及，新闻生产逐步趋向分布式，即多种主体在自组织模式下共同参与某一个话题的报道。各种主体的资源发现与整合，报道任务的分配与报道过程的协同，是这种模式的核心。在新闻领域中，各种个体甚至是物体的碎片化新闻素材，为用户完整理解一个新闻事件的全貌提供了丰富的视角。在未来，新闻生产将不再依赖于某个个体或专业机构，而是依赖于大量专业人士的力量，通过去中心化的自组织方式，由用户向用户提供更具专业性的评论和意见，集结出最优质的效果。分布式新闻的基本生产流程是：社交媒体将采访需要提出的问题、需采集的信息等类目预先设计成表格分发给参与的志愿者，志愿者在完成采访后将填好的表格信息发回平台，并由编辑对所有返回的内容进行整合与交叉核实，如事实核查、如何与信源对质等问题，然后根据相关情况进行调整后编发成新闻消息或存入资料库。此外，用户还可以通过评论、上传图片或链接等，对新闻内容进行再生产。维基百科在这方面已经树立了典范。而在新闻领域，借助一些开放平台，人的认知盈余与机器、物体的智能资源结合在一起，将有助于对一个特定的新闻主题建立起丰富的认知框架，也有助于推动人类在某些新闻视角下的深入挖掘。分布式内容的转移代表了新闻媒体从公共话语权领袖，向互联网巨头内容提供商的演变。

分布式新闻分享与交流平台使用区块链技术改变了现有中心化的内容市场格局，解决了优质内容难以识别、传播和变现的问题，通过全新的内容价值评价体系保证优质内容的生产者直接获得收益。通过区块链“打赏模式”，让参与者享受优质内容的同时也能够让优质新闻发布者、分享者获得相应的“打赏”，共同构建起一个有价值且符合大众需求的新闻聚合和内容分享平台。该平台还通过全新的内容价值评价体系保证优质内容的生产者和参与者均可获得收益，并通过分布式价值传输，打破传统信息互联网的局限性，通过区块链价值代币将产生的价值分配给所有的参与者。

大多数有关于内容的创新是从某个平台的分布式内容形式出发，如社交媒体平台、消息类应用平台及 VR/AR 等。分布式发布便成为越来越多媒体的内容分发形式，业界越来越依赖诸如搜索引擎、社交媒体、聊天应用等平台，以使内容最大限度地到达用户，这其中很多媒体都想要复制像 BuzzFeed 这样的数字原生媒体的成功模式。BuzzFeed 用 7 种语言在 11 个国家的 30 个不同平台进行内容分发。据统计约有 80%的用户通过这些平台而非网站来获取 BuzzFeed 的资讯，这种内容分发策略使 BuzzFeed 取得了每月访问量高达 50 亿人次的傲人成绩。[①]

【典型案例】

《赫芬顿邮报》：读者变为记者[②]

《赫芬顿邮报》（*The Huffington Post*）号称“互联网第一大报”，是一家创办于 2005 年的新闻与分析网站，兼具有博客自主性与媒体公共性。2010 年《赫芬顿邮报》的营业额达到 3500 万美元，当美国报业都在为广告跳水、发行量骤减，以及用户向网络免费新闻迁徙而苦苦挣扎之时，它却一枝独秀；2011 年 2 月，美国在线以 3.15 亿美元收购该报；2011

① BuzzFeed 是个什么鬼？ http://www.geekpark.net/news/216900[2019-04-10].

② 关于开放式创新，不得不看的八个案例. http://jiaju.sina.com.cn/news/q/20150203/402733.shtml[2019-03-30].

年5月，《赫芬顿邮报》的独立用户访问量是2800万人次，首次超过《纽约时报》，这意味着它已经跻身主流媒体；2012年，《赫芬顿邮报》获普利策新闻奖，得到业界认可。①

像特斯拉的开源专利、安卓开源性平台一样，把读者变成记者，这是赫芬顿成功的法宝。《赫芬顿邮报》拥有1万多名公民记者，类似传统媒体的通讯员，每时每刻都在为它提供报道。2008年美国大选，《赫芬顿邮报》将一个采访任务分给50到100名公民记者，每人每天用一个小时，就能完成一名记者两个月才能完成的工作量。可见分布式网罗了大量高质量的撰稿人，UGC的能动性得到激发，媒体才能真正活起来，赫芬顿将这种模式称之为分布式新闻。

《赫芬顿邮报》这种建立在社区基础上的内容生产的模式，值得从事内容生产的公司借鉴，其只有150名带薪工作人员，但依赖超过3000名投稿者为每一个可以想到的话题制造内容。它有另外12 000名公民记者，这是它的“眼睛和耳朵”。它的用户也生产了网站的许多内容，每个月有多达200万条投稿。《赫芬顿邮报》的共同创建人乔纳·柏瑞蒂（Jonah Peretti）认为新闻模式再也不是一种新闻传递的消极关系，而是“一个在生产者和消费者之间共享的事业”。

这种所谓“共享的事业”是个同心圆模式：内核是网站最坚定的具有原创能力、质量非常高的博客作者；外面一环是公民记者，散布在美国各地；而最外的大环则是读者，在这个过程当中和网站博主发生互动。这种新的、更开放的新闻模式可以被视为一种“众包”模式，其中两个重要的贡献群体是博客与公民记者。

4.2.15 众筹新闻：变革新闻生产的权力结构用户

众筹的概念源自“众包”（crowdsourcing）。美国著名互联网杂志《连线》的主编杰夫·豪在2006年《众包的崛起》一文中，创造了“众包”这一对互联网产业影响深远的术语。②众筹新闻（crowdfunding journalism）属于众筹的一种，是指由媒体人公开报道计划，得到公众的认可并获得公众数量众多的小额资助，从而实施新闻报道的一种模式，其主要解决新闻制作过程中资金不足的问题。众筹新闻是媒介产品社会化投资的方式，同时也是市场倒推的新闻生产模式，其消费本质是预购。众筹新闻的产生一方面具有和其他众筹项目共同的外部原因，如资金来源多样化、按需生产的市场倒推模式、社会化媒体及移动互联网技术的发展；另一方面又具有新闻行业自身的原因，如传统新闻行业的衰退、公众媒介素养的提高及社会民主政治的发展。Pew Research Center将众筹项目的提出者分为四类：独立新闻人、小型独立新闻团队、媒体机构和以高校为代表的公立或私立研究机构。众筹新闻打破了新闻生产传统的融资模式，在这一过程中，发起人、平台、资助者是三个不可或缺的要素。发起人，即记者、自由撰稿人、新闻及其他机构等制订详细可行的报道计划，并向公众推销该报道项目；平台，即众筹平台搭建起发起者和资助者的平台，为发起者提供筹资渠道，为资助者提供回馈服务；资助者，即公众通过众筹平台，以捐助的形式资助发起者的项目，并获得一定的回馈。而一项完

① 胡泳. 报纸已死，报纸万岁——报纸转型的关键策略. 新闻记者，2011，(11)：15-22.

② 张建中. 众筹新闻：网络时代美国新闻业的创新及启示. 现代传播(中国传媒大学学报)，2013，(3)：105-108.

整的众筹新闻项目至少要包括：报道内容计划、执行时间、报道价值、报道背景、发布渠道及众筹回报等。众筹新闻的生产流程与体系如图 4-41 所示。

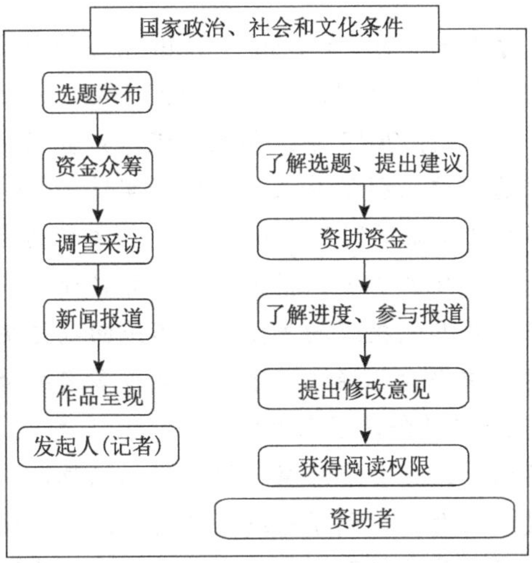

图 4-41　众筹新闻的生产流程与体系

在日新月异的数字时代，在与传统新闻相区别的公共新闻领域，众筹新闻代表了一个新的发展方向，其让公众对新闻业的推动和努力表达和显现出来，为公众开辟了一条新方式来生产新闻、支持新闻和传播新闻，也为新闻业增加了获得收入的选择。众筹新闻是一种借助互联网技术、互联网思维、变革信息传播内在结构与信息消费方式的全新的新闻生产模式，是互联网社交化传播的产物。众筹新闻可以理解为针对个性化用户需求的长尾需求，不仅是新闻业的一种理论创新，还对未来新闻的实践有深远的启发作用，众筹新闻正通过无组织的新闻革命来探索新的新闻生产方式和内容。当然，并不是所有的新闻品类都适合众筹，这里的“新闻”是指广义上的新闻，包括纪录片、调查性报道、出版物、报告文学等多个品类。此外，突发新闻、长篇报告等都可以通过众筹这种模式来获得资金支持。

众筹新闻自 2008 年以来，在美国、澳大利亚、意大利、法国、加拿大及荷兰等地的新闻组织机构得到扩散与应用。2013 年 11 月，众筹平台“众筹网”正式发布中国首家“新闻众筹”平台，为各类媒体的娱乐、时尚、汽车、体育、房产、互联网等内容题材提供公众预筹资服务，众筹这一新鲜的名词从互联网金融领域走进了新闻媒体领域。当前，新闻众筹已经发展到一定阶段，业界专家也对其做出了核心结论：媒体机构得到的资金多，但个体发起的新闻众筹数量最多；有持续性的长新闻在众筹项目中备受青睐；大约三分之一的新闻众筹项目聚焦于美国之外；差旅成为很多新闻众筹项目的资助重点；新闻众筹项目得到了将近 630 万美元的资金支持（截至 2016 年 1 月）；Kickstarter 新闻众筹项目（包括电影、音乐、美术和用户摄影等众多分类）既有原创项目也有项目拓展；新闻众筹只是众筹行业的沧海一粟。

【典型案例】

De Correspondent：荷兰众筹新闻网[①]

De Correspondent 是荷兰一个由 Ernst-Jan Pfauth 创办的众筹新闻平台，创始人 Rob Wijnberg 原本是荷兰发行量最大的全国性媒体（NRC Handelsblad）新闻集团 NRC 晨报的主编。De Correspondent 上线于 2013 年，和主流媒体完全不同，它提供各种新闻故事的背景、分析、调查性报告，这吸引了荷兰对数字新闻感兴趣的相当一部分受众，仅用 8 天就吸引了大概 2 万名用户并募集到了 170 万美元。[②]该网站的编辑及作者专注于新闻的新鲜和结构，承诺以更多元化的类型来报道新闻，并且让更多元的参与者来做这些报道——通过这些努力，来拓宽其做报道的手段，而不是回到传统正确的新闻报道模式中去。发展至 2015 年 12 月，该平台已经积累了大概 4 万多名的付费订阅会员，每个用户每年要付订阅费用 76 美元，这样合计下来大概就是 320 万美元，而且平台会员还在增长中。特别的会员制度尝试通过细分会员层级、提供强知识属性的附加服务，来实现拥有了用户之后，用户忠诚度的提升，达到了持续变现的效果。平台联合创始人 Pfauth 说："我们相信用户愿意付费不是为了接触到你的内容，而是因为他们希望成为一场运动/一个社区的一分子。"De Correspondent：荷兰众筹新闻网，如图 4-42 所示。

图 4-42　De Correspondent：荷兰众筹新闻网[③]

De Correspondent 在运作模式上，主要采用以下几种方式。

1. 记者+读者：双重合作让新闻报道变得更加专业

De Correspondent 的记者队伍除了报道健康、教育、科学和经济这些传统的话题外，还包括一些诸如民意调查和数据统计的"冷门话题"。网站的垂直主题是围绕每个记者开展的，而不是其他人，所以最受欢迎的文章都是建设性的。

---

① 余璧玲. 荷兰新闻众筹网站 De Correspondent 的创新实践及借鉴意义.视听, 2018,（10）：149-151.

② 轶名. 分析：传统媒体应该向荷兰众筹新闻网站学习的三件事. 2014. http://www.100ec.cn/detail-6202070.html[2020-05-20].

③ De Correspondent. https://decorrespondent.nl[2017-03-18].

平台会给记者提供一些专业知识，而擅长各自领域的读者也会参与到新闻的制作中来，并与平台合作，将领域知识提供给新闻编辑室中的所有记者作为参考资料。

2. “非正式通信”让平台与用户联系得更加紧密

De Correspondent 的记者也会给特定的平台用户定时发送一些通信，这些正在写作的通信，就像一个专业的日记，网站上的其他人能够把通信完善得更好。记者可以在通信里用一种极好却又非正式的方式分享工作中的点点滴滴。用户可以订阅记者的个人通信，这些有时被看作是众包或解释新闻的方法，能够与观众产生共鸣。

3. 翻新“过去式报道”，浏览量一增再增

2013 年，当 De Correspondent 的记者去到尼泊尔时，他写了一系列描述这个国家针对地震开展震前准备和震后救援的报道，有一些人阅读了它们，但数量并不是非常多。当地震真的发生时，他们修改后会再次推送这些报道。这就是所谓的翻新“过去式报道”。

4. 解决“平台战争”的良方——固定闲散用户

De Correspondent 采用的是“付费会员可以与同行免费分享他们喜欢的任何文章”的收费模式。同时，编辑团队每天会挑选两篇文章，并有选择性地发布在 Facebook 和 Twitter 上。而阅读付费永远分享新闻的用户都没被询问是否愿意签署一份“每周六免费发送文章”的协议，而这些人中有 2%的人会在几周之后决定成为付费会员。

5. 组建翻译团队，扩大报道传播范围

2015 年夏天 De Correspondent 平台建立了翻译团队，把他们的语言从荷兰语扩展到英语。同时，他们也希望雇用一些能够撰写英文报道的编辑。总的来说，De Correspondent 的模式是十分成功的。视读者如合伙人，将编辑记者与读者之间建立了十分强的联系，编辑与读者的协同工作也使平台内容更加丰富、专业。

4.2.16 生物特征识别：终结数字密码时代

现在，6 位以上有效数字、字母、符号组合并区分大小写，这是大多数人的密码组成方式，很多人也曾被繁复的密码搞得头大；未来，用户使用密码的方式将会全然改变，身份认证的革命将成为一场无介质去密码的革命。实际上，每个人都携带着自己专属的“生物钥匙”（人脸、声纹、语音、虹膜、指纹、掌纹、掌形、DNA、静脉、步态、笔迹及键盘敲击习惯等在内的生理识别与特征识别），其具有不可复制的高安全性、随身性、唯一性、稳定性和方便性等特点，可与现有的数字密码形成有效补充，甚至在部分场景和环节，其安全性远超数字密码，并避免了忘记密码、密码被盗或丢失密码等不必要的麻烦发生，这些生物特征组成的信息聚合起来进行毫秒级的大数据算法，再应用到生活中。人类常常在电影中看到关于生物特征识别一系列眼花缭乱的应用，如用虹膜识别进入金库、用指纹识别进入实验室，或是用语音识别向家中的机器人发出各种指令。生物特征识别正成为一种比密码更安全的替代方案，预计到 2030 年生物特征识别技术应用将彻底终结传统密码。在计算无所不在，在从考勤、智能门卫、智能小区人脸识别管理、一脸通管理、黑名单监控报警与视频抓拍、银行远程开户与网络验证到移动支付、学童接送验证、考生验证、人脸识别锁、VIP 接待管理及社保验证等都已经实现联网的今天，人们为这

些攸关生命财产安全的设施配备了传统的身份验证密码技术。

生物特征识别支付方式具有传统身份验证手段（如密码、令牌等）无法比拟的优点，以生物特征为主的多因子认证技术代表了移动支付领域的最新发展方向，将成为未来互联网金融安全的重要支撑。其可以满足消费者很多期待，购物从此不需密码，只要轻轻用手指一按就好或者直接“刷脸”，越来越多的网上支付方式正在为生物特征识别技术创造新的市场，生物特征识别的方法也保护了消费者在移动终端的数据安全和授权支付。

从按键解锁到指纹解锁再到如今的刷脸解锁，手机解锁方式不断创新，解锁速度也越来越快。智能手机上的指纹读取器，已采用主流的生物特征识别安保技术。如今，这些科技正被进一步运用于计算机，如 MacBook Pro 的 Touch ID，搭载 Windows Hello 的 PC 机装备脸部识别技术。随着该技术的运用，用户将在购物时，免于结账，Amazon GO 便提供如上服务——通过计算机视觉系统与传感器，其可以自动检测，商品何时被取走或是回到货架，在这一过程中，Amazon Go 虚拟车将实时跟踪商品，当用户采购完商品，离开超市后，相应费用将自动从 Amazon 账户中扣除，目前 Amazon Go 系统已在西雅图投入试用；2017 年 9 月，支付宝支持人脸识别付款，不用带手机和钱包就能吃饭结账；2017 年 9 月，Apple 发布的 iPhoneX 支持脸部解锁（Face ID），增强了手机使用的安全性。此外，互联网的虚拟性和自由性，使得新闻作品很容易被精确复制或任意删改、移植。而物联网作为面向实体物理世界、以实现实体物理世界有组织管理为目的的技术系统，可通过生物特征识别中的数字指纹技术生成作品指纹数据库，从而有效地保护数字作品版权。安全和便利自古以来就是相生相克的，但不断成熟的生物特征识别技术可完美实现安全和便利在人类的工作和生活中融为一体，这意味着生物特征识别终结数字密码的时代已经到来。

【典型案例】

刷脸，航线图的另一种打开方式

2017 年 9 月，央企创新成就展在北京正式拉开序幕，中国知名商旅出行软件航旅纵横受邀参展并推出了珍藏已久的终极黑科技。刷脸，航线图的另一种打开方式，如图 4-43 所示。

（a）

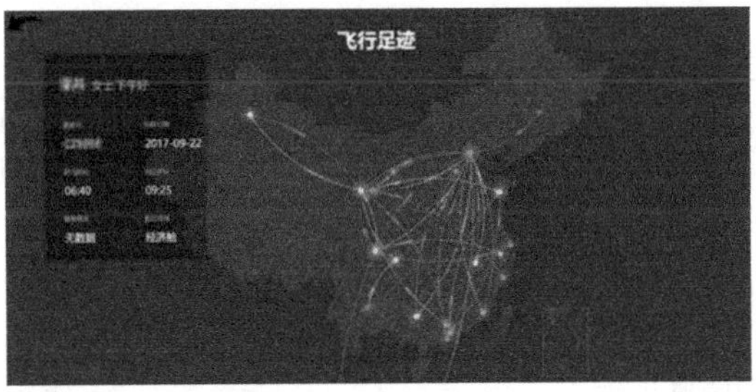

（b）

图 4-43　刷脸，航线图的另一种打开方式

航旅纵横通过人脸检测（face detection）、特征提取（feature extraction）和人脸识别（face recognition）三个过程，采用祖母模型解决极深网络训练瓶颈，实现千层人脸识别深度学习网络。在用户扫描脸部后，系统会自动显示其飞行足迹及即将使用的行程。同时，使用深度学习训练平台 TensorFlow，进行神经网络模型训练，可实现千万级身份人脸检索，毫秒级检索速度，准实时返回结果。

4.2.17　中央厨房：烹制媒体融合大餐

中央厨房，是传统传媒集团全媒体信息服务平台的核心部分，是传统媒体及新媒体发展的综合新闻业务支撑平台，可实现集团各类内容的全面共享和融合，各种资源均能通过灵活的流程再定义机制，实现有效共享和相应的独享机制，可对新闻节目进行统一采集、制作、播出、分发，并实现重大报道一体策划、一次采集、多种生成、多元传播、全天滚动、全球覆盖。中央厨房既是硬件基础和技术平台，也是大脑和神经中枢，具有全媒体信息采集、全媒体信息管理和全媒体信息提取三个方面的功能，以及全体系贯通、全流程覆盖和新闻生产需要“重塑中心”三个方面的特点。其对传媒转型具有节约成本、提高生产效率、提高传播时效、形成舆论合力及营造新媒体思维等价值，或将成为今后的媒体标配。中央厨房的核心秘密在于“融合”二字，能够实现统一策划新闻事件报道，协调新闻资源，安排采访任务，监控新闻编采过程，可以利用大数据技术抓取网站、论坛、微博、微信、数字报刊、电视频道等的最新报道、最热话题、最新版面等信息，经过滤分析处理后为新闻选题提供依据。融媒体传播效果分析如图 4-44 所示。

在 2015～2017 年，各大媒体纷纷上线新型新闻资讯产品发力融媒体，改革新闻生产的体制、机制，再造策采编发的运行流程，把声音、文字、图片、视频、交互等元素放入新闻报告，在融合发展上不断试水。人民日报、新华社、光明日报、中国国际广播电台等主流媒体，或以“中央厨房”式全媒体报道平台的建设取胜，或以集成报道领衔，或以媒体融合实践见长，在转型为新型主流媒体的征程中百舸争流，并涌现出一批传播广、点击多、口碑好的融媒体作品。2016 年全国两会期间，人民日报“中央厨房”利用大数据从不同角度生产了 220 多条原创报道，H5、音频产品、数据新闻等成了“重点菜系”。这些创意十足、形式鲜活的新闻大餐让受众的阅读体验得到了极大提升，其中 H5 新闻《人大

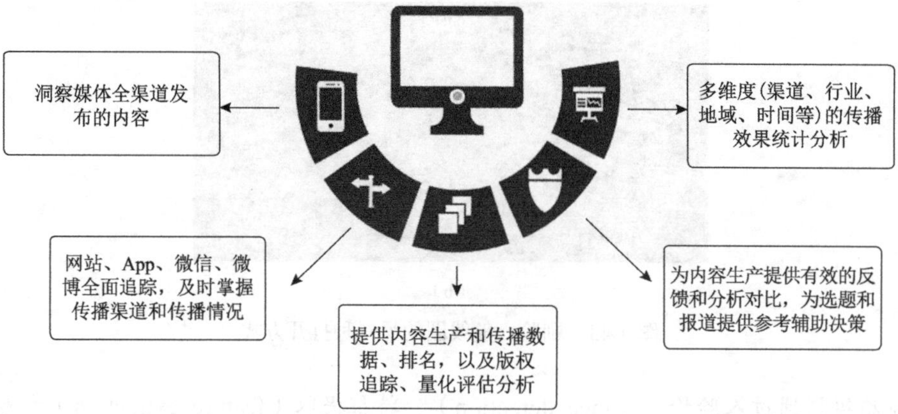

图 4-44　融媒体传播效果分析

新闻发布群，傅莹邀请您加入群聊》《总理送来的“快递”》等作品刷爆了朋友圈，让用户感叹，原来两会报道也可以如此生动；2016 年 11 月，人民日报全媒体报道平台出品的网络访谈类作品——《习主席来了》（Who is Xi Dada?）荣获中国新闻奖国际传播一等奖；2017 年 4 月，央视新闻客户端发布的一组三集内容加起来仅 20 分钟的系列微视频《初心》，截取习近平同志在陕西梁家河、河北正定、福建宁德等地生活、工作时的片段，讲述了他一路走来坚守不变的初心，迅速在各网络平台传播开来，点击量突破 12 亿人次；2017 年 8 月，为庆祝中国人民解放军建军 90 周年，人民日报客户端推出 H5 产品《穿越时光，这是我保家卫国的样子》，该产品“燃爆”移动互联网，创下至 2017 年 9 月单个 H5 产品最高访问量纪录,达到 10.4 亿余人次。未来，中央厨房不仅能带来系统内部的融合，更可根据订户的菜单“烹制”不同形式信息大餐，还可为普通用户提供个性化的信息和场景服务。

【典型案例】

人民日报“中央厨房”①

2016 年 2 月 19 日上午，中共中央总书记、国家主席、中央军委主席习近平来到人民日报社调研。在人民日报编辑楼的大屏幕前，社长杨振武对人民日报全媒体报道平台（中央厨房）建设情况进行了汇报。

人民日报“中央厨房”于同日正式上线，是面向用户、面向国际、面向未来的新一代内容生产、传播和运营体系，以内容的生产传播为主线，不仅服务于人民日报旗下的各个媒体，更是为整个媒体行业搭建了一个支撑优质内容生产的公共平台，聚拢各方资源，形成融合发展合力。基于人民日报“中央厨房”软件平台的内容分发、舆情监测、用户行为分析、可视化制作等一系列技术工具，前后方采编人员时刻在线连接，各终端渠道一体策划，逐步形成新媒体优先发布、报纸深度挖掘、全媒体覆盖的工作模式。“中央厨房”还可以根据评论信息，对用户进行情感分析，得出用户对新闻的喜好，进行个性化推荐，从而实现精准推送和营销。

① 叶蓁蓁. 人民日报“中央厨房”有什么不一样. 新闻战线，2017，(3)：14-16.

目前，人民日报“中央厨房”可提供 18 个语种的新闻产品，向全球 500 家主流媒体和新闻网站供稿，其内容库已积累 700 万+内容，每天新增 5 万～8 万篇新闻资讯，已积累 20 个分类的上万篇训练集文章，重点聚合政治、财经、社会、科技、军事等主流分类的精选新闻资讯，全面覆盖 20 个主流分类的新闻资讯内容。人民日报“中央厨房”及其大数据生态系统，如图 4-45、图 4-46 所示。

图 4-45　人民日报“中央厨房”

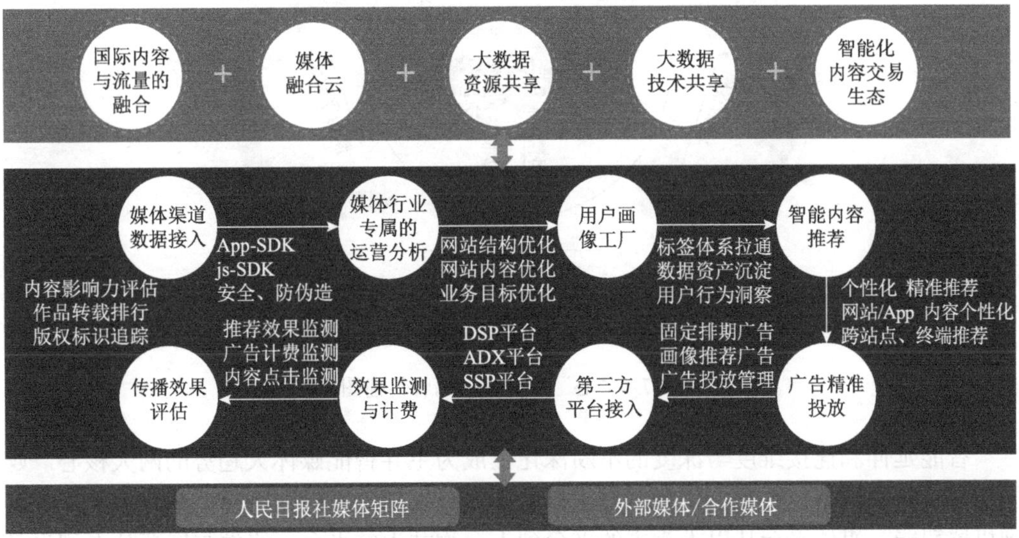

图 4-46　人民日报“中央厨房”大数据生态系统

4.2.18　万物互联：万物皆媒

到 2021 年，互联网家庭应用（如家庭自动化、家庭安全和视频监控、互联大型家用电器及跟踪应用等）将占 M2M 连接总数的 46%或一半，M2M 将用于人类生活的方方面面。英国《卫报》的调研报告也指出，2014～2016 年全球媒体产业在物联网的投资，每年平均增加 120%，仅次于制造业（204%）与金融及保险业（128%）。[①]随着物联网、

① 物联网时代，到底是媒体产业该怎么办？http://www.iot-online.com/chanyeyanjiu/2017/0304/51107.html[2019-03-30].

云计算和大数据等新一代信息技术及应用的广泛兴起与普及，全球新知识模式获取、技术进步产生与生产率的提高正在改变并将继续深入影响媒体领域的发展，但以人为中心进行信息传播与舆论引导的媒体基本逻辑不会改变。媒体正在融合进入全面“融”时代，但这是传统行业的升级换代与跨界融合，实际上，只有与用户心灵和价值观相互匹配的媒体才能实现可持续发展。未来，媒体的价值在于实现人与人、人与物、人与设备、人与服务、人与场景、人与未来的价值匹配与功能整合的高度智能化①，深化人与人的关系，重建人与物的关系，显化物与物的关联，在此基础上生成更大规模的数据，用户获取更强大的人工智能，进而推动社会生产力的跃升，这将是一个创造性毁灭的过程。“心”媒时代，品牌传播图谱如图 4-47 所示。

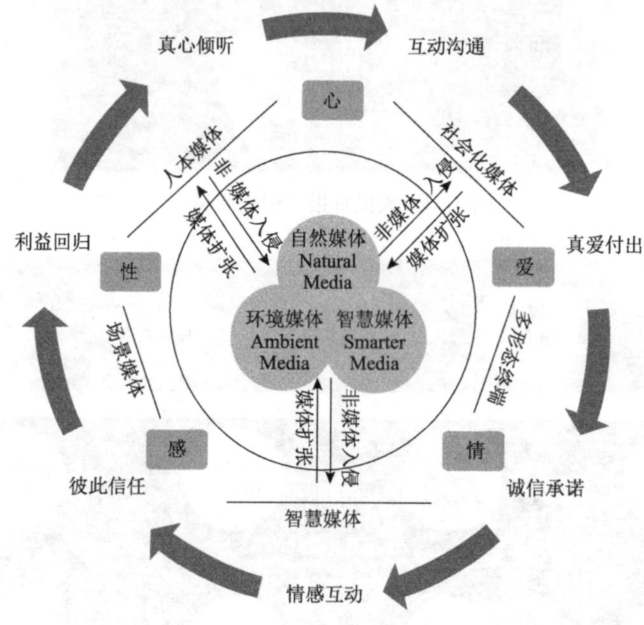

图 4-47　“心”媒时代，品牌传播图谱

智能延伸和连接维度与深度的不断深化正成为主导智能媒体大趋势的两大核心。媒体产业链各主体角色泛化：信息采集与信息中介从人到计算机到万物，信息加工从人工到机器智能，媒体平台从以人为主的平台到人—物共生的平台，终端与屏幕从专用设备到智能物体，一切“物体”均可成为信息生产、加工和传播的主体②。未来，人机协同或将分为三个发展阶段，分别是：感知融合阶段、行为融合阶段及思想融合阶段。互联网 3.0 时代的整体框架逻辑如图 4-48 所示。

万物皆终端（如汽车、桌椅、茶杯、毛巾、记事本等）使得个体场景数据和媒介内容数据实现同步匹配和数据积累，将人、流程、数据和事物结合在一起使网络变得更加相关、更有价值。随着数据网络的普及、人类分解信息能力的提高、数据处理速度的飞

① 许志强，李海东. “互联网+”环境下数字媒体融合及发展路径探索. 中国出版，2015，(20)：47-51.

② 向安玲，沈阳. 全息、全知、全能——未来媒体发展趋势探析. 中国出版，2016，(2)：3-7.

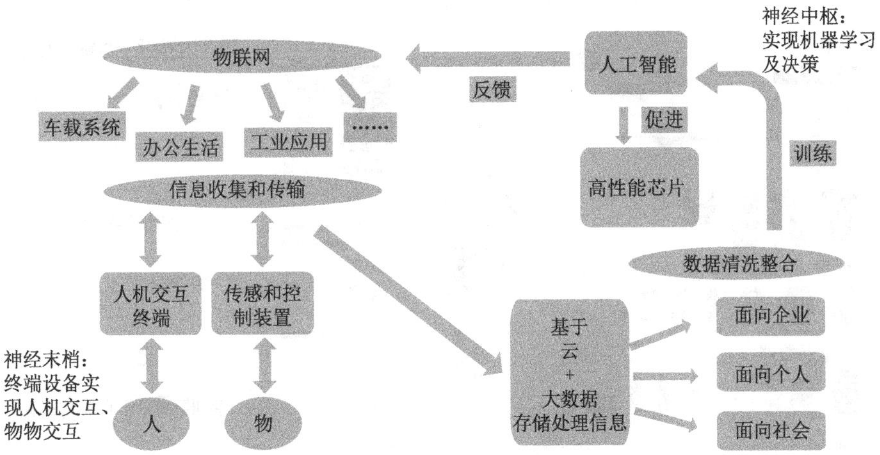

图 4-48　互联网 3.0 时代的整体框架逻辑

升，互联互通的万物都将适时产生海量信息，并通过传感器、无线网络等相应设备自动输入计算机网络，实现从人机单向信息传达的单一自动化到人与物之间和谐自然且自发的交互关系的转化。以用户需求（体验）为核心、以信息（产品）为载体、以关系（场景）为基础、以服务（智能）为增值，为用户提供多样化服务，硬件设备日益由用户终端演变成为一个服务入口，海量数据在反哺内容生产的同时，也为个性化信息服务提供支撑，实现专业媒体价值的“螺旋式回归”。

从宽带互联网的架构、移动智能终端的普及、社交媒体的繁荣再到各类人工智能技术和物联网的发展，业界可以看到两个核心趋势，一是媒介作为人的延伸正从感官延伸向智能延伸深化，在智能领域的探索如同对外太空的探索，是人类认知与自我认知超越理想之所在；二是连接的维度和深度在不断演进，也即从计算机之间的连接，到移动智能终端之间的连接，到人与人的连接，最后到万物互联。而在趋于万物互联的过程中，泛网络化、泛媒介化、无媒介化愈演愈烈并从概念转变为趋势甚至现实：一切物体（包括人本身）都潜在地成为获取或传播信息的媒介，泛网络化意味着连接的深化，泛媒介化意味着传播权力的分散及未来可能的媒介功能的基础设施化，无媒介化则意味着承载信息的媒介介质或将突破物理界限，而存在于空间或虚拟物体上。万物皆终端，一切皆媒体，如图 4-49 所示。

未来已来，生态共赢。基础技术对各个细分领域进行深度融合、渗透和智能化改造，万物感知、万物互联触手可及，人工智能必将带来下一场工业革命，万物皆媒、万媒皆智、万智皆控、万控皆能、万能皆识，社会被融合技术重构①，传统媒体面对颠覆性技术洪流冲击，显现出了更顽强的生命力。

微分一切，流化一切，重构一切，连接一切，智能一切，想象无界限，一切皆媒体。

未来，无形将带来无所不在的屏。以手机为代表的携带式媒介或将消失，取而代之的是嵌入于人、事物的信息三元件：生成释放单元、接收处理单元及显示单元，并可实

① 清博研究院. 2017—2018 互联网及新媒体发展趋势研究，2017.

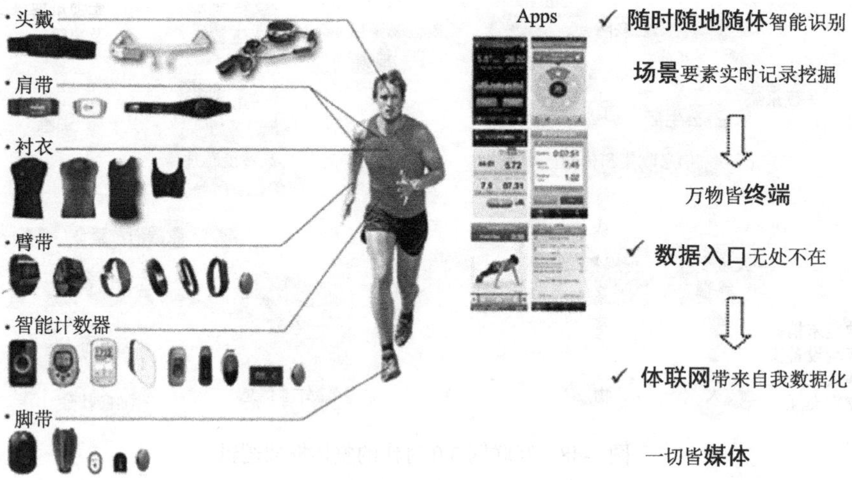

图 4-49 万物皆终端，一切皆媒体

现任何场景、任何时间、任何物体的信息交互。当前，媒体作为人的延伸，与人的关系是独立存在的；未来，媒体与人将合为一体，成为与生俱来的信息器官。

未来，全息将带来身临其境的体验。信息认识从可读发展到可视再发展到可感，发生了质的飞越。在虚拟现实、增强现实等革命性技术的支撑下，受众可及时来到第一新闻现场并接触到每一个故事情景。

未来，全能将带来聪慧服务。我们在看屏幕，屏幕也会观察我们，并成为我们的镜子。聪慧服务之下，内容、健康、信息等在同一个平台实现交互，媒体将为每个人提供高智能交互服务，信息易碎性将被打破并具备产品属性，实现真正信息个性化与价值引导挖掘。

未来，高维将拓展现实场景。虚拟世界将跟现实世界交叠，并将为现实场景带来高维拓展。公共传播将带来现实社会的模拟仿真，私密传播将带来聪慧服务化。

此时此刻，业界的确站在一个时代和另一个时代、一个生态和另一个生态、互联网上半场和下半场的分水岭上。在未来，新闻机构可能会巨型化，更高级别的移动互联、人工智能、遥感技术及量子通信等技术将会相辅相成，从云到端共同为用户带来一个万物互联的智媒生态，用户也将由原来以新闻为核心的“媒体生活”全面进入以信息为导引的“媒介生活”，这才是业界应该追求的方向。

第 5 章　智能技术与媒体进化

信息和知识的爆炸性增长，物联网、产业互联网时代的来临，使得人类必须借助更加智能的工具才能实现各种操作。根据加州大学伯克利分校的两位经济学家的统计分析，新信息以年均 66%的速率快速增长。凯文・凯利在《必然》中估计："到 5 年前为止，人类储存了数百艾字节的信息，相当于地球上的每个人拥有 80 座亚历山大图书馆。而今天的信息量相当于每人拥有 320 座图书馆。"①新的数字经济要求全球媒体行业要走过三个数字化阶段：从物理媒体到数字媒体的数字化、统一所有数字流程和技术的数字化转型、重构内容价值链与生态系统的数字化再造。对于媒体来说，基于人工智能的数字化再造是终极目标，也是进行时。②

5.1　三维重构媒体空间

5.1.1　个体节点化

现代硅谷的历史可大体归纳如下：①发明个人计算机。②将个人计算机接入本地网络。③将本地网络接入全球网络。④在无线环境下重复以上活动。⑤从智能手机 App 到大型云计算集群，在整个网络中进行计算和数据传播。⑥将以上活动从人延伸到物，包括移动终端中的物体，尽可能将整个世界接入相互连接的网络。

面对移动互联网带来的颠覆性变革，人类已经进入具有即时性、原生性、个性化、解释性、可靠性、可触性等特征的数字化信息流（information flow）时代，未来将形成一张由终端、内容、人、服务这四个要素连接、交织成的智能互联网，使得媒体迁移进一个点对点状态，中心化的领导机制转变为点对点网络机制，每个用户都会成为媒体传播的动态节点，可提取位置、喜好、行为、背景、关系、社群等多维信息，具有多重价值属性。数字技术已顺利将媒体内容演变成信息流，媒体将从一种独立实体进化成为一种伴生物，万物互联、人机共生。③个人节点的多维价值提取如图 5-1 所示。

① 凯文・凯利. 必然. 周峰，董理，金阳，译. 北京：电子工业出版社，2016.

② IBM. 媒体行业数字化再造进行时，2017.

③ 企鹅智库，清华大学新闻与传播学院新媒体研究中心. 2015 年新媒体发展趋势报告：中国网络媒体的未来，2015.

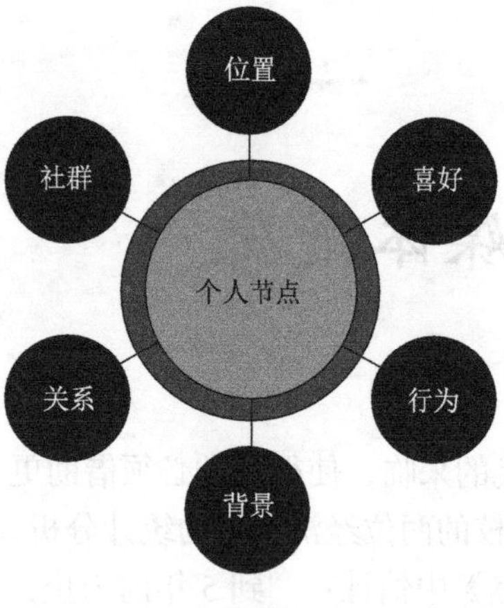

图 5-1　个人节点的多维价值提取

万物互联是一个极具想象力和创意的新理念和新模式，体现出移动化、智能化、数据化的深度融合与综合性、渗透性、前沿性和实践性的特点。它能一年365天、一周7天、每天24小时地全时段监控身体测量数据；它能提供包括你遇见的人、和他人的对话、去过的地方、参与过的事件在内的互动记忆；它能提供包括所有你生产的东西、写下的文字或说过的话在内的完整存档；它能提供一种组织、构造以及解读你自身生活的方式。[①]或许未来人人通过视网膜投射、脑电波、生物传感，就可以感知周遭并跟人、服务、设备进行实时连接与自然交互，不需要像现在手里随时随地拿着手机，每个人都将成为这一"万物皆媒"网络社会中的一个节点。[②]

节点化的用户是传播的基础单元。作为网络节点的个体，人或将成为社会连接的单元，同时每个节点也是很多社会圈子的交点，或将成为传播中心与传播的基础设施、"内容—关系—服务"的连接点与资源链接的单元。

个体"节点化"后，可从服务位置、社会位置、物理位置三个维度实现对用户节点位置的测量与利用，从而提供个性化服务、实现精准化运营。基于内容与服务网络的需求和资源特征，可完成对个人节点服务位置的测量；基于关系网络的社会属性（如所处的族群、圈子等），可完成对个人节点社会位置的测量；基于终端网络的地理位置，可完成对个人节点物理位置的测量。因此，将个人节点的能量激发出来，对新闻传播与运营具有重要意义。

个体"节点化"后，数据化将是个体"节点化"的基础。用户数据包括用户主动和被动产生的数据，其采集渠道主要包括：内容消费平台、社交平台、购物平台、可穿戴设备和其他智能硬件。

个体"节点化"后，可从整体分析、群体分析、个体分析三个层面对用户进行数据化分析。根据数据整体共性与规律，可完成对个人节点数据的整体分析；根据数据群体内的共性与群体间的差异，可完成对个人节点数据的群体分析；根据数据个性化特征、个人的节点位置测量等，可完成对个人节点数据的个体分析。数据分析将成为打开用户与内容（或服务）匹配关系的钥匙，这也可为创新传播模式与营销模式带来新线索。

5.1.2　社群媒介化

社群媒体即社群化媒体，是针对社群生产内容和由社群产生内容的媒体组织，其内容既面向社群，又来自社群。未来，媒体不再是网络新闻获取的唯一渠道，社交网络和社交产品开始衍生出媒体属性。社群并不等于社交平台，社群的"群"是成员围绕一个

① 凯文·凯利. 必然. 周峰，董理，金阳，译. 北京：电子工业出版社，2016.
② 曹三省，鲁丹. 万物互联时代的"物联网新媒体". 新闻与写作，2016，(1)：21-24.

价值点（凝结核）集聚的结果，是平台上人群的有机聚合与互动而非社群本身，其正在被重新定义，空间位置、线下强关系成为其连接的新纽带，拥有了更多影响媒体传播的作用力。每个用户拥有多个群落，在群落内部形成强黏性的消费和价值认同，而个性化分发又能不断满足和引导用户强化自我偏好。

实际上，传统媒体一般都是有一个中心的，由中心产生内容，通过内容吸引粉丝，然后向粉丝售卖广告，但其发展长期以来受到内容的可持续性与流量的变现的制约；而社群媒体走的是 PGC+UGC 路线，内容由社群成员共同创造产生，产生的内容经过加工整理，再以优质 PGC 的形式呈现[①]，其内容、生产和传播的效果将大幅提高，而成本却大幅降低。如此循环，社群持续健康发展。一旦社群媒体大循环形成，身份认同感将超过现实关系，围绕社群所能够产生的商业模式则非常之多。目前，网络社群经济商业模式正朝着用户参与的生产模式（消费者即生产者、群体协作创造、平台互动化等）、互动传播的营销模式（口碑营销与精准营销、实时互动性、个性化定制等）、体验至上的消费模式（产品价值认同、情景参与、情感体验等）转变发展。在网络社群经济商业模式下，内容、社群、商业、品牌、资源价值是网络社群经济的五大要素。其中，内容提供流量入口，社群是流量沉淀的渠道，商业实现流量变现，品牌促进用户购买，资源价值增加社群的行业影响力。数据显示，截至 2016 年，中国网络社群数量超 300 万个，网络社群用户超 2.7 亿人，网络社群经济市场规模超 3000 亿元[②]；截至 2019 年 1 月，全球各种社交媒体用户数量达到 35 亿人[③]，而同期的全世界人口总量也只有 77 亿人[④]。传统媒体生意与社群媒体生态对比如图 5-2 所示。

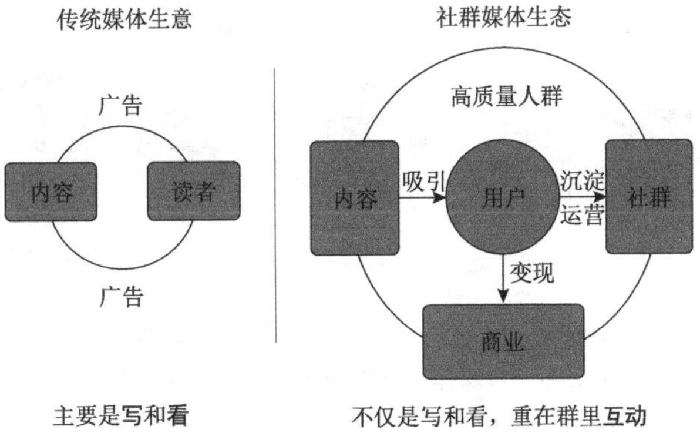

图 5-2　传统媒体生意与社群媒体生态对比

2017 年，50%的媒体和娱乐网站访问量来自智能手机，社交媒体也是年轻人阅读新闻的首要渠道。[⑤]中国互联网络信息中心数据显示，2016 年下半年用过社交媒体获取新闻资讯的用户比例高达 90.7%，在微信、微博等社交媒体参与新闻评论的比例分别为

① Richard. 为什么说社群媒体才是自媒体的最好出路. https://www.huxiu.com/article/143590/1.html[2017-03-29].

② iiMediaResearch. 2016 年中国网络社群经济研究报告. https://www.iimedia.cn/c400/46077.html[2016-12-30].

③ We are Social and Hootsuite.Global Digital 2019 reports. 2019.

④ United Nations. World Population Prospects 2019: Highlights. 2019.

⑤ Adobe. 2017 年各世代媒体和娱乐洞察报告. http://www.199it.com/archives/642200.html[2019-08-21].

62.8%和 50.2%[①]。以微信、微博为代表的中国社交平台，以用户体验的名义，不甘于扮演流量入口的角色，正努力成为用户访问的最终目的地，其对内容源的影响能力越来越大。社交媒体也正在成为网络社会热点事件产生和发酵的传播源头，在形成传播影响力后带动新闻网站、传统媒体跟进报道，从而形成更大范围的舆论浪潮，最终通过多层次的传播形成持续的叠加效果。Facebook、Google、Apple、Twitter 等科技公司，已经开始提供基于社交核心的媒体入口。例如，Facebook 推出交互式媒体内容创建工具“即时新闻（instant articles）”，用户阅读时并不跳转至发行商网站，与此同时，其还推出 Facebook Mentions 视频直播，可进一步控制内容源。社交网络的流量强势正在转变为媒体分发控制力，并通过分发算法调整，控制媒体的流量命脉。可以预见，媒体与社交平台之间的关系将变得更加复杂，但无论如何，全面介入社交网络是媒体的必然选择。

当然，进入社交平台也并不一定意味着占领了渠道，激发社群能量，才能有效打通到达用户的“最后一公里”。目前，用户正日益减少在传统大规模的、开放式的、广泛的社交网络上分享内容，其更喜欢的是在像 WhatsApp、Snapchat、Facebook 这类自主可控性更强的平台上进行分享。社交平台应用的深化，将带来社群的发达及社群的媒介化。无论是小社群还是大社群，无论是稳定的群体互动还是临时性的群体聚合，基于社交平台的各类网络社群正在加速形成，并已变成公共信息与意见的重要传播媒介，情感、关系与信息、意见的传播交融混合将进一步带来：基于社交网络的分布式信息生产与消费及情感、关系与信息、意见的交融与混合式全网传播。自媒体与社群媒体的内容传播对比如图 5-3 所示。

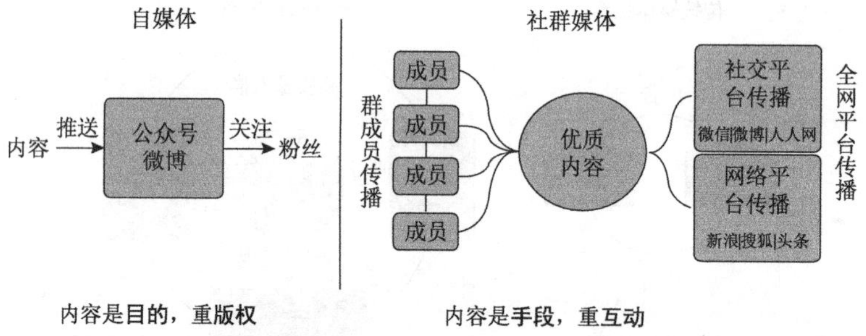

图 5-3　自媒体与社群媒体的内容传播对比

5.1.3　场景入口化

未来，场景不只意味着位置相关，其对媒体的价值将进一步深化，并成为移动传播时空度量的新维度。场景还可成为信息流、关系流与服务流的新入口，因而也是移动空间的新入口，其意义可以上升到入口级。但要使场景成为入口，就要向特定场景的个体提供一整套解决方案——内容+社交+基于同一场景的关联服务。

场景入口化后，将分为与个人特征相关的个性场景和在一般人群中具有共性的共性

① 中国互联网络信息中心. 2016 年中国互联网新闻市场研究报告. http://www.cnnic.cn/hlwfzyj/hlwxzbg/mtbg/201701/t20170111_66401.htm[2017-03-20].

场景。共性场景包括时间、行为共性及空间与情境等构成要素，对其的理解与运用，将是移动服务的标配；个性场景是用户节点位置的综合体现，包括空间情境、生活习惯及社交氛围等构成要素，对其的定位与利用能力，将是未来移动媒体竞争的方向。

5.2　智能媒体发展模式创新

智能化是连接人—物的思想枢纽。智能媒体的发展创新需要一个跨领域多维度的创新过程，从媒体内容生产、内容消费到制播体制、传播体系再到观看体验、屏幕内容、用户体验、媒介功能，力求打造“平台+内容+终端+应用”的完整生态系统，为用户创造更多文化交融、愉悦感官、价值共享、新知及便利，让视频的内容突破娱乐化的单面维度，向生活化、社会化服务发展。未来智能媒体需要生态创新，将更智能、更迅速、更多维、更跨界、更全息，将覆盖视频产业链拍传转存发播全流程、全终端、一站式端到端的个性化视频云服务。智能媒体创新发展模式如图 5-4 所示。

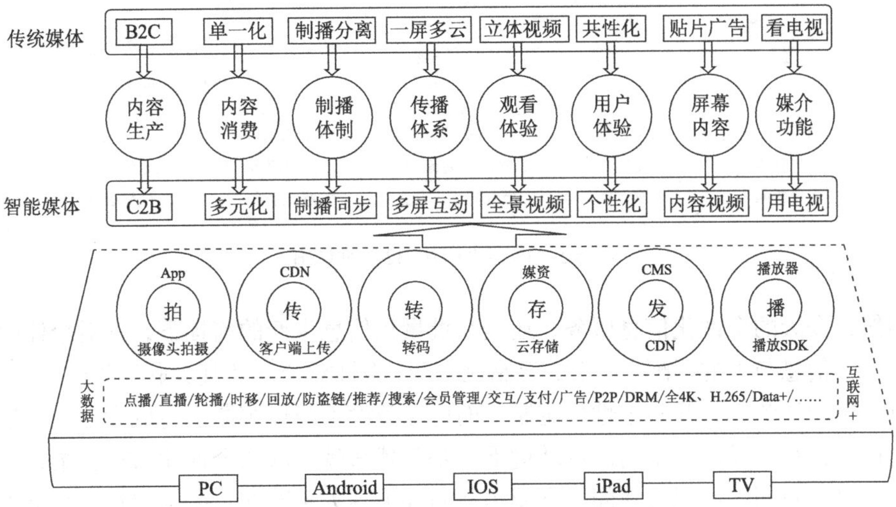

图 5-4　智能媒体创新发展模式

5.2.1　内容生产创新：从 B2C 到 C2B

过去的内容生产是根据导演主观的意识进行拍摄制作后向消费者传播，是一种典型的 B2C 模式。大数据时代，基于互联网的按需服务向个性化、定制化方向快速演进，在线视频网站可以对常年积累的大量用户观影数据（包括用户习惯、用户喜好、观看内容、观看时间、使用设备、持续时长等）进行挖掘以了解用户的喜好、潜在需求等，并通过大数据应用场景进行智能策划与信息关联，从而对自制剧题材、剧本等内容做出推测。可以这么说，当前所有传统媒体融合与转型都是走在从 B2C 到 C2B 的路上，即从传者主导、封闭生产、单向传播向受众主导、开放聚合、互动社交、高效服务的方向演进。大数据时代，媒体从内容生产到一系列内容匹配、一系列的图像越来越智能。Van Haak 等认为公众普遍参与，以 UGC 的方式进行事实查证、过滤，并通过解释和分析来创造意义[①]。例如，视频网站 Netflix 的首部原创剧《纸牌屋》之所以能大获成功，重要原因就是其每一步都基于 3000 万北美用户行为数据，从而实现大众创造的 C2B，即由用户需求决定生产，从而满足消费者的个性化需求；2015 年伦敦地铁爆炸案发生后，最早一批近距离的现场照片就是来自手持照相手机的普通民众，而非来自大牌媒体的记者。在未来，传媒机构很可能还会通过私人信息传递的 App 来获取那些目击性的相关的信息、视频或者图片，并将其迅速地植入进直播流中。内容生产从 B2C 到 C2B 如图 5-5 所示。

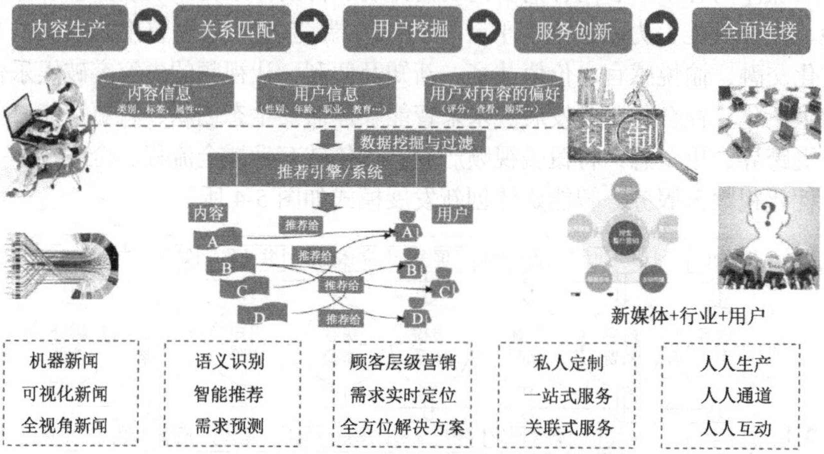

图 5-5　内容生产从 B2C 到 C2B

当然，今天的个性化信息服务，还是在批量化信息生产的前提下，针对个体的习惯与偏好进行信息与人的匹配；未来的定制化生产，将针对个体及其关联场景的整体属性，从信息的生产环节起，开始个性化定制，而可穿戴设备与传感器也将成为定制化生产的基础支撑。在数字经济 2.0 的商业环境下，基于越来越肥沃的个性化需求土壤，可从内容生产（机器新闻、可视化新闻、全视角新闻等）到关系匹配（语义识别、智能推荐、需求预测等）到用户挖掘（顾客层级营销、需求实时定位、全方位解决方案等）到服务创新（私人定制、一站式服务、关联式服务等）再到全面连接（人人生产、人人通道、人人互动等），真正实现以消费者为中心的 C2B 模式。

5.2.2　内容消费创新：从单一化到多元化

过去的内容消费模式以简单的音频、视频为主，内容消费较为单一。大数据时代，业界可通过多种形式（HTML5.0、交互设计、动画、3D 等）、多种应用（微信、微博、

① Van Haak B, Parks M, Castells M. The future of journalism: Networked journalism. International Journal of Communication, 2012,（6）：2923-2938.

App 客户端等）、多种终端（电视、手机、平板、手表、汽车、VR 等）、多种网络（数字电视网络、互联网、IPTV 网络等）并采用 data+story+design 方式实现消费内容从可读到可视、从静态到动态、从一维到多维的数据展现；未来还可整合各种资源和服务能力，打造适合用户需要的数据资讯、专属产品、整体解决方案和本地化服务，帮助政府、企业提升“互联网+”的能力。可以预见，VR 等富媒体技术将给内容呈现带来质变。基于媒体无人机等新技术还能打造新闻现场感，实时情景式直播将颠覆媒体在重大报道领域的表达与互动。例如，《人民日报》不仅开设了人民网，还创办了人民电视，开发了《人民日报》客户端 App，在优酷、土豆、搜狐手机客户端建立专区，初步形成多元化传播格局。用户可通过扫描报纸纸面上印刷的二维码，实现用手机观看相关视频内容。同时，人民电视自行研制开发了微站，节目实现了网页版、移动版、客户端、微博等同步推送。

5.2.3　制播体制创新：从制播分离到制播同步

过去的制播体制是电视播出机构在保证掌握宣传权的前提下，聚集全社会的力量将部分非新闻节目的生产制作交由电视制作机构制作的管理体制，即通常所说的制播分离。公众文化信息需求的多元化，对广播电视制播和传输覆盖能力提出了更高要求。大数据时代，收视测量完成了从抽样到全采样的过渡，可为媒体机构提供实时、动态、高效的数据分析，这使得制播体制创新具备了天然的基础。在节目实际播放时，媒体机构可根据“全采样”的数据分析报告对节目内容做出微调甚至转向的决定，内容生产、调整与播出、反馈融为一体的制播同步模式将成为大数据时代电视内容生产的常态。例如，BBC 在节目现场直播中，就非常重视从社交媒体上得到的大量评论并对这些数据进行实时分析用以决定接下来的推进方向，对用户喜欢的节目就延长播出时间，节目的制作、生产和传播过程几乎完全融为一体，使得内容生产由静态变成了动态。

5.2.4　传播体系创新：从一云多屏到多屏互动

过去的传播体系实现了以资源云为中心，通过多个终端呈现信息，可谓一云多屏。大数据时代，媒体和设备都不再孤立存在，人类已经身处内容无限和渠道无限的时代，有内容依附的介质，未来都有可能成为媒体并可组成新的生态系统，如手表、洗浴玻璃、桌面、登机牌等；又或者未来根本没有媒体，只有平台、入口、路径和用户的接触点。当前，内容传播已从 PC 时代、移动时代进入多屏时代，用户拥有手机端、PC 端、平板端和 TV 端等多种呈现终端，且不同场景各终端呈现互补，可以媒资库为中心通过智能匹配将点播、直播、搜索、推荐、订阅云端化（云点播、云收藏、云缓存等），用户可以随时获取想要的内容，实现多屏互动。通过大数据，还可以策划各种基于地理位置的多屏互动。例如，由央视与光线传媒合作打造的综艺节目《中国正在听》，节目以实时互动为核心，观众在家通过移动智能终端 App 就可以参与实时互动，并且互动者的头像有机会呈现在现场的屏幕上，实时呈现支持结果，让大数据指导选择节目的专家、歌曲及选手的选择，足以引导新媒体用户回流，同时还能用手机和平板直接控制电视，就像电视遥控器一样。

5.2.5 观看体验创新：由立体视频到全景视频

过去的观看体验是立体视频，用户只能固定观看某个视角，无法根据自己喜好选择观看角度，观看体验不够完美。大数据时代，采用 4K 全景视频技术可将采集的视频进行视频流预览、编辑、预处理及全视域视频的加工合成，颠覆了传统视频只能固定观看一个视角的模式，使碎片化时间变得饱满，用户可以随心所欲地观看现场画面的前、后、左、右和上、下六个方向，自由切换观看角度，并在交互观看中享受沉浸式观看体验。如果用户对某一个视角感兴趣，还可将其切换为主画面，就可以为用户带来颠覆性的视觉享受。此外，还有一些视频机构为全球用户打造了云导播平台，支持卫星、3G/4G/5G等全网络信号接入，可实现全球多地多机位直播，即在一个屏幕内可以同时体验来自不同国家的直播内容。例如，北京电视台为全面报道申冬奥盛况，就采用了全球多地多机位直播技术，同时接入来自其安置在吉隆坡国际会展中心现场的各个角落、吉隆坡繁华的街头、北京首都体育馆、张家口大境门、八达岭长城、朝阳公园等地域的 48 台 360 度智能摄像机的多路直播画面，并让用户可以根据自己的关注点选择视频内容，力求深入社会百姓当中立体化展现冬奥会给国人带来的激动之情。2017 年 12 月，英国电信（British Telecom，BT）将在旗下 BT Sport App 上为主流体育赛事（欧洲冠军联赛、英格兰足球超级联赛、英格兰足总杯等）提供 360 度精彩瞬间和即时回放功能。从 2017 年 12 月 5 日的巴黎圣日耳曼对阵拜仁慕尼黑的欧冠比赛开始，BT Sport 为 2018 年 6 月前的至少 20 场体育赛事提供 360 度精彩瞬间回放。这些精彩瞬间和回放将与 BT Sport App 上的标准回放保持一致。用户可以选择不同的摄像机视角回看比赛中的关键时刻，而不仅限于在直播中看到的那一个角度。

5.2.6 用户体验创新：从共性化到个性化

过去的用户体验是受众被动接受式的“体验”，任何用户访问同一个页面的体验是一模一样的。大数据时代，数据成为媒体的核心资源，相关机构可以通过 PC、手机、智能电视网络等收集用户访问行为（频率、时间、场景、内容、时长等）、画像（年龄、性别、职业、喜好、行为、背景、关系、位置等）与数据，并将不同类型的内容数据抽取、分析、聚类，依据不同介质传播特点，为用户打上“DNA”标签，最终精准匹配用户的信息需求，同时精准推送和效果监测还将对视频内容的长尾消费和广告体系产生质的提升。媒介环境学者保罗·莱文森也认为，未来的媒介将朝着人性化与个性化的趋势发展，智能媒体或将拥有与人类器官相近的媒介体验。在个性化应用对用户兴趣进行建模时，用户还可以根据时间属性将用户兴趣分为短期兴趣和长期兴趣。[①]例如，《今日头条》自 2012 年上线以来，通过对用户使用情况进行多重维度因素数据挖掘以描绘用户画像，把信息传播与互联网服务融合起来，为用户提供精准的个性化观看服务和多元的

---

① Xiang L, Yuan Q, Zhao S W. Temporal recommendation on graphs via long-and short-term preference fusion. Proceedings of the 16th Association For Computing Machinery SIGKDD International Conference on Knowledge Discover. Washington DC: Association for Computing Machinery, 2010: 723-732.

智能推荐媒体服务，实现从资讯客户端变为数据挖掘的推荐引擎。未来方向为内容+个性化推荐如图 5-6 所示。

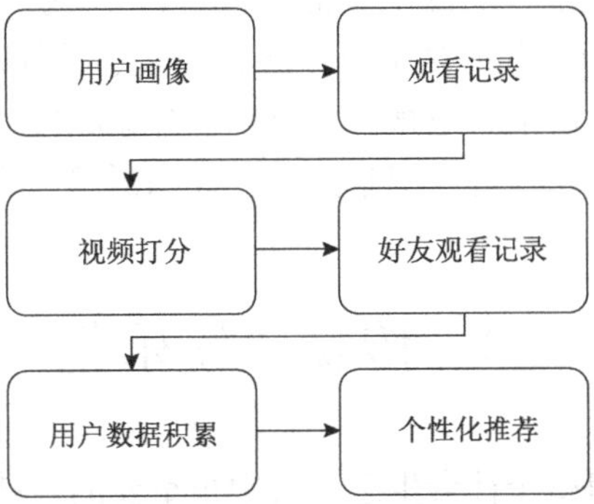

图 5-6　未来方向：内容+个性化推荐

5.2.7　屏幕内容创新：从贴片广告到内容视频

过去的屏幕内容异常生硬，贴片广告和内容之间没有匹配度。如果用户喜欢某一明星同款，通常就会在淘宝搜索明星的名字加服装类型，或者在贴吧里发问，大部分情况下都无疾而终。大数据时代，内容视频（屏幕即店铺，内容即渠道）更容易被用户接受，基于海量数据的深度学习，能够检测视频或图像中的商品，并通过商品特征分析，准确判断商品类目。通过标注、打点、广告自动投放、搜索同款等方式完成广告精准投放和电商闭环。当消费者的购买意愿产生时，就能立即将其转化为购买决策，把内容消费和购买决策这两大原本具有先后顺序的环节，几乎同时完成，可最大程度提高消费转化率。以浙江卫视《奔跑吧兄弟》为例，爱奇艺作为唯一一家连播七季《奔跑吧兄弟》的视频平台，通过人工智能技术实现的“随视购”，在极短时间内便为携程旅行网、海飞丝带来超千万次的展示量，大幅提升了购买转换率和广告主的品牌形象。这种无痕式的营销方式实现内容价值的裂变效应，将用户体验与商业价值充分融合，真正实现了平台、内容与商业价值间的多方共赢。未来，媒体平台在屏幕内容上还将具有双重属性，一方面将视频、资讯内容集中在媒体平台进行播放、分发，即媒体属性；另一方面，媒体平台也具有内容生产的属性，如内容视频平台的网络自制剧、资讯平台的自媒体。

5.2.8　媒介功能创新：从看电视到用电视

未来学家尼葛洛庞帝曾经说过，理解未来电视的关键，是不再把电视当电视看待，电视将变成一种可以随机获取的媒体。大数据时代，电视产业正面临着前所未有的重大改变，电视正在逐步与互联网属性融合，潜移默化地改变着观众的收视体验和收看习惯。随着机顶盒、互联网盒子等新一代信息技术及应用的广泛兴起与普及，电视除了用来观看之外，还可以实现电视看报、电视炒股、电视上网、互动游戏、家庭医疗等多项功能的运用。电视产业正在推进和形成围绕家庭媒体、娱乐、传播、消费等需求为一体的综合化信息服务平台，加速布局以互联网音、视频信息交互终端为中心的智慧家庭全生态服务平台。互联网和电视的双重属性使其具备丰富优质的内容和良好的用户互动体验，吸引更多家庭成员重聚到电视机前来，并产生更多的互动行为，提供更直接的感官体验。例如，云电视产品创先搭载了云平台和智能 Android 操作系统，支持用户随时同各类移动设备互联互通，让用户可以随时随地分享各种视频、照片、资料；而三星也在 2016 年智能电视系列中加入 IoT 功能，电视成为整个智慧家庭接口的控制中心，允许用户连接、管理和控制智能设备（从电灯、门禁到温度计和摄像头等）和物联网服务。

5.3 传媒泛娱乐化

互联网和技术正在颠覆整个社会生态，其中很重要的领域是泛内容产业。根据国外定义，泛内容产业核心领域包括传媒和娱乐。随着以移动互联网为核心的媒体产业快速发展，媒体形式正在快速变化，未来对媒体的影响将由人数向时长转变。未来移动信息流、短视频和直播，尤其是后两种媒体形式将会引发整个媒体形式产生巨大的变化，整个媒体内容产业链正在进行重构。整合媒体 IP 资源（媒体品牌 IP、节目 IP、活动 IP、主持人 IP 等）并使其以多种形态合体，为用户提供具有媒体特色的多元化消费服务（品牌传播、内容服务、线下服务和产业服务等），泛娱乐将重新定义媒体业态和消费形态。例如，摇滚音乐人汪峰亲自参与、创立的耳机品牌 FIIL 耳机便是一例。耳机原本就是一个成熟、完整的消费整体，但是加上了大量娱乐的元素后则更容易从竞争中胜出。又如，新华社对于沙特王储被废事件的38字报道，引发了大量网民和关键意见领袖（key opinion leader，KOL）的跟风讨论。该新闻被热议，并不是因为新闻本身，而是大众在使用各种幽默的方式来解读新闻及其背后的故事。也就是说，用户本身也是娱乐化内容的积极创造者。经过几年的发展，IP 已成了一种中国新兴的经济模式，粉丝经济又是 IP 商业化的通路，“应以推进‘科技+文化’融合创新为契机，打造中国特色文化 IP，促进文化产业内部、产业与社会各领域之间生态化、协同化发展，建设产业发达、文化繁荣、价值广泛的‘数字文化中国’”[①]。

互联网从来都具备后现代狂欢的基因，从俄罗斯机器人的钓鱼网站，到 Facebook 信息流的上瘾操作，大众造假就是当前的媒介货币。当前，由网络泛娱乐引发并带动的传媒泛娱乐化（视频、音乐、影视、综艺、网络文学、直播、游戏/电竞、二次元等）现象波及整个传媒业，抓住这一风口，并顺势而为的媒体，或将赢得巨大发展空间。

5.3.1 原子经济

现代社会生活节奏不断加快，“压力”与“无聊”催生新兴泛娱乐产业。一线城市生活高成本、高压力，年轻人望房兴叹，转而寻求个人娱乐减压；二、三、四线城市压力较小，年轻人凭借父辈积累即可自得其乐。工业化、城市化和现代化造成人类之间传

① 马化腾代表：以“科技+文化”打造城市数字文化名片. http://media.people.com.cn/n1/2018/0314/c14677-29867974.html[2018-05-08].

统的联系被打破，个性化特征逐渐增强，社会被原子化。业界把以个人场景为主、强调个人感受的娱乐消费所形成的经济称为原子经济。以“原子”为单位的精神娱乐是以 PC、智能手机为硬件，网络为基础设施。基础设施已经完成底层架构，内容和商业模式为当前关注要点。

原子经济，以互联网时代的原住民为主体，他们乐意为快乐买单，主要体现在以下几个方面。

（1）优质内容依然是核心竞争力，网络音视频内容正式走向付费时代。

（2）亚文化持续生长，各类网络平台中的 KOL 将生产更多的内容并表达更多的观点。

（3）各类泛娱乐 IP 成为市场主流，需求量迅猛增长，周边衍生品开始成为市场的新蓝海。

（4）高度个性化、定制化的新型 App 将同时满足用户的社交需求与浮躁心态，并让他们能够追求“透视人性+创新+重参与+付费”。

（5）互联网+彩票，必然推动传统彩票全产业链生产、流通和消费三个环节的全面变革，极大提升消费便利度/体验感。

（6）“用户+场景”，将促进内容消费升级，并培育成体系的艺人工厂、艺人经纪等。

5.3.2　分子经济

业界把已经具备物质基础、拥有正现金流、结构稳定的中产及富裕家庭的泛娱乐消费称为分子经济。家庭互联网的发展重心，已经从智能家居（以互联互通为特征）演变为家庭泛娱乐生态（以内容为核心）。相比于当前的家庭互联网体系，家庭云的架构将更契合构建家庭泛娱乐生态载体的需求。家庭云（个人云）=家庭互联网+自主安全可控+大数据+共享经济。家庭云基于家庭互联网，更注重个人信息的自主安全可控，将大数据应用作为重要的变现手段，采用共享经济的模式实现企业和用户的双赢。以“分子”为单位的家庭泛娱乐生态需要更为强大的存储、计算主体，更多形态的终端，以及更为多元的内容，需要硬件和内容双轮驱动。

虚拟现实是技术升级的媒介创新形态，将带来个人体验再升级的“加强版”。VR 将给“原子”“分子”们的精神娱乐带来升级。VR 一方面是对传统的颠覆，体现在营销、电影、游戏竞技等方面；另一方面也催生出新的娱乐形态，如 VR 综艺节目、VR 直播、VR 体验店、主题乐园等。VR 综艺节目有望成为行业的标配，观众对内容的主动权及交互设计或将是未来发展的重点。VR 直播有望解决传统赢利模式单一和难以广范围覆盖观众的两大痛点。中国 VR 产业在初期贴近用户的方式上以线下体验为主，B2B2C 的商业模式有望带来更多新的机会。

第 6 章　数字浪潮下的“智能”与“生态”思维演变

根据 TRIZ（发明问题的解决理论，英译为：theory of the solution of inventive problems）的 S 曲线进化法则可知，技术有“生”有“死”，每个技术系统的进化一般都要经历 4 个阶段（婴儿期、成长期、成熟期和衰退期）。典型的 S 曲线是描述技术系统的完整生命周期，即当一个技术系统的进化完成 4 个阶段后，必然会出现一个可替代它的新技术系统（如图 6-1 中的系统 B、系统 C），如此循环。站在发展的视角来看，几十年来，人类的科技创新便构成了一个个完整的进化周期，即从基础技术创新开始，逐渐到技术应用创新，再到商业模式创新，最后到新一轮基础技术创新的循环。在传媒领域，最初为信息载体技术（基础技术）创新，互联网与移动智能终端双重助推移动互联网，并在此基础上更新迭代出丰富多彩的移动创新应用，再到最后的依托于不同商业模式的利益再分配，从而助推新一轮产品生命周期的形成。简单来说，技术迭代是信息产品成长的基础，应用创新是信息产品追求的市场，而模式创新则是利益机制下的蛋糕再分配。S 曲线——技术系统的生命周期如图 6-1 所示。

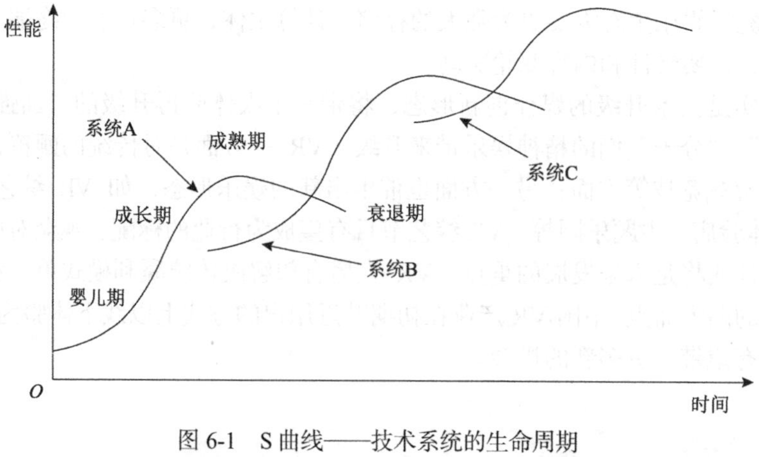

图 6-1　S 曲线——技术系统的生命周期

中国改革开放的 40 多年，从传统媒体到新媒体再到智慧媒体，从数字化到网络化再到智慧化，新型媒介已呈现出“高维”特征，传统媒介“低维”管理模式和运作方式已明显无法适应[①]。当前，以数字技术为代表的新一轮应用创新开始逐渐形成，其正在帮助人类从脑力和体力劳动中解放出来，成为加速与经济社会深度融合、助推其智能化改造的重要力量。而在媒体领域，技术迭代创新在催化传播渠道朝着多元化、移动化和平台化演变的同时，也产生了聚焦、遮蔽、再现与逆转的现象，信息外延不断扩展，有流量处即内容，使得内容价值继续回归并更受重视。

6.1 用户思维

6.1.1 用户思维的内涵

在互联网不断颠覆传统产业的今天，互联网思维成为传统产业转型的关键，而用户思维被视为互联网思维的核心。用户思维即在泛互联网、大数据、云计算等科技不断发展的背景下，深度接触客户、采集数据并汇集成用户画像，围绕客户需求不断进行创新——从需求收集、产品构思到市场定位、品牌规划、产品研发、生产销售、售后服务、组织设计等，面向观众提供服务，以用户为中心、以体验为核心实现从媒体到平台的转变。用户思维涵盖了最经典的品牌营销的 who—what—how 模型：who—目标受众；what—用户价值；how—如何实现。该模型具有“小众”变成“长尾”、参与感消费和用户体验至上的三个基本法则。

6.1.2 用户思维下的媒体转型发展

媒体的经济属性从本质上要求媒体产品必须满足消费者的使用需求，“互联网+传媒”的理念将颠覆大众过去对于媒体的定义。用户思维下的媒体融合，内容产品构成由“内容+形式”两个要素上升到“内容+形式+关系+场景”四个要素，因此其绝不仅是现有媒体形式及信息生产流程的整合，更应是将用户需求与用户思维充分融入。实际上，所有的变革都不能偏离用户这一中心。无论是信息呈现方式的创新，还是信息内容的筛选，首要的关注点应是用户需求。当用户思维渗入媒体融合的每一根神经，产品意识就会自觉生成，媒体的信息生产与发布，将不再依靠惯例、感觉，而是从用户的角度设计传播元素，考虑内容对用户具有多大的相关性、实用性。如今，媒介技术的进步使得用户需求被细分，若以用户思维考量媒体，传统的媒体受众（audience）和消费者（consumer）已转变成为生产性消费者（prosumer）和使用者（user）。因此可以说，传统媒体的转型正是要求业界形成新的用户思维——变媒体受众为媒体用户，重建用户连接模式。媒体用户具有数量更大、可精准画像、高频动态及紧密性的特征，其商业模式是“新闻+服务”。这就需要打造大数据信息资源平台、智能生产和传播平台及用户沉淀平台，通过数据挖掘和智能化推荐技术实现内容标签与用户画像的智能匹配，推荐精准化、定制化的、能够真正满足用户需求的信息、产品和服务，进而实现自身

① 喻国明. 互联网是一种“高维”媒介：兼论“平台型媒体”是未来媒介发展的主流模式. 新闻与写作，2015，(2)：41-44.

商业模式和赢利模式的重构。[①]

目前，《人民日报》、新华社、央视等传统主流媒体或独立运营新媒体——推出新闻客户端等产品，或借船出海——在微博、微信等平台上生产、分发自己的内容。传统媒体转型发展，要根据媒体实际情况和用户需求，不仅要“借船”，更要“造船”，掌握和占有多种传播渠道，为用户提供全方位立体化的信息服务。媒体的发展要赢得未来，必须正确理解“互联网+”时代受众角色的变化，统筹“内容为王”“渠道为王”“终端为王”，为“用户思维”服务，把占有用户、发展用户、集聚用户作为重要抓手，并将其贯穿于媒体转型发展的全过程。

6.2　数字媒体创新发展新思维

“互联网+”时代，媒体融合已不再是传统媒体与互联网媒体的融合，而是扩展到更广泛的、与信息传播相关联的所有智能软件与智能硬件之中。当前，数字媒体的技术、平台、商业模式和应用以极快的速度在改变，将全面改变人类的工作、生活、交流、教育及医疗等方式。在未来，电视频道将不复存在，用户将全面告别遥控器，电视屏幕将成为用户和媒体中心交互的平台，成为可视的使用工具，成为家庭的娱乐中心、社交窗口和控制终端，以满足用户更多的感官享受。未来媒体将在新技术的应用下改变运营模式，增强与数据应用、互联网、各种网络及其他设备结合控制的联系。数字技术让未来媒体充满想象，如图 6-2 所示。

（a）墙面媒体

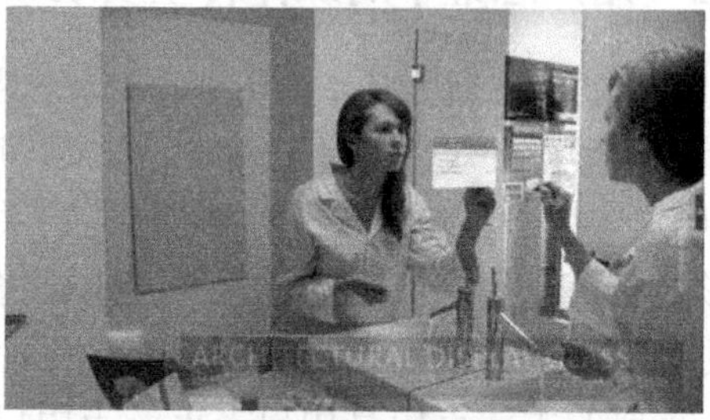

（b）镜面媒体

（c）触摸媒体

（d）桌面媒体

① 郭全中，胡洁. 大数据时代背景下的传统媒体出路. 新闻前哨，2017，(3)：11-13.

（e）车载媒体

（f）手机投影媒体

图 6-2　数字技术让未来媒体充满想象

6.2.1　与数据应用结合

数字时代，传统产业纷纷面向数字化、网络化、融合化与智能化转型升级，竞争和博弈亦从物理空间延展到了信息空间。以互联网为基础的智能媒体平台，将现代传媒中包括连接、激活、分享及表达在内的诸多属性表现得淋漓尽致，激发着用户从“沉默的螺旋”到积极主动参与，其价值不断彰显。从连接属性看，互联网让“人-机-物”三者彼此间能够被检索、被发现、被整合；从激活属性看，每位用户又可与互联网上具有相同兴趣与价值观的用户连接，聚合成社群；从分享属性看，点对点、即时性的分享可在瞬时把信息、态度、心情、资源等无限放大；而从表达属性看，极具便捷性的释放平台和渠道，让每位用户都拥有了自由表达的权利。在未来的 30 年里，比特的持续流动将继续占据媒介领域，推动更为广泛的重混。

站在哲学的高度理解，新一代跨媒体、泛内容、智能化技术将让越来越多的人和物在网络空间中留下愈加清晰的数字痕迹，使人和机器、在线和离线的活动、物理和虚拟世界、自然和人工的界限变得模糊。由此可见，大数据既可描述信息空间（表达、流动、隐私、安全等），又可描述客观物理空间（物联、车联、人联、业联等），还可刻画人类社会空间（家庭、社区、城市、政治、经济、军事、国家等），将成为集资源管理、协同传感、数据预处理、数据分析及应用于一体并全面融合“信息空间（cyber space）-物理空间（physical space）-人类社会空间（human society space）”三元世界的纽带（图 6-3），正在以这种或那种方式影响着每位用户的生活，构建并决定着媒介融合创新的力度和走向。

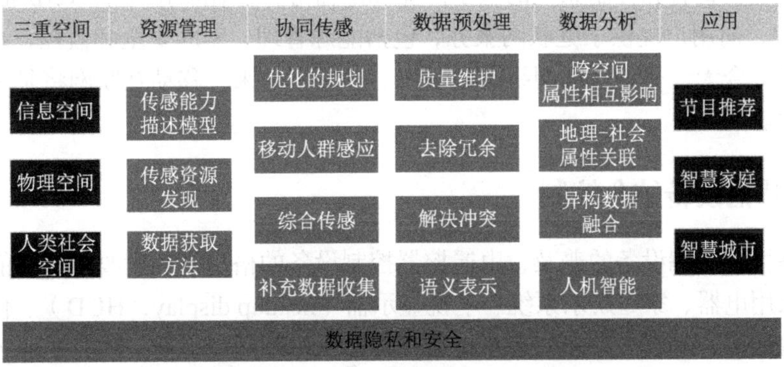

图 6-3　三重空间数据全面融合处理

6.2.2　与互联网结合

日本广播协会（Japan Broadcasting Corporation，NHK）采用 Hybridcast 技术（混合广播和宽带系统）把电视节目信息展示在电视屏幕上，也能在类似智能手机、平板等的第二屏幕上显示，为用户提供个性化节目、多屏连接、社交电视和节目推荐等业务；韩国 OHTV（open hybrid TV）采用公共互联网加数字电视（digital television，DTV）方式，为用户提供基于广播的集 TV+互联网+内容/应用商店于一体的智能电视（smart TV），如 Google 的 Google TV、Apple 的 iTV 等；欧洲混合广播宽带电视（hybrid broadcast broadband TV，HbbTV）技术开放和业务中立技术平台，基于现有标准和互联网技术，取代由硬件厂商提供的私有平台。根据外国媒体报道，移动智能终端的巨头 Apple 现在已经开始寻找拥有无线和宽带能力的电视机 iTV 的运营合作伙伴，希望他们可以在将来运营 Apple 电视。

互联网使信息的不对称和碎片化不复存在，应把传统电视传播转型为运营，把渠道转变为平台。移动环境下的内容、关系、服务三者的交融，使移动媒体平台成为发展趋势。与互联网结合，可为用户提供更简化的操作接口。视频的多屏分发、跨界互动及信息通信网络宽带的泛在化，将开发出新的商业模式，并从个性化媒体消费趋势中获利。

6.2.3　与各种网络的联系

家庭数字生态系统中的诸多设备将人、物和服务完美联系在同一张三维网络中，逐步实现与互联网、移动网、服务网整体互联互通，实现行为匹配和数据积累，使得媒体终端从功能转向情景及智能感知。电视的收视终端将全面智能化，或将全面颠覆用户的行为习惯与内容形式，包括智能电视机、智能机顶盒、各类液晶屏、PC/iPad、智能手机等都将成为媒体收视终端。用户也将看到其他可穿戴设备和传感器，领域涉及健康监测及家庭控制（灯光控制、能源控制、娱乐系统控制、家庭安保控制等）。

与此同时，用户还可把废弃的智能手机变成高性能家庭自动化/监测系统或将 Android 智能手机变成婴儿监视器等，以提高用户体验并创造出新收入，或直接产生出新东西。例如，美国 FiOS TV 和互联网订户在登录其账户后可以用任何有互联网连接的手机或平板电脑查看和控制家里的电子产品和电器等；摩托罗拉提供 Verizon 家庭监控 4Home 平台，向用户提供家庭联网服务，包括能源管理、家庭安全和监控、媒体管理和家庭保健等。今天，移动互联网终端是手机、平板；未来，移动互联网将是一个万物皆终端的时代。

6.2.4　与其他设备结合控制

随着高性能终端设备的普及，由遥控器控制设备的格局将彻底改变。智能手表、智能眼镜、家用电器、家庭娱乐系统、平视显示器（headup display，HUD）、传感器、智能车辆、智能服装等越来越多的东西将通过智能手机控制。语音控制、手势控制、眼球控制及其他设备的控制（平板电脑等）等也将逐渐盛行。可以预见，类似 Siri 语音控制等技术将整合到 iTV 中，以便让观看者使用语音手势来选择/控制节目。

可穿戴设备更是技术创新的一件大事。这些设备的发展一直得益于支持计算和其他电子产品的压缩技术（可减轻设备重量，使之适于佩戴）的增强，这些增强型技术将与个人风格匹配（特别是在消费电子产品领域）、网络改进和应用发展（如基于位置的服务和增强现实）相结合。类似微软 HoloLens，除实现全息影像外，还可通过指针、手指拨动、环境音、语音控制等方式完成对虚拟物体的控制，连接数字和现实世界。这是再造用户与数字媒体的交互方式——搜索、导航、发现、共享和控制长期努力的一部分。

6.3　全媒体发展新思维

新一代信息技术创新加速了广播电视传统媒体的信息化、数字化、网络化、全媒体化进程，以及与网络媒体、手机媒体、互动性电视媒体和新型媒体群等新媒体之间的聚合，将引发社会资源的新型配置机制，需要全新的协同技术和智慧的运营体系高效运转，以应对瞬息万变的市场风云。“互联网+”时代滚滚而来，媒体的内外部环境发生了重大变化，全媒体的多元传播环境要求传统媒体和新兴媒体并驾齐驱，以用户和市场为导向、以技术和商业为驱动、以网络为基础、以 OTT 创新为核心、以开放思维为保障，充分驾驭和利用各种数据，用多元化、立体化的内容产品扩大用户覆盖面。在 OTT 的三足鼎立布局中，终端、互联网、管道的有机结合一定是最完美的体验。例如，Apple 从端到云、管；软银从管到云、端；Google 从云到管、端。在不断变化、增长的需求发展趋势下，全媒体发展需要新的“内容聚合-端-管-云”战略。基于三网融合的全媒体战略架构如图 6-4 所示。

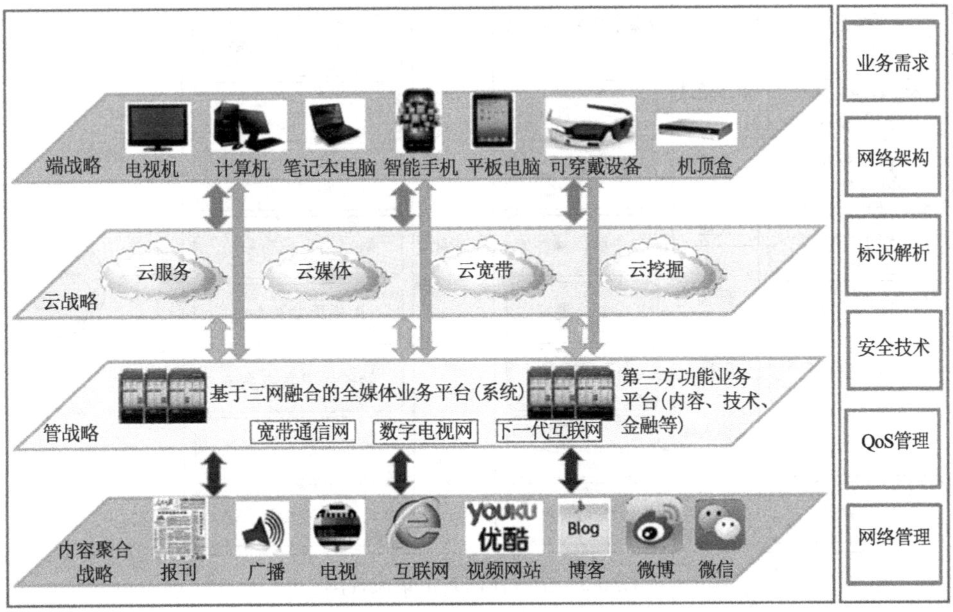

图 6-4　基于三网融合的全媒体战略架构

6.3.1 内容聚合战略

内容聚合，是指内容的重新组合，关键是信息的生产和传播。全媒体是从多媒体、新媒体、跨媒体的概念演变而来的，其内容的内涵与外延都已发生变化，衡量内容的标准也已发生变化，新闻内容的种类和形式都将更加丰富与多样。内容为王仍然是全媒体时代所要遵循的重要原则之一。

随着社会化媒体，如博客、视频网站，尤其是微博、微信在中国的迅速发展，网络信息的来源已经从单一、固定的渠道转变为丰富、分散的多种渠道，信息的传播主体从专业人士走向普通群众。从前作为受众的消费者，现在能够很方便地参与内容生产，让内容受众和内容生产者走向融合并可以实现瞬间互换与即时反馈，从而使得每个用户都迈入“观点的自由市场”[①]的新时代。对传统媒体而言，内容聚合生产战略在全媒体发展中具有不容忽视的轴心地位。应以互联网为中心，实现所有未加工稿件、网络供稿、外部抓取数据、成品数据、历史数据、线索数据等所有资源高度整合，并内嵌智能数据分析系统，实现全媒体内容在采、编、存、管、输出等诸多环节上的有机融合，形成数字影视、内容出版、增值业务内容聚合和分发的加工，完成新闻线索、新闻编审、新闻任务、新闻策划及多通道发布渠道的融合，为用户有效过滤、集成，进而发展为更加个性化、按需提供内容的“个众媒体”提供可能，形成各有特色的全媒体产品。全媒体内容汇聚流程图如图 6-5 所示。

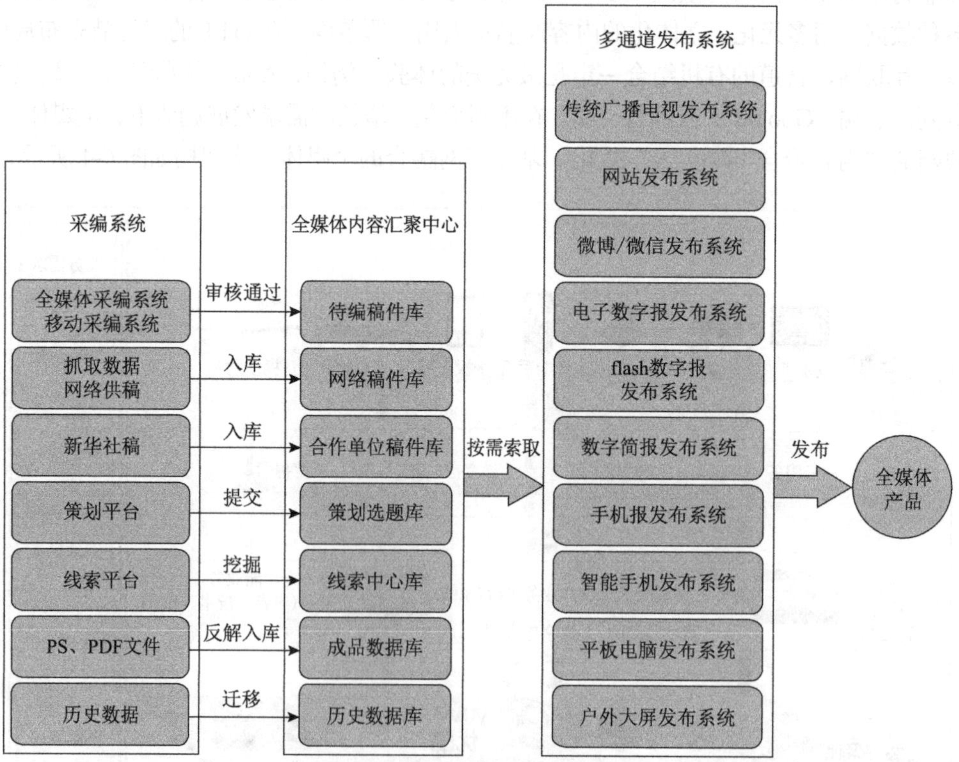

图 6-5　全媒体内容汇聚流程图

---

① 弥尔顿. 论出版自由. 北京：商务印书馆，1958.

未来的竞争是基于三业融合大平台的角逐和较量，只有加速实现自身的业务拓展和商业模式扩展，才能让消费者得到高于竞争对手的不可替代的价值。优秀的企业既要依靠自己的传统优势，如 Apple 的终端设计、Google 的互联网服务、软银的基础网络，又要思考通过合纵连横或自我生长去渗透到其他的两个领域，适应终端移动化、内容可视化、传播分众化的特点，完成大一统的“云-管-端-内容聚合”的大布局。全面打通云与端，端带动云，云丰富端，进行全景式、多维度、立体化报道。随着终端用户越来越多，产生的数据给云，云根据数据分析用户需求，以云实现用户线下生活的线上平移，以此来丰富终端的内容。不断的聚敛需求并交互需求，像雪球一样自我滚动、自我强化、周而复始。

6.3.2　端战略

端，即终端的智能化，是连接一切互联网用户的直接载体，其经历了 PC、移动终端（智能手机、平板等）、物联网终端（车、智能家居、可穿戴设备、机器人等）的变迁，关键是信息的多媒体呈现，将大规模地在各行业得到应用。整合性的移动智能终端呈现了全媒体带来的发展变革——新旧媒体融合、媒体界限消失。未来，用户可能需要某种设备来集中管理生活中的所有数字娱乐设备。因此，任何媒体都将关注点集中在用户至上、终端为王。用户欲望倒逼渠道和内容按照终端的需求进行调整，终端为王将成为全媒体时代所要遵循的一个重要原则。[①]

端战略一是指控制终端的接入面从单一终端向多终端拓展，并实现网络融合和业务融合，实现电脑、手机、电视三个平台之间的无缝转接；二是指实现终端的多元化，既要开发能力强、智能化的强终端，又要开发超低成本的 PC 终端，配合云系统，努力向客户提供高速低成本、敏捷适应性的产品；三是指将数字电视机顶盒终端打造成为“智慧家庭终端”和“城市信息化的主平台”，融合应用 RFID、Wi-Fi、ZigBee、GPRS、二维码、传媒大数据、远程传输等电子信息通信技术，构建新型人机交互、机机互通、人人互联、物物互感的线上与线下、实体与虚拟运营的模式，提供便捷的多媒体综合服务；四是指借助现有的用户资源大力开发整合各种移动 App 产品，让移动应用进一步融入人类生活、学习、娱乐及健康等各个领域，并将社交属性引入传统媒体节目，使产品与服务相结合，抢占移动互联网在家庭的主导权，实现手机归家的全面渗透。

6.3.3　管战略

管，即指网络 IP 化，是连接应用和终端的传输层，分为无线网络（2G、3G、4G、5G、WLAN、Wi-Fi）和固定网络（FTTx、xDSL），关键是海量信息的传送问题，是实现新架构的基础和前提。需要运营商以 ALLIP 技术为基础，以 HSPA/LTE、FTTx、IP+光构建新一代的网络基础架构。

一是通过建设高带宽骨干网络的支撑，支持用户快速规模发展，达到优化业务流程、

① 黄升民，刘珊. 三网融合下的“全媒体营销”建构. 现代传播（中国传媒大学学报），2011，(2)：1-8.

提高服务质量、降低投资成本、改善服务质量、寻找最佳业务实践等目的；二是在接入网络发展中，从只关注接入带宽，转变为注重控制接入管道；三是要提升网络的智能性，做“用户可识别、业务可区分、流量可调控、网络可管理”的管道，按照用户和业务灵活度进行资源调度，主动提升运营商整体商业价值。

6.3.4　云战略

云，即数据汇聚，是建立在互联网数据中心（internet data center，IDC）和虚拟化技术上的通信基础土壤，主要指公有云、私有云、数据中心等需要用到的神经网络专用服务器，一般包括 IaaS 层的存储计算、PaaS 层的平台和 SaaS 层的服务应用，其核心功能围绕信息存储及计算处理展开，将成为未来信息服务架构的核心。云技术的广泛应用将是大势所趋，必须依托资源优势自主创新，及时、准确、全方位提供跨网络、跨屏幕、跨平台、跨地区、跨行业的互联互通和融合服务，构建云服务平台、云媒体平台、云宽带平台和云挖掘平台，为智慧城市、智能家庭的发展提供助推力。

一是云服务，将各类接收终端作为用户利用网络技术沟通世界及享受服务的最佳平台，为用户提供强大的储存和计算能力，及时、充分、持续地满足用户多样化、个性化、信息化的需求；二是云媒体可实现全业务模式下内容丰富性、形式多样性和内容加载的舒适性，实现电视端、PC 端和手机端三屏跨界联动和断点续播，使用户能够随时随地、安全便捷地实现诸如双向、互动、高清、3D、个性化和高端信息化服务等功能；三是云宽带支持不同连接方式（有线、无线）、不同操作系统的不同终端，提供海量互联网数据业务缓存、镜像、节点，提升广电宽带业务竞争力；四是云挖掘实现显示与控制分离，基于云端的大数据分析和情境感知实现智能化服务，方便快捷地享受到健康、舒适、安全、节能的生活环境，从而将用户体验提升到一个新高度。

6.4　全媒体核心竞争力提升新思维

6.4.1　从传统平面媒体向现代立体传媒转变

信息技术的变革造就了新媒体，也创造了媒体的新价值，媒介融合已经成为世界传媒业发展的主流趋势。传统媒体的各套业务都是独立的流程和系统，会造成各方面的信息资源难以及时互通、共享，不管是从用户层面、数据存储层面还是数据传输层面都十分不便，整体趋于零散化，不易管理。新媒体时代应组建全媒体新闻中心，实现所有媒体资源的高度整合，包括稿件资源、广告资源、线索资源、历史资源、营销资源、成品资源等所有资源的统一汇聚。各媒体编辑进入全媒体数据库后各取所需选取内容，生产出形态各异的终端新闻产品。系统可支持文字、图片、音视频等多种信息的远程/本地的编辑与录入，通过待编稿件和特约稿件两条线向中心传输信息，其中待编稿件供各记者二次加工和二次编辑，特约稿件设定保护期，为特定媒体极为重要的挑战难题，保护期内其他媒体无法看到。[①]除专业化的信息汇聚通道外，传媒机构还应逐步拓展社会化通道，减少自己的内容，采用更多来自观众和读者的内容，扮演“聚合器和可信任的导航”的角色来聚合用户创造的内容。由此，运用整合思维，推动传统媒体与新媒体的互动与融合，加快实现以传统媒体为主，集报刊、广播、电视、互联网、手机等为一体的传播的新格局，既可以实现“一次生产、多渠道发布”的理想，使传统的媒体资源在各类新媒体上得到综合利用，提高信息资源的生产效率和利用率，降低内容成品的生产成本，又可以满足用户个性需求和喜好，从而实现传播效果的精准化和最大化，以期实现经济效益与社会效益双丰收，有效提升媒体的核心竞争力。

6.4.2　由传播内容向传播渠道转变

传媒业和信息产业已经进入深度融合新阶段，新的信息蓝海正在形成。新的传播形式应拥有新的运营理念，从传统的内容为王到渠道为王再到终端为王转变和过渡，已成为目前传媒业的一项紧迫任务。终端为王，要求媒体必须成为一个真正的信息服务商而不是传统的内容服务商。在为用户提供真实准确、优质高效地满足信息获取、商务交易、交流娱乐、移动物联等不同应用需求的同时，还要采取合适的渠道，保证信息、服务的有效到达。将报道周期从按天计算，报道昨天的事；到按小时计算，聚焦今天的事；到时间精确到分秒，随时记录此刻的事。这就需要顺利实施全媒体战略，实现全媒体内容生产与价值增值的良性互动，既要发挥传统媒体以深度、高端的文字报道和强大的影视节目制作能力见长的优势，又要发挥新媒体用户思维关注多元和互动的用户体验。建立起一个全方位的用户信息反馈和科学的信息搜捕与控制平台，将自身打造为复合交叉型的全媒体集团，实现内容、渠道、技术、运营模式的融合，激发市场主体活力和创造力，挖掘新的商业价值、提升赢利能力。

6.4.3　由单屏广播向多屏互动转变

多屏互动是指利用具有不同操作系统（Android、iOS、Windows Phone、Windows XP/7/8/10 等）的多种终端（智能手机、平板电脑等），为使用者提供双向多元化的服务内容，并可以利用移动智能终端控制设备等一系列操作，实现多个不同屏之间的互动体验。随着高速无线网络的部署、用户对移动智能终端的认知逐步增强及各类 App 应用呈爆发式增长，多屏呈现以无法阻挡的势头迎来了高速发展期。对于通信运营商来说，内容资源被广电掌控，应充分利用其众多用户资源的优势更多参与对内容的深加工，不断给用户带来更多新鲜感受；对于广电运营商来说，网络资源被通信运营商掌控，应将网络改造成双向超宽带多媒体接入网，引入互联网内容，并增加内容和用户管控手段及数字版权管理，把广播电视内容引入电视以外的其他移动智能终端，形成多屏一体化的用户体验，打造新盈利点。[②]

---

① 新华社新闻研究所课题组. 中国传媒全媒体发展研究报告. 科技传播，2010，(4)：147-150.

② 高飞，孙欣然. 三网融合形势下广电全媒体生产流程的探讨和实践. 中国新闻技术工作者联合会 2013 年学术年会、五届五次理事会暨第六届“王选新闻科学技术奖”和优秀论文奖颁奖大会论文集（广电篇），2013.

6.4.4　由经营媒体向经营品牌转变

在产品严重同质化的今天，媒体围绕用户、内容及其品质展开形象塑造是培育核心竞争力的最佳手段和途径。加强传播手段建设、打造核心文化品牌，是建设全媒体的重要举措，也是传统媒体向全媒体转型的主要抓手和克敌制胜的必备武器。传统媒体应明确媒体品牌建设总体规划和实施方案，开拓在统一品牌和内容属性框架下的媒体资源共享与互动，充分整合各种社会资源，为用户系统性、持续性的个性化服务，运用多元信息创造价值，全方位实现品牌塑造。以各个栏目/节目为单元模块，建设完整媒体、特色品牌和新的服务关系，逐渐摆脱目前仅仅依靠广告的单一赢利模式，真正形成新媒体与新产业开发并举、基于互动关系的多元化赢利模式，开放思维、创新体系，最终形成若干个在国内外具有重要影响力的品牌媒体集群。

6.5　传统媒体创新突围新思维

6.5.1　传统媒体的挣扎与突围

传统媒体肩负着树立大众正确价值观、维护社会和谐的责任，地方媒体则大多专注于地方新闻消息的传播，内容维护上存在着一定程度的局限。将新闻覆盖范围拓展到全国热点事件中，大范围获取热点资讯，吸引更多的用户并与其互动，将是传统媒体转型成功的基础。在创新驱动的浪潮中，传统媒体要实现可持续发展，应摒弃互联网作为其延伸和补充的定位，并借用“用户思维”在互联网技术新平台的基础上重新寻找自身的社会价值，加速与新媒体的融合并积极实践融合化多渠道传播。因此，传统媒体必须从战略层面思考如何基于新一代信息技术对商业模式和运营系统进行重构，以跟随新一轮信息技术发展并建立新的“护城河”。

在近十年的媒体融合探索中，传统媒体从以内容为王的全媒体转型，逐步过渡到以用户为导向“垂直深耕”的用户思维，利用服务来聚合用户，在重掌话语权的同时，也助力政府提升传播力和执政能力。媒体在全面转型的过程中正拥抱互联网，并朝着融媒体 3.0 的时代迈进。一切智能设备都是融合型的媒体，一切传播形式都是智能化的传播，成功与否的标准只在于是否能够为用户提供极致体验的信息服务。要想在新媒体崛起的环境中实现传统媒体的突围，传统媒体必须牢牢地把握以用户为中心、以人为本的转型思路，摒弃媒体中心主义，利用有价值的数据，真正通过用户的行为分析，在全新的多屏时代理解跨平台消费者行为。当前，用户行为消费模式正在从“注意商品—产生兴趣—产生购买愿望—留下记忆—购买行动”的模式（attention-interest-desire-memory-action，AIDMA）和“被引起注意—被引起兴趣—主动搜索—购买行动—主动分享”（attention-interest-search-action-share，AISAS）转变到“互相感知—产生兴趣/形成互动—建立连接/互动沟通—行动购买—体验分享”（sense-interest & interactive-connect & communication-action-share，SICAS）模式。SICAS 模式下，传统媒体可以通过技术手段在全网范围内感知用户、响应需求，信息消费甚至不再是一个主动搜索的过程，而是关系匹配—兴趣耦合—应需而来的过程。SICAS 模型不仅与社会化网络相关，而且是全网、全数字环境下的行为消费模型。整个突围过程中，媒体的数字化、用户的数字化及媒体数据的赋能化便是重要的抓手。此外，还需要传统媒体建设自身的内容聚合与渠道平台，这要求传统媒体在上游内容方面做到开放、资源共享，在下游渠道部分实现分化，即平台的多元化。用户行为消费模型的变化如图 6-6 所示。

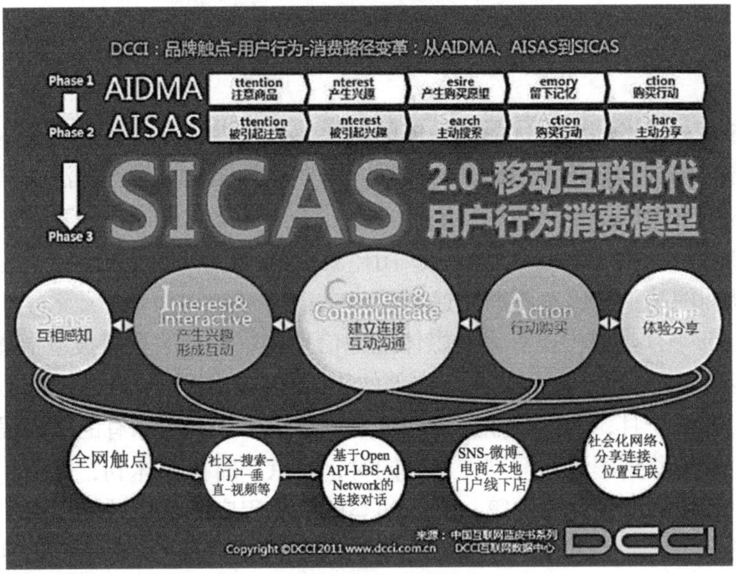

图 6-6　用户行为消费模型的变化[①]

6.5.2　传统媒体的突围尝试

当前，已有多家传统媒体尝试转型，呈现出不同的突围样本。例如，《人民日报》通过打造包括人民网、手机报、微信公众号、人民电视、手机人民网、法人微博、新闻客户端、电子阅报栏等在内的全媒体矩阵，力图构建数据中心与信息超市，彰显传统主流媒体大踏步进军新媒体的决心与信心。在媒体融合发展方面，《人民日报》的三个主攻方向非常明确：一是利用大数据和云计算技术，建立数据中心和信息超市，加强数据新闻生产，拓宽新闻来源，丰富新闻内容，为用户提供高品质的新闻信息产品；二是利用移动互联网技术，重点发展《人民日报》客户端，抓住 4G 机遇，大力发展网络视频，实现新闻产品的可视化、多媒体化；三是利用社交媒体平台，在做大做强《人民日报》法人微博和微信公众号的基础上，拓展社会网络传播渠道。《人民日报》全媒体矩阵如图 6-7 所示。

由北京电视台与奇虎 360 创办的《北京时间》在媒体融合发展方面也做出了有益的探索和尝试，其把具有内容优势的传统媒体加上有技术和用户优势的互联网公司，组成

---

① 中国互联网监测研究机构，数据平台 DCCI 互联网数据中心. SICAS：数字时代的用户行为消费模型，2011.

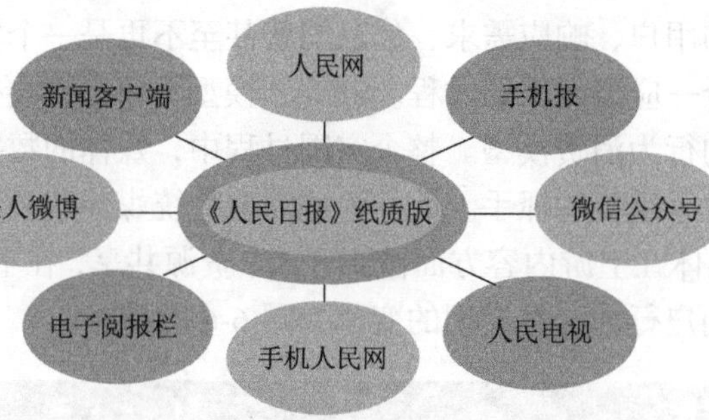

图 6-7　《人民日报》全媒体矩阵

一个新的集内容、技术和用户优势为一体的融媒体。在内容方面，达到了传统媒体、网络和原创内容的融合；在技术层面，达到了大数据、智能化、推荐算法引擎、云直播等先进技术和人工审改的融合；在用户层面，达到了传统媒体的用户和互联网平台用户的融合。依托 360 拥有的 7.5 亿以上的活跃用户规模，《北京时间》已经成为流量用户排名第二位的新闻网站，并仍在不断高速增长。

2015 年，新华社建成中国首个新媒体地理信息共享平台的全媒报道指挥系统，其将 GIS 融入新闻采编发业务，可实现组织内部的协同和数据共享，新闻展现形式更加立体、全方位[①]；2017 年 1 月，上海报业集团的《东方早报》休刊，原有的新闻报道、舆论引导功能，将全部转移到澎湃新闻网；与此同时，《京华时报》休刊，保留和发展新媒体业务，转到京华圈 App；同月，第一个新闻类微信小程序“新华社微悦读”上线，具有卡片式现场阅读、记者互动等特色功能，并结合了微信小程序无须安装、轻量化的特点。此外，不同的传统媒体也可以在数字业务上合作共享，或者是内容互换，互相推动数字业务发展，如《人民日报》和《英国邮报》在线的内容共享计划，甚至在一定程度上也可以推进“一带一路”建设。这些都标志着传统媒体向互联网新媒体行业发展的新的探索方向。

《卫报》为吸引更多有付费意愿的用户、留住现有会员，同时给用户更多的选择空间，组织了约 50 人的跨部门合作，包括从编辑、销售、市场到产品、程序设计和用户体验团队在内的员工，通过数据分析的方式从不同的市场环境中分析出顾客的行为模式和他们对新闻的偏好。从 2017 年 2 月开始，其收入比例发生了革命性的变化，来自用户的收入，如付费阅读和会员订阅，已经超过了广告收入。根据出版商的数据，《卫报》的付费会员数量 2017 年 2 月以来从 20 万人涨到了 50 万人（截至 2017 年 11 月），其中选择一次性支付的会员由 10 万人增至 30 万人，这意味着同期报纸来自会员的收益增加至少 700 万英镑（约合 900 万美元）。此外，《卫报》还开发出了一系列产品，其中一个就是每月播客 We Need to Talk About，该产品的特点是让用户和会员通过邮件讨论时事政治、文化和环境新闻等话题。《卫报》的记者和特邀专家会从中挑选出新的重要话题，以及用户和会员希望能看到更多报道的话题进行深入探讨。

2017 年，各大媒体陆续入驻 Snapchat 的 Discover 栏目并架设频道。鉴于人们希望

① 新华社建成国内首个新媒体地理信息共享平台. http://news.yesky.com/prnews/192/98360692.shtml[2018-06-01].

一键获取到更多、更快的新闻推送的需求，CNN、ESPN、BuzzFeed、每日邮报等媒体机构纷纷上场，在 Snapchat 中打造更符合用户需求、语言更轻松、竖屏设计且移动端适配的视频新闻，以吸引日益增长的年轻日活用户。

6.5.3　传统媒体突围的机遇与出路

2008～2017 年，传统媒体过于依赖平台（以微信、微博为代表的社交平台、以今日头条为代表的资讯聚合平台、以优酷为代表的视频分发平台等）推广，虽然扩大了影响力,但带来的问题是客户及其数据资源主要掌握在互联网平台运营商和电信运营商手中，如百度、腾讯、阿里巴巴、中国移动等，导致传统媒体在内容运营上受到很大程度的限制。随着平台政策及用户行为习惯发生改变，传统媒体对于平台的承载力和控制力明显降低，传统媒体用户连接失效，劣势显现，其主要原因在于缺少专业运营团队、文章发布数量有限、粉丝易流失、“推拉式”互动少、受平台政策影响、传统媒体人才流失等。在新媒体盛行的时代，用户更加接受自主化阅读体验，为重建用户连接，传统媒体应保持其在深度调查上的优势并学会建设自己的数据库和用户信息库，借用社交属性、时效性、焦点捕捉、多路径传播等方面的优势，把融合创新工程打造成为红、橙、黄、绿、蓝、靛、紫独立而又统一的阳光媒介，通过自建拥有更高的定制化及自主性的 App，实现从观众到用户、从产购到共生、从单体到生态的转变。在移动端的媒体玩家转型中，将会有两条路值得探索：或成为强有力的平台方，或成为优质内容的供给方。

传统媒体转型还须更加注重用户体验，通过引进优质人才与先进技术，优化用户体验，加速传统媒体转型。App 运用 LBS 技术，根据用户定位整合出当地新闻，提高本地用户对新闻的关注度。利用大数据及时、准确捕捉用户兴趣点，根据用户浏览、记录个性推荐资讯，增强用户阅读兴趣。微信公众号设置个性菜单与服务功能等，用户根据需要选择新闻类别进行浏览，增强用户黏性。传统媒体转型后如何发挥传统媒体丰富的社会资源，如何汇聚信息流和在线上线下布局垂直产业等，将成为未来主要突破点。

总而言之，传统媒体创新突围的主要经验模式大致有三类：一是精准传播，利用“在地性”资源“垂直深耕”，如与政府合作，进行智慧政务平台建设，既是传统媒体聚集大规模用户的一个机会，同时也可以帮助政府提升自身传播能力；二是全面转型，从平台、内容、渠道等领域进行全方位融合，如加强“两微一端”建设并从多角度进行内容的“再生产”，或选择与互联网平台合作，传统媒体提供内容，依托已有技术和用户基础的互联网平台来寻求新的变现模式；三是政策驱动，推动借力资本拓展，如借力资本为媒体融合提供资金或促进传播场域资源的合理配置。传统媒体已经被裹进新技术、新应用带来的资讯需求、服务消费新变化时代，未来，大数据、社交媒体、移动互联网和物联网等新一代信息技术必将给传媒产业提供较大的上升空间。

未来，所有权价值将变成使用权价值。用户无须拥有、维护或储存，而只需要使用某种服务，正如 Uber 并不拥有一辆车，却是世界上最大的租车公司；Facebook 并不拥有内容，却是世界上最大的媒体公司；阿里巴巴没有库存，但却是世界上最大的零售商，按需提供的服务比用户拥有这件事物的比例要高，有形的企业也将发生改变。对于中国传统媒体来说，着力打造生态级媒介集团将是未来发展的必然结果。未来的传媒集团业务，应当包括信息传播、电视剧、电影、泛娱乐、舆情服务、生活服务、网络游戏、线上平台、文化金融、文化产业园乃至整个文化产业等多元商业模式和多元产业发展，拓宽赢利渠道，实现商业价值。要利用媒体资源和数据优势进行产业链创新，开发用户应用（尤其是本土用户应用），搭上物联网的快车，利用传统媒体信誉基础和资源优势，从传统的音视频传输者向构建智慧城市、建设综合服务商转型，创建用户服务产业链，联合医疗机构、科研机构、电商企业等打造体育娱乐平台、健康服务平台和消费服务平台，提升服务的价值链等。例如，湖南广电集团目前涉足的产业包括有线电视网络、创业投资、电视购物、艺员经纪、影视剧制作与文化演艺、地产酒店、会展旅游及幼儿教育等多元业态，实现了与富士康、电讯盈科、阿里巴巴等知名企业跨媒体、跨行业合作，为创新媒体融合渠道和商业模式开拓了更多可能。又如，浙江日报报业集团于 2013 年 4 月通过全资收购盛大网络旗下的边锋和浩方游戏平台，拥有了大量用户，从而壮大了集团数据库，然后在此基础上增强集团的服务能力，如构建医疗挂号、水电气缴费、电商、快递查询等互联网上的民生服务平台，通过城市门户频道为用户提供地方生活资讯和吃住行等当地服务，通过个性定制频道根据用户的城市定位和阅读偏好，推送本地重要新闻、活动通知和提供个性化服务，这样可以赢得更多的用户和广告客户，此举帮助浙江日报报业集团在互联网服务领域的营收超过四成，利润占比超过五成。再如，2017 年 12 月北京电视台对外发布 BTV 生活和 BTVi 生活双品牌驱动、多平台联动的融媒战略，其生活频道经过将近一年的努力，搭建起了全新的、开放性的、更具竞争力的融媒体生态系统，推出全新的融媒战略——极致内容、极致体验、极致融合、极致共享，将实现从单一频道生产到融媒化、产业化、平台化发展的转变，从北京都市生活第一媒体品牌，升级为北京城市生活第一服务平台。此外，BTV 生活频道还公布了与北京新媒体集团、人民日报媒体技术股份有限公司、北京文投集团达成的战略伙伴关系，并成立了味道、旅居、施工、旅游、健康、文创等六大产业联盟，挖掘更丰富的商业模式，意图将电视的价值延伸到电视之外。

6.5.4 点·线·面·体：传统媒体的创新与突破

随着新一代信息技术的迅猛发展，信息传播体系已从早期的线状传播迭代为多维多点、网状的泛传播，具备“分散化”“全景化”“扩展化”“一体化”等特征。但目前的泛传播只是造就了一种信息与传播无处不在的假象，用户不仅须对内容的真假、价值与关联性进行甄别与判断，还面临着“信息偏食”与“信息茧房”的困境。实际上，伴随着信息技术从“计算”“连接”再到“智慧”的进化，传播正在经历从“简单的传播树”到“密集的传播森林”的进化。数字化、网络化和融合化只是媒介融合的初级阶段，新技术驱动下的跨界融合与智能传播才是其高级阶段。人工智能、区块链和物联网等相互交叉、重叠与加持，使得包括传媒业在内的诸多传统产业产生了“归零效应”，可把散落在城市里各个角落的全量、多源数据集合起来，通过云反射弧实现对世界的认知、判断、决策、反馈和改造，让城市学会“思考”，极有可能使未来的智能媒体生态体系产生重大的变革。

未来的智能媒体生态体系，应是一个相互依存、共同演化的“点·线·面·体”的体系。“点”即用户，“线”即平台上的媒体，“面”即平台，“体”则是由“面”扩张融合而成。该体系不仅要为明确实体（人、法人/组织、物）创造数字身份，还要赋予数字身份更加宽广的内涵和外延，须从技术维、空间维、时间维、逻辑维等多个方面进行整体思考，通过“降维攻击”融合所有数字资源领域并形成一种基础治理能力，为机构/用户提供智能化的内容交易与服务，并赋予用户内容创意、内容生产、内容流通、内容消费及内容业态等更多的选择。[①]在该体系以用户为中心、自下而上的演进与重构中，每位用户都可以自由决策，找到合适的生态位，从而由弱变强。用户可在偏好登记的前提下，通过传递基于数字内容的创意、生产、流通和消费等信息与价值，提升平台的使用价值。与此同时，平台又激励、赋能内容创造者和使用者（分配的功能化），形成各个参与主体/节点平等的、去中心化的自发生产与消费（生成的功能化），反哺用户数量与质量、优质内容、数字生态，从而达到优胜劣汰的正向循环，成就从“大数据”到“智数据”、从“金融脱媒”到“信息脱媒”的过渡[②]，最终构建一个低成本、安全可信、高度创新、具备极大开发价值的智能媒体生态体系，真正成为“人的延伸”。点·线·面·体：传统媒体的创新与突破如图 6-8 所示。

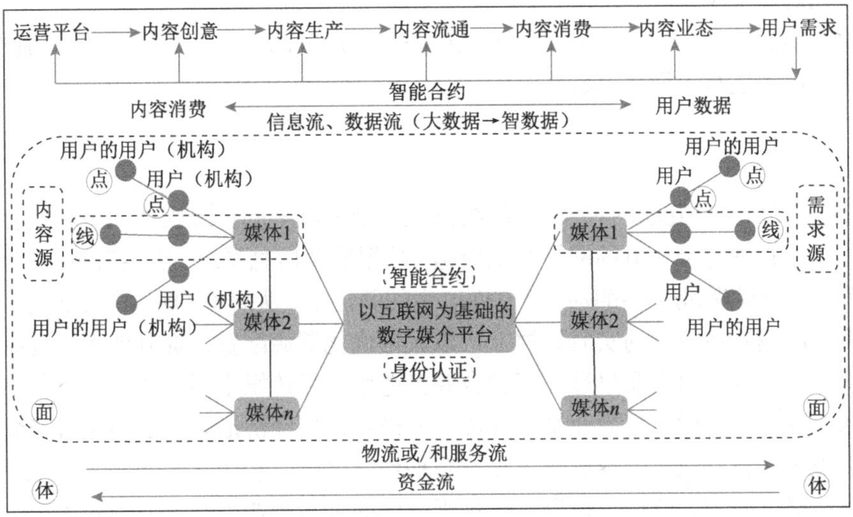

图 6-8　点·线·面·体：传统媒体的创新与突破

6.6　数字生态体系

摩尔定律揭示了计算机和互联网是人类目前找到的最快速的增长动力；吉尔德定律是迄今人类能够发现的最低廉的成本保障；梅特卡夫定律为上两个定律提供了最广泛的

① 胡正荣. 解析人工智能、区块链与媒体大脑如何颠覆传媒业. https://www.sohu.com/a/238767007_247520[2018-07-05].

② 李泰安. 区块链重构网络舆论环境. 传媒，2017，(21)：87-90.

参与基础。[①]因此，网络三大定律最大限度地促进了数字化，最大限度地降低了制造与复制成本，最大限度地拓展了市场规模。在数字化程度比较高的领域，商业模式发生着剧烈的变革，如微信之于短信；在数字化程度低水平的行业，商业模式发生着局部的变革，如在建筑领域。

中国社会已经迈入了全面数字化时代，以云计算、大数据、人工智能等为代表的新一代信息技术的进步和新型基础设施的逐步完善，不但开始为各个产业的革新提供原动力，而且逐渐构成新型社会管理的主平台，并为前沿科技的发展与应用打造强载体。在数字化背景下，不同产业和区域的生态之间，正在发生越来越多的关联，从而形成一个数字生态共同体。在众媒和智媒的合力推动下，媒体将在内容、技术、用户和商业四个维度上，实现生产力的突破性解放和消费力的全新升级。

2017 年 10 月 30 日，在 2017 腾讯全球合作伙伴大会开幕之前，马化腾发表以数字生态共同体为核心的公开信，并用 7 个关键词“深度融合、云化分享、智慧连接、全用户、大内容、新科技、宽平台”，深刻诠释了数字生态共同体这一概念。[②]云化、智慧与创新是构筑数字生态共同体的三步，而今已经从“互联网+”进化到“智能+”，未来将是智能化的数字生态。

为此，笔者结合七大关键词对传媒机构进一步形成的更加开放、融合、协同发展的数字化生态体系进行了简单剖析。

1. 深度融合

2015 年以来，“互联网+”项目纷纷落地，越来越多的传统媒体积极利用互联网构建连接生产与管理各个环节的网络基础设施、数据链及信息系统，满足自身在研发创新、营销服务、生产制造和产业链协同等方面产生的新需求，从简单“触网”发展到“上云”，并将决策控制建立在流动的实时数据上，以大幅优化资源配置，提升效率。此举将促使媒体机构和各行各业由表及里地深度融合并打造生态级传媒集团，线上线下打通成为一体，以适应互联网时代新型商业基础环境，积极打造新经济形态下的转型升级新优势。未来，电视媒体将不只是内容制作者和发布平台，更可以利用其天然的优势在垂直领域搭建起集传播、研发、营销、投资、孵化于一体的全新产业生态，将内容生产力转化为产业生产力。

2. 云化分享

如果说移动智能终端是人的感官的话，那么云就是大脑，可把移动智能终端和“云脑”完美结合起来。未来，所有自然语言理解和对话将快速构建知识体系，彻底打通服务供需双方的数据，实现用户需求与服务的精准匹配，把技术变成产品、服务、洞察、

---

① 王学恒. 互联网深度研究：效能的未来——2016 新商业模式展望. http://www.cbdio.com/BigData/2016-02/25/content_4656167.htm[2018-10-10].

② 腾讯开放平台，腾讯研究院，等. 2017 互联网科技创新白皮书. https://www.useit.com.cn/forum.php?mod=viewthread&tid= 17075[2019-08-03].

智能。知识驱动的交互式“智能服务”将大大降低交易的成本和缩短交易的时间，让用户可像使用煤气、水电一样在网络上使用带宽、存储与计算等资源，促使云化分享成为标配。未来最好的人工智能服务也将有可能化为无形，即与云服务结合，通过“云化”创新实现人尽其才，物尽其用，并努力实现传媒机构在云端用人工智能处理大数据的图景。

3. 智慧连接

连接，是实现深度融合、云化分享及未来一切变化的基础，也是提供智慧解决方案的基础。数字技术将媒体内容演变成信息流并将使其从一种独立实体进化成为一种伴生物。①从连接数量来看，人的数量有限而物的数量无限，所以人与物、物与物之间的连接数量将是人与人之间的数倍；从连接强度看，人的精力有限而物的精力无限，它可以在任何时间、任何地点处于在线状态。围绕数字闭环、业务闭环，用户拥有的智能设备将变得更多并实现赋能，新增位置追踪、感知世界、虚拟世界等服务。未来将形成一张由终端、内容、人、服务这四个要素连接、交织成的智能互联网，将数十亿潜在用户和重要人工智能技术智慧连接。

4. 全用户

新生代用户是“全新物种”，他们在内容消费上的兴趣导向、社交伴随、全移动化日常、弱目的性阅读，结合消费升级，将浮现更多内容需求和场景。而这种消费趋势越来越趋向于效率和沉浸两种追求，推进低幼和白发用户开始进入媒体生态（例如，3 岁就用 iPad 的儿童或会抢红包的老年人）。过去，全用户平台仅局限于像水、电与交通网络这样的基础设施平台；今天，以互联网为基础的数字平台，正越来越凸显出基础设施的特性。以互联网为基础的数字平台，正在由多用户平台转变为全用户平台。作为全用户平台，互联网通过解决不同类型用户之间的信息不对称问题，将会有助于 C 端（个人用户）、B 端（几乎所有商业企业用户）和 G 端（公共服务机构用户）等平台用户之间形成更好的信任与合作关系。

5. 大内容

海量数字内容的生成、社交传播与个性化分发技术迭代正在促成大内容战略②，只有内容足够大，才能匹配全用户需求。大，不仅指规模数量和品种类型多，而且包括内容生成土壤的肥沃、不同内容间交融创新的活跃、内容分发渠道的丰富等。随着各行各业的数字化转型及内容创作的全社会普及，专业机构媒体和蓬勃的自媒体构建了全新的内容边界，以泛内容为核心的大内容平台开放战略将连接起用户的每一个生活场景，每一个垂直生活领域都将成为一条生产线，数字内容将获得更多的生成土壤、交融机会、传播媒介、

---

① 腾讯网，企鹅智库，清华大学新闻与传播学院新媒体研究中心. 2015 年新媒体发展趋势报告：中国网络媒体的未来. http://www.cniteyes.com/document/802[2019-08-10].

② 马化腾. 数字生态共同体中，我们该做什么？新华日报，2017-11-10(10 版).

立体升维和持续性社会协同报道，从而打造一条从内容生产、多渠道构建、智能分发、商业化变现的完整内容生态链。与此同时，资讯泛滥带来“劣币驱逐良币效应”，已在用户侧产生了痛点，未来媒体产业将再次开启生产力扩容后的能力洗牌，优质内容的回归将是内容产业的一大优势。此外，定制化+服务化将是满足高价值特定需求人群的一条路径。

6. 新科技

人类社会正处在一个科技爆发的时代，科技不仅创造出新的文化创作形式，也使得历史文化资产得以更好地传播和分享，以人工智能为代表的技术将在媒体产业深度落地。媒体从技术探索走向技术工程化和产品化，将大技术分界落地为适用媒体场景的模式创新，并逐步磨合进化，形成理性、感性交融的人机协调。内容供给将实现实时化，可通过建立动态三表匹配（兴趣主表，强信息辅表，融合用户场景、位置、24 小时内变化行为等数据的高权重动态表），覆盖用户每天的差异性和通用性需求。传媒机构应积极与合作伙伴一起探索新科技，发展搜索、个性化推荐、内容生成、深度学习、大数据内容生命周期三维立体分析平台等人工智能技术，共同成长为技术的驱动者和贡献者。未来新技术的变革，也一定会为传媒机构带来很多重新洗牌的新机会和颠覆性的变革。

7. 宽平台

商业创新将源源不断地为媒介技术创新和内容升级提供物质支撑，同时内容创新和技术创新，将在精准场景化分发、会员精耕和消费需求理解上反哺商业进化之路，为此，传统媒体应致力于从零和博弈的窄平台向共赢共生的宽平台转变。在数字生态共同体中，竞争的目的不是你输我赢，而是更好地激发创新来解决用户痛点，最终让整个生态的发展有可持续性。平台型生态企业，作为基础设施提供者，应以去中心化及全方位的平台能力，为各类用户提供一个更为包容创新和具有可持续性的智慧零售解决方案，在数字生态共同体中承担更大责任。

随着以互联网为基础的数字平台的发展，每一个人、每一家企业或组织都通过数字技术紧密地联系在一起，使得人类生活、生产及各种生命活动都交织在一起。中国改革开放 40 多年来，以互联网为基础的数字平台迅猛发展，万物互联、万物皆媒、万众皆媒触手可及。传播主体从以人为主导到人机协同、传播内容从同质到分众与个性、传播媒介从单一到智能与全息、传播对象从消费者到生产力，未来将是人机协同的智慧时代与智能化的数字生态。未来已来，新一代信息技术不仅将形塑整个传媒业的业态面貌，也将在微观上重构媒介生态[①]，或将控制所有新闻传播。媒体从业者应积极拥抱新一代信息技术，迭代更新，升级自我。

无论如何，数字化生活已势不可挡，人类社会正处于和数字化工具融合产生新的身份意识的开始阶段。

① 喻国明，兰美娜，李玮. 智能化：未来传播模式创新的核心逻辑——兼论“人工智能+媒体”的基本运作范式. 新闻与协作，2017，(3)：41-45.

跋

钟灵毓秀，方能征俊朗之规模；敦品励学，方能垂大匠之方圆。年近不惑，一直跋涉在学术创新的途中。书稿终告断落，掩卷思量，饮水思源，在此谨表达自身的殷切期许与拳拳谢意。

夜深人静，听着窗外淅沥沥的雨声，不由得思绪万千。每日在书桌前，伏案梳爬，读书撰文，“敲打”电脑。起早，夜眠，禅坐，静思。无日无夜的忙碌，无休无止的时间流淌……

作为本书的第一作者，鲁钝的我需要感谢的人很多，也需要对家人、编辑、出版社、亲朋和后续研究做一些说明及补充。

事实上，本书的构思很早，大致为 2016 年 9 月；本书的动笔也很早，大致为 2017 年 4 月；本书的交稿依然很早，大致为 2019 年 6 月；直至今日，本书已“修炼”近四年。同时，在这栉风沐雨的四年中，我的宝贝女儿（惜惜）也从 1 岁的婴儿成长为 5 岁的小女孩，而我对她的照顾少之甚少，愧疚之余也想留下个美丽的注解，希望女儿长大成人后明白我的良苦用心。在此，首先感谢家人给予的理解、包容与关爱，她们为我的研究和写作付出的辛劳，以及她们的意见，我都十分珍惜。也许能安慰她们的是，无论春华秋实或夏蝉冬雪，我从未敢有一丝懈怠。

本书内容的研究对象为日新月异、裂变式与集群化发展的传媒产业，覆盖科学技术、社会文化、消费内容与经营管理等多重维度，因此审阅、修订时间较长，有点“好事多磨”，可谓“几经周折”。在此，要感谢高等教育出版社的陈士剑编辑的引荐；感谢科学出版社滕云编辑给予的支持、帮助及为本书倾注的大量心血，使得本书能够顺利出版；还要感谢工作单位的各位领导、同事长期以来给予的关怀、鼓励与指导。

回望本书撰写与出版的全过程，需要感谢太多的朋友：北京第二外国语学院的梁昊光教授，中国传媒大学的金立标教授、曹三省教授，人民邮电出版社的哈宏疆老师，中国铁道出版社的周欣老师，现代传播杂志社的潘可武老师，中国出版杂志社的王媛老师，电视研究杂志社的李金澍老师，等等。正是由于他们的鼓励、支持和帮助，才有了今天的这些文字，才有了我的点滴进步。在此，一并表示衷心的感谢并致以崇高的敬意！

同时，还要感谢在研究中给我提出建议和提供帮助的人；感谢惠允转载和引用的资料、图片、文献、研究思想和设想的著作者；感谢诸多亲朋好友……在此难以一一列出，但我将铭记在心，并在心里为他们默祝，好人一生平安。

尽管在本书的写作与不断修订过程中，我们持续更新与优化着书稿的结构与内容，但正如本书中写到的“今日的传统媒体，历史上曾经是新兴媒体；今日的新兴媒体，辩证来看也将成为传统媒体”，书中难免有不足之处，恳请各位专家和读者予以批评指正、以便日后修订及完善。我们也谨记，虽然留在本书中的缺失与遗憾暂难补救，好在对传媒产业的研究绝无止境，我们期盼未来能写出更令读者满意的传媒产业研究著作以弥补今日的缺憾。

就在本书即将出版前，刘彤与我的研究成果获得了国家民族工作与民族问题研究成果的最高级别奖励；刘彤与我被四川省广播电视局推选为“全国广播电视和网络视听行业青年创新人才”推荐人选；刘彤晋升为教授，我又通过了研究员（软科学）与正高级工程师（电子信息工程）的专业技术任职资格评审、通过了硕士研究生导师遴选、获得了多所境外大学的博士入学邀请……

雄关漫道真如铁，而今迈步从头越。本书的出版，标志着一个阶段的结束，同时也标志着一个新的开始。今后，我会时常自我反思，查找不足，不断完善自己，努力成为我的孩子的榜样！

许志强

2020 年 7 月 30 日

于成都市龙泉驿区

作 者 简 介

许志强，男，成都大学中国–东盟艺术学院影视与动画学院，四川传媒学院“一带一路”文化传播研究中心主任，教授、硕士研究生导师，新加坡南洋理工大学理学硕士，香港教育大学教育学博士（在读）。先后获批中国广播电影电视青年科技奖（国科奖社第0073号）、教育部全国优秀创新创业导师、四川省专家服务团专家等省部级人才称号，电气和电子工程师协会（IEEE）、中国电子学会（CIE）、中国通信学会（CIC）、中国人工智能学会（CAAI）等学术机构高级会员。长期从事媒体融合与智慧全媒体、数字媒体技术及应用等领域的融合研究，在《现代传播》《中国出版》等学术期刊上发表论文60余篇，出版学术专著2部，主编教材4部，主持和主研省部级科研项目及各类社会服务项目10余项，先后15次获中国电影电视技术学会科学技术奖、中国科技传播优秀论文一等奖、中国新闻科技优秀论文奖等。

刘彤，男，四川动漫研究中心副主任，成都大学中国–东盟艺术学院影视与动画学院，教授、硕士研究生导师，第十二批四川省学术与技术带头人后备人选。从事广播影视、新媒体传播、社会舆情、地域文化等研究与教学工作，在《人民日报》《光明日报》等重要报刊上发表文章50余篇，出版学术专著4部，主编省级规划教材2部，正在主持和主持完成省部级课题6项，获国家广电总局电视文艺星光奖三等奖2次，省政府教学成果奖一等奖1次、二等奖2次，创作成果受国家广电总局、国务院扶贫开发领导小组办公室表彰2次。